礼记

〔西汉〕 戴圣◎著 东篱子◎解译

全鉴

中国纺织出版社

内 容 提 要

　　《礼记》是儒家经典之一，主要记载了先秦时期的礼仪制度的产生、内容以及变迁，是研究古史的重要材料，具有很高的文学价值。内容繁多，涉及哲学、历史、道德、祭祀、文艺、习俗等方方面面，还有大量的哲理名言、警句，精辟而意义深刻，对后人有着重要的借鉴意义。本书对《礼记》进行了翻译、解读，对艰深晦涩的文字注音、解释，方便读者阅读理解并应用。

图书在版编目（CIP）数据

　　礼记全鉴 /（西汉）戴圣著；东篱子解译. --北京：中国纺织出版社，2018.1（2020.1 重印）
　　ISBN 978－7－5180－4224－1

　　Ⅰ. ①礼⋯　Ⅱ. ①戴⋯ ②东⋯　Ⅲ. ①礼仪—中国—古代 ②《礼记》—研究　Ⅳ. ①K892.9

　　中国版本图书馆CIP数据核字（2017）第265102号

策划编辑：陈　芳　　特约编辑：张彦斌　　责任印制：储志伟

中国纺织出版社出版发行
地址：北京市朝阳区百子湾东里 A407 号楼　邮政编码：100124
销售电话：010—67004422　传真：010—87155801
http://www.c-textilep.com
E-mail：faxing@c-textilep.com
中国纺织出版社天猫旗舰店
官方微博 http://weibo.com/2119887771
佳兴达印刷（天津）有限公司印刷　各地新华书店经销
2018 年 1 月第 1 版　　2020 年 1 月第 2 次印刷
开本：710×1000　1/16　印张：20
字数：304 千字　定价：48.00 元

凡购本书，如有缺页、倒页、脱页，由本社图书营销中心调换

中华传统文化是中华民族无数古圣先贤、风流人物、仁人志士对自然、人生、社会的思索、探求与总结。千百年来，中华传统文化融入每一个炎黄子孙的血液，铸成了我们民族的品格，书写了辉煌灿烂的历史。《礼记》又名《小戴礼记》，由西汉戴圣辑录、编纂而成，是一部记述规章制度的书，也是一部关于仁义道德的教科书。作为中国传统文化的经典，对中国文化产生过深远的影响，各个时代的人都从中寻找思想资源。《礼记》与《仪礼》《周礼》合称"三礼"。

在中国古代，《礼记》是统治者治国的重要典籍之一，因为《礼记》不仅记载了许多生活中实用性较强的细仪末节，而且详尽地论述了各种典礼的意义和制礼的精神，相当透彻地宣扬了儒家的礼治主义。封建统治阶级越来越深切地认识到，在强化统治的同时，利用以礼治主义为中心的儒家思想，笼络广大知识阶层，规范世人的思想和行动，从而让社会获得"长治久安"。这就是《礼记》受到历代王朝的青睐，以至被推上经典地位的根本原因。几千年来，《礼记》对中华民族意识形态的影响仅次于《论语》，比肩于《孟子》，而远远超过《荀子》。

《礼记》全书多以散文撰成，一些篇章饶具文学价值。有的用短小的生动故事阐明某一道理，有的气势磅礴、结构严谨，有的言简意赅、意味隽永，有的擅长心理描写和刻画，书中还收有大量富有哲理的格言、警句，精辟而深刻。从思想内涵来看,《礼记》一书虽然篇幅不长,但其所涵盖的内容却包罗万象,涉及了政治、律法、哲学、历史等社会日常的诸多方面,其中,尤为集中体现了先秦儒家时期的政治思想。比如,儒家对学习、传统、教育的主张,以及学以致用和积极入世的家国关怀等。

不可否认,无论是在古代还是今天,"礼"都是维系社会正常秩序的重要内容。人类组建家庭、成立部落之后,为了适应随之而来的群居生活,自然而然地产生了一些用来维系人际生活交往的原则,并让这些原则进一步具体化、详细化。《礼记》记载和论述了先秦时期的礼制和礼仪,孔子和弟子之间的问答,以及儒家修身养性的行为准则,在今天也有一定的积极意义。所以,今天的人有必要去读一读。

我们从搜集整理到评点注译,尽量把艰深晦涩的文字予以通俗化、现实化的解读和点评,使读者阅读起来能轻松愉悦并饶有趣味,能古今结合并学以致用。

编者

2017 年 8 月

目录

曲 礼 上

　　《礼记》有四十九篇，《曲礼》是其第一篇，因为本篇以古礼书名"曲礼"开头，所以以此命名。《曲礼》已佚，"曲"有细微曲折之意。本篇所记内容多为日常生活中的细小礼仪；论及礼的社会意义及功能，其思想非常深刻，内容繁杂，但主要内容是阐述"礼"的重要性和为人处世之道，记录卿大夫和士日常生活中所应遵循的礼仪，记述有关的丧葬、祭祀礼仪，记述了君臣之礼和军礼，记述天子、诸侯之礼和相关职官制度、称谓。

【原文】

《曲礼》曰：毋不敬，俨（yǎn）[1]若思，安定[2]辞，安民哉。敖不可长，欲不可从，志不可满，乐不可极。贤者狎而敬之，畏而爱之。爱而知其恶，憎而知其善。积而能散，安安[3]而能迁。临财毋苟得，临难毋苟免。很[4]毋求胜，分毋求多。疑事毋质，直而勿有。

【注释】

①俨（yǎn）：通"严"，庄重。

②安定：指和气，美满。

③安安：满足于平安的境遇。

④很：通"狠"，争论，争执的意思。

【译文】

《曲礼》说：待人必须恭敬严谨，神态庄重，若有所思，说话语气和气，表达谨慎，这样就可以让民众美满生活了。不能让傲气滋长，不能让欲望放纵，志向不可以自满，不要追求极致的享乐。亲近有德行的人，并要尊敬、敬畏和爱慕他。了解所爱的人的短处，要看到自己所憎恨的人的长处。在积聚财富的同时能向他人布施，既能安于习惯了的生活而又能适应环境改变之后的生活。不要贪恋能随便获取的财物，不要逃避危难。与人争执不要求赢，分配财物的时候不要贪多，有疑问的事情谨慎判断，正确时也不要骄傲自满。

【原文】

若夫坐如尸[1]，立如齐[2]，礼从宜，使从俗。夫礼者，所以定亲疏、决嫌疑、别同异、明是非也。礼，不妄说人，不辞费。礼，不逾节，不侵侮，不好狎。修身践言，谓之善行。行修言道，礼之质也。礼，闻取于人，不闻取人。礼闻来学，不闻往教。

【注释】

①尸：古代祭祀时用以代替神鬼受祭的人。

②齐：通"斋"，指古人祭祀前的斋戒。

【译文】

如果坐着，一定要像代替神灵受祭的人那样，站着一定要像斋戒时那样，礼仪要符合时宜，出使他国要遵从他国的礼仪风俗。礼可以确定亲疏、判断嫌疑、区别同异和辨明是非。礼，要求人不要胡乱说话，不去随便讨好人，不说多余的话。礼，不超越日常节度，不侵犯侮辱他人，更不能显得轻佻亲狎。能修养自身，还能说话算数，叫作善行。一个人行为有修养，言谈有理有据，这是礼的实质。只听说学礼者要上门向他人求教，没听说授礼者跑上门去传授他人的。

【原文】

道德仁义，非礼不成，教训正俗，非礼不备。分争辨讼①，非礼不决。君臣上下父子兄弟，非礼不定。宦学②事师，非礼不亲。班朝③治军，莅④官行法，非礼威严不行。祷祠祭祀，供给鬼神，非礼不诚不庄。是以君子恭敬撙（zǔn）节⑤退让以明礼。鹦鹉能言，不离飞鸟；猩猩能言，不离禽兽。今人而无礼，虽能言，不亦禽兽之心乎？夫唯禽兽无礼，故父子聚麀（yōu）⑥。是故圣人作⑦，为礼以教人。使人以有礼，知自别于禽兽。

【注释】

①辨讼：辩论，争论。辨，通"辩"。

②宦学：谓学习仕宦所需的各种知识。

③班朝：谓整肃朝班。

④莅：到职；居官。

⑤撙（zǔn）节：抑制、节制。

⑥麀（yōu）：母鹿。泛指母兽。

⑦作：兴起。

【译文】

品德仁义，没有礼是不能的；教导训诫人民端正风俗，缺乏礼就不能完备；论辩争执，缺乏礼就不能解决；君臣、上下、父子、兄弟之间，缺乏礼就不能确定；为学习仕宦所需的知识而服侍师长，缺乏礼就不能亲密融洽；整肃朝班治理军队，官员到位执行法令，缺乏礼就没有官威；临时的祭祀和定期的祭祀，供奉神灵，缺乏礼就不会显得虔诚和庄重。因此君子以恭敬、节制、退让来彰显礼。鹦鹉能说话，始终是飞鸟；猩猩会说话，也始终是禽兽。现在作为人而缺乏礼，即使能说话，不也是禽兽的心态吗？只因禽兽无礼，所以父子才共一雌兽。因此圣人兴起，制定礼来教育人，使人们有礼，知道将自己与禽兽区别开来。

【原文】

太上①贵德，其次务施报②。礼尚往来。往而不来，非礼也；来而不往，亦非礼也。人有礼则安，无礼则危。故曰：礼者不可不学也。夫礼者，自卑而尊人。

虽负贩者，必有尊也，而况富贵乎？富贵而知好礼，则不骄不淫；贫贱而知好礼，则志不慑③。

【注释】

①太上：指犹太古，上古。

②施报：谓有所施与，则有所报答。

③慑：指胆怯，困惑。

【译文】

上古时以德为贵，后世才讲究施惠和报答。礼崇尚有往有来。施惠于人而人不来报答，这不符合礼；别人施恩惠而我不去报答，这也不符合礼。人们有了礼社会就会安定，缺乏礼社会就会危险，所以说："礼是不能不学的。"所谓礼，就是要自我谦卑而尊重别人，即使是挑着担子做买卖的人，也一定有值得尊敬的品德，更何况富贵的人呢？富贵而懂得喜好礼，就不会骄横淫逸，贫贱而懂得喜好礼，那么内心就不会害怕和困惑。

【原文】

人生十年曰幼，学；二十曰弱，冠①；三十曰壮，有室；四十曰强，而仕；五十曰艾②，服官政③；六十曰耆④，指使；七十曰老，而传⑤；八十九十曰耄（mào）⑥，七年曰悼。悼与耄，虽有罪，不加刑焉。百年曰期，颐。

【注释】

①冠：冠礼，举行加冠的仪式，表示已成年。

②艾：衰老，指发色苍白如老艾草。

③官政：指国家的政事。

④耆：年老，六十岁以上的人。

⑤传：谓传重，指把宗庙主的地位传给嫡长子。

⑥耄（mào）：年老，八九十岁的年纪。

【译文】

人一生中，十岁叫作幼，开始学习知识技能；二十岁叫作弱，这时要行冠礼；三十岁叫作壮，这时正当娶妻成家；四十岁叫作强，可以进入仕途做官；五十岁叫作艾，就有能力可以处理国家的政事了；六十岁叫作耆，可以指使别人了；七十岁叫作老，可以将主持宗庙祭祀的事传给嫡长子；八十岁、九十岁叫作耄，七岁叫作悼。幼年和耄年龄段的人，即使有罪，也不施加刑罚。百岁叫作期，由人赡养，颐养天年。

【原文】

大夫七十而致事①。若不得谢，则必赐之几杖②，行役以妇人。适四方，乘安车③。自称曰老夫，于其国则称名。越国而问焉，必告之以其制。谋于长者，必操几杖以从之。长者问，不辞让而对，非礼也。

【注释】

①致事：犹致仕。辞官。

②几杖：坐几和手杖，皆老者所用，古常用为敬老者之物，亦用以借指老人。

③安车：古代可以坐乘的小车。古车立乘，此为坐乘，故称安车。

【译文】

大夫到了七十岁就要辞官退休，如果不同意他辞官，就一定要赐给他坐几和手杖，出外办事要派人照顾，出使四方要乘坐安车，他可以自称为老夫，但在自己国家时还是称名。他国使者来访，一定要将本国的制度向他们讲清楚。只要是向年纪大的人请教，一定要拿着坐几和手杖跟随着他。长者问话，不用谦让的态度回答，这是不符合礼仪的。

【原文】

凡为人子之礼，冬温而夏清①，昏定而晨省，在丑夷②不争。夫为人子者，三赐③不及车马。故州闾乡党称其孝也，兄弟亲戚称其慈也，僚友称其弟④也，执友⑤称其仁也，交游称其信也。见父之执，不谓之进不敢进，不谓之退不敢退，不问不敢对。此孝子之行也。

【注释】

①清：凉，清凉。

②丑夷：指同辈，同类的人。

③三赐：指三命之赐。

④弟：同"悌"，孝悌。

⑤执友：指志同道合的朋友。

【译文】

作为子女的礼仪，冬天要让父母感到温暖，而夏天要使父母感到凉爽，傍晚要为父母铺好枕席，而早晨要向父母问安，不和同辈人发生争执。做儿子的，要做到三命之赐而不接受车马，因此州、闾、乡、党的人都会称赞他孝顺，兄弟亲戚也会称赞他慈爱，一起做官的人都称赞他孝悌，志同道合的朋友会称赞他仁爱，和他有交往的人都称赞他讲诚信。见到和父亲志同道合的朋友，别人不说上前就不会轻易上前，不说退下就不会退下，不发问就不敢随便回答。这些都是孝子的行为。

【原文】

夫为人子者，出必告，反必面，所游必有常，所习必有业，恒①言不称老。年长以倍，则父事之；十年以长，则兄事之；五年以长，则肩随②之。群居五人，则长者必异席。为人子者，居不主奥③，坐不中席，行不中道，立不中门。食飨④不为概⑤，祭祀不为尸。听于无声，视于无形。不登高，不临深。不苟訾（zī）⑥，不苟笑。孝子不服暗，不登危，惧辱亲也。父母存，不许友以死，不有私财。为人子者，父母存，冠衣不纯素。孤子当室，冠衣不纯采。

【注释】

①恒：平常。

②肩随：指并行而稍退后。

③主奥：坐于尊位。奥，屋内西南角，平时为尊者所坐之处。

④食飨：谓以酒食宴请宾客或祭祀宗庙。

⑤概：刮平量器的木棒。指限量。

⑥訾（zī）：毁谤，非议。

【译文】

做儿子的，外出一定要告诉父母，回家后一定要面告父母；出游一定要有规律，所学的一定是正业，平常说话不称自己年老。比自己年长一倍的人，就像父亲一样服侍他；比自己年长十岁的人，就像兄长一样服侍他；比自己年长五岁的人，就可以与他并行而稍后一些。五个人聚坐在一起，则一定要为年长者另外设立坐席。做儿子的，起居不能占据室中西南角的位置，坐不能坐在席的正中，走路不能走在路的中间，站立不能站在门的中央。宴请宾客时不能擅自做主决定限量，祭祀时不充当代替神灵受祭的人。能在无声中听到自己应该听到的，能在无形中看到自己应该看到的。不攀登高处，不靠近深渊，不随便非议，不随便嬉笑。孝子不在暗中做事，不登临危险的地方，担心使父母受辱。父母在世时，不能对朋友以死相许，不能私存钱财。做儿子的，父母在世时，帽子和衣服不能镶白边。孤子主持家事，帽子和衣服不能绣彩边。

【原文】

幼子常视毋诳。童子不衣裘裳，立必正方，不倾听。长者与之提携①，则两手奉长者之手。负、剑，辟咡（èr）②诏之，则掩口而对。从于先生，不越路而与人言。遭先生于道，趋而进，正立拱手。先生与之言则对，不与之言则趋而退。从长者而上丘陵，则必向长者所视。

【注释】

①提携：牵扶，携带。

②辟咡（èr）：谓交谈时侧着头，不使口气触及对方，以示尊敬。

【译文】

对小孩子要经常拿正确的思想来教育他，而不能用欺骗的方式教育他。小孩子不穿皮裘和裙裳，站立时要端正，侧耳倾听不歪头。长者牵着小孩子行走时，小孩子应该用双手捧着长者的手。小孩子在长者身后，或在长者身旁，长者倾头与小孩子说话，而小孩子要用手掩住口来回答。跟随先生走路，不能走到前面与别人说话。在路上遇见老师，应快步前进，站直身体向老师拱手致敬。老师与你说话就回答，不与你说话就快步退下。跟随长者登上丘陵时，一定要面向长者所看的方向。

【原文】

凡与客入者，每门让于客。客至于寝门①，则主人请入为席，然后出迎客。客固辞，主人肃客②而入。主人入门而右，客入门而左。主人就东阶，客就西阶。客若降等，则就主人之阶。主人固辞，然后客复就西阶。主人与客让登，主人先登，客从之，拾级③聚足，连步以上。上于东阶则先右足，上于西阶则先左足。帷薄之外不趋，堂上不趋，执玉不趋。堂上接武④，堂下布武⑤，室中不翔⑥。并坐不横肱⑦。授立不跪，授坐不立。

【注释】

①寝门：古礼天子五门，诸侯三门，大夫二门。最内之门曰寝门，即路门。后泛指内室之门。

②肃客：迎进来客。

③拾级：逐级登阶。

④接武：步履相接。谓小步前进。

⑤布武：足迹分散不重叠。谓疾走。

⑥翔：指走路时张开双臂。

⑦肱：胳膊由肘到肩的部分。

【译文】

凡是主人与来客一起进门，每经过一个门，主人都要让来客先进。当来客走到寝门前时，主人要先入内铺设坐席，然后再出来迎客人。来客一再推辞后，主人就引导来客进门。主人进门向右走，来客进门向左走。主人来到东阶前，来客来到西阶前。来客的地位如果低于主人，就要到主人的阶前，主人一再推辞，然后来客再回到西阶前。登阶之前主人与来客谦让一番，然后主人先登阶，来客跟随而登，登阶时是前脚登上而后脚随之并立，两脚连步相随向上。登东阶就先迈右脚；登西阶就先迈左脚。在帐幔和帘子的外边不要小步快走，在厅堂上不要小步快走，拿着美玉不小步快走。在厅堂上行走要小步前进，堂下可以快速行走，在室内不可以张开手臂行走。一起坐的时候不要横着胳膊。把东西交给站着的人不用下跪，把东西交给坐着的人不能站着。

【原文】

席南向北向，以西方为上；东向西向，以南方为上。若非饮食之客，则布席，席间函丈①。主人跪正席，客跪抚席而辞。客彻②重席③，主人固辞。客践席，乃坐。主人不问，客不先举。将即席，容毋作④。两手抠衣去齐⑤尺，衣毋拨，足毋蹶。

【注释】

①函丈：亦作"函杖"。原谓讲学者与听讲者坐席之间相距一丈。后用以指讲学的坐席。

②彻：撤去，撤除。

③重席：为了表示尊敬，主人给来客铺两重坐席。

④怍（zuò）：变脸色。

⑤齐（zī）：衣裳的下边。

【译文】

　　席子如果是面朝南或朝北，那么西方为尊；面朝东或朝西，那么南方为尊。如果不是来饮酒而是吃饭的来客，就要为他铺设坐席，席与席间隔一丈远。主人跪下将席子摆正，来客要跪下用手按着席子表示感谢。来客要求撤去重席，主人则一再推辞。来客上席之后，主人才坐下。主人不发问，来客不先主动说话。来客将就席时，脸色要端庄，要用两手提起衣裳，使衣裳的下边离地一尺，衣裳不能摆动，行走的脚步不要急促。

【原文】

　　虚坐①尽后，食坐②尽前。坐必安，执尔颜。长者不及，毋儳（chán）言③。正尔容，听必恭。毋剿说④，毋雷同。必则古昔⑤，称先王。侍坐于先生，先生问焉，终则对。请业则起，请益则起。父召无诺，先生召无诺，唯而起。侍坐于所尊，敬毋余席。见同等不起。烛至起，食至起，上客起。烛不见跋。尊客之前不叱狗。让食不唾。

【注释】

①虚坐：谓非进餐时的坐法。相对于"食坐"而言。

②食坐：指进餐时的座位。

③儳（chán）言：谓别人说话未完便插话，打断别人的话题。

④剿说：抄袭别人的言论为己说。

⑤古昔：往昔；古时。

【译文】

　　不饮酒吃饭要尽量靠席后坐，饮酒吃饭就要尽量靠席前坐。坐必须安稳，要保持你的容颜。长者没有同你谈话，就不要插话。要端正你的仪容，听讲必须恭敬。不要抄袭别人的学说，也不要与别人雷同，必须效法古代的正道，称引先王的教诲。在老师跟前陪坐，老师提问，要等老师把话说完了再回答。向老师请教问题要站起身，一遍听不懂，请老师再讲一遍也要起立。父亲召唤不要答应"诺"，老师召唤不要答应"诺"，要用"唯"回答同时起身行动。在所尊敬的人跟前陪坐，要恭敬地坐在席端距离尊者最近的地方而不使自己的前面留有余席。见同辈的人进来不用起立。到天黑时，有人点了火烛送来要起立。到吃饭时，有人把饭送来要起立。有尊贵的来客到来要起立。火烛不要等到烧到根部再换。在尊贵的来客面前不要呵斥狗。向来客让食的时候不要吐唾沫。

【原文】

毋侧听，毋噭应①，毋淫视②，毋怠荒③。游毋倨④，立毋跛⑤，坐毋箕⑥，寝毋伏。敛发毋髢（dí）⑦，冠毋免，劳毋袒，暑毋褰（qiān）⑧裳。侍坐于长者，屦不上于堂，解屦不敢当阶。就屦，跪而举之，屏于侧。向长者而屦，跪而迁屦，俯而纳屦。

【注释】

①噭应：高声急应。

②淫视：流转眼珠斜看。

③怠荒：懒惰放荡。

④倨：傲慢。

⑤跛：单足踏地。

⑥箕：臀部着地，两腿前伸。

⑦髢（dí）：假发。

⑧褰（qiān）：揭起。

【译文】

听别人说话时不要侧着耳朵，应答时不要大嗓门，不要转动眼珠斜看，不要懒惰放荡。走路的姿态不能太傲慢，站立时身体不要偏斜，坐时不要伸开两条腿，睡觉不要趴着身子，头发不要披散下垂要束好，帽子不要摘下，劳作的时候身体不要裸露在外，天热时不要揭起衣服。在长者身边陪坐，不要将鞋子穿上堂，也不能在台阶上解鞋带。穿鞋时，要跪着取鞋，取完后到一旁穿上。为长者穿鞋要面向长者，先双膝跪地将鞋取出，再弯下身子为长辈穿上。

【原文】

离坐离立，毋往参焉。离立者，不出中间。男女不杂坐，不同椸（yí）枷①；不同巾栉②。不亲授。嫂叔不通问，诸母③不漱裳。外言不入于梱，内言不出于梱。女子许嫁，缨，非有大故，不入其门。姑、姊、妹、女子子已嫁而反，兄弟弗与同席而坐，弗与同器而食。父子不同席。男女非有行媒，不相知名；非受币，不交不亲。故日月以告君，齐戒④以告鬼神，为酒食以召乡党僚友，以厚其别也。取妻不取同姓，故买妾不知其姓则卜之。寡妇之子，非有见焉，弗与为友。

【注释】

①椸（yí）枷：二者均指衣架。枷，通"架"。

②巾栉：毛巾和梳篦。泛指盥洗用具。

③诸母：庶母。

④齐戒：古人在祭祀或举行典礼之前，常沐浴更衣，戒绝嗜欲，使身心洁净，以示虔敬。

【译文】

看到两个人坐在一起，或者是两个人站在一起，就不要再往那挤了。看到两个人站在一起，就不要从他们中间穿过。男女不要混杂坐在一起，晾挂衣服不共用一个衣架，不共用毛巾和梳篦，不亲手给对方东西。嫂子和小叔子见面不相互问候。不可让庶母为自己洗衣服。男人在外面的职事不要说给家中的妇女，家中妇女们的职事也不要拿来烦扰男人。女子答应结婚，就要系缨，不是因为重大变故则不能进入她的屋门。姑姑、姐妹、女儿出嫁后回到家里，兄弟不与她们同席而坐，也不能与她们共用一个餐具吃饭。父亲与女儿也不能同席而坐。男女之间不通过媒人，相互之间不得知道姓名；没有接受聘礼，双方不交往相亲。因此将结婚的日期报告给君王，双方都要沐浴更衣，戒绝嗜欲以祭告神灵，准备酒食招待乡亲、同事、朋友，用来强调这之间的分别。娶妻不娶同姓的女子，因此买妾如果不知道姓氏

就要用占卜来决定吉凶。寡妇的儿子，如果不是有见识，就不要和他交朋友。

【原文】

贺取妻者，曰："某子使某，闻子有客，使某羞。"贫者不以货财为礼，老者不以筋力①为礼。名子者不以国，不以日月，不以隐疾②，不以山川。男女异长，男子二十，冠而字。父前子名，君前臣名。女子许嫁，笄而字。

【注释】

①筋力：指体力。

②隐疾：指位于体表而不暴露于衣外的某些疾患。

【译文】

祝贺娶妻的人说："某人派我前来，听说您有来客，派我将礼物进献给您。"贫穷的人不必以财物作为礼物，年老的人不以体力为礼。给儿子取名不用国家的名称，不用日月的名称，不用身体隐蔽处的疾病的名称，不用山川的名称。男女分别按长幼排行。男子到了二十岁的时候，要为他举行冠礼，并为他取字，但在父亲面前凡兄弟都互相称名，在君王面前凡臣僚也都互相称名。女子答应结婚后，要为她举行加笄礼，并为她取字。

【原文】

毋抟饭①，毋放饭，毋流歠（chuò）②，毋咤食③，毋啮骨，毋反鱼肉，毋投与狗骨。毋固获④，毋扬饭⑤。饭黍毋以箸。毋嚃（tà）羹⑥，毋絮羹⑦，毋刺齿，毋歠醢（hǎi）⑧。客絮羹，主人辞"不能亨"。客歠醢，主人辞以"窭"（jù）⑨。濡肉⑩齿决，干肉不齿决。毋嘬炙。卒食，客自前跪，彻饭齐以授相者，主人兴，辞于客，然后客坐。

【注释】

①抟饭：捏饭成团。

②流歠（chuò）：大口喝汤。歠：喝，饮。

③咤食：进食时口中作声。

④固获：谓独占和争取食物。

⑤扬饭：扬去饭的热气。

⑥嚃（tà）羹：谓饮羹不加咀嚼而连菜吞下。

⑦絮羹：加盐、梅于羹中以调味。

⑧醢（hǎi）：用肉、鱼等制成的酱。

⑨窭（jù）：贫穷，贫寒。

⑩濡肉：煮烂的肉。

【译文】

不要将食物捏成团状去吃，不要将手中的饭放回食器。不要大口喝汤。吃饭时口中不要发出声音，不要啃嚼骨头，不要将拿起的鱼肉再放入食器中，不要将骨头扔给狗，不要独占和争取某一食物，不要为使饭快点凉而扬去饭的热气。吃黄米饭不要用筷子，喝羹汤不要不加咀嚼而连菜吞下。不要自己往羹汤中加调料。不要在吃饭时剔牙。不要像喝羹汤一样喝酱。来客往羹汤中添加调料，主人就要以家人不善于烹饪来道歉。来客有喝酱的，主人就要以家贫以致礼不周来道歉。煮烂的肉要用牙咬开来吃，干肉不用牙咬，而要用手撕开吃。吃烤肉不要大口吃。吃完饭以后，来客要向席前跪下，收拾剩下的食物交给服侍的仆人。主人站起来，对来客亲自收拾饭菜加以推辞，然后来客才坐回座位。

【原文】

侍饮于长者，酒进则起，拜受于尊所①。长者辞，少者反席而饮。长者举未釂（jiào）②，少者不敢饮。长者赐，少者贱者不敢辞。赐果于君前，其有核者怀其核。御食③于君，君赐余，器之溉（gài）④者不写，其余皆写。馂（jùn）⑤余不祭，父不祭子，夫不祭妻。

【注释】

①尊所：陈列酒的场所。

②釂（jiào）：饮尽杯中酒。

③御食：谓君长进食时在一旁侍候。

④溉（gài）：洗涤。

⑤馂（jùn）：指吃剩下的食物。

【译文】

陪年纪大的人饮酒，年纪大的人递酒给晚辈，晚辈就要站起来，到陈放酒的地方去向长辈行拜礼而后接受酒。年纪大的人对晚辈向自己行拜礼表示谦让，而后晚辈返回到席位上饮酒，长者只举杯而没有饮尽杯中的酒时，晚辈就不能喝。年纪大的人赐给食物，晚辈或身份低下的人不敢推辞。如果在君王面前接受君王所赐的果品，其中有核的则要把果核放进怀里。服侍君王吃饭，君王将剩下的食物赐给你，如果食物是盛在可以洗涤的器具中，就不要倒在别的器具中；其余盛在不可洗涤的器具中的食物，都要倒在可以洗涤的器具中再吃。吃剩下的食物不能用以祭祀，父亲吃剩下的饭不能用来祭奠儿子，丈夫吃剩的饭不能祭奠妻子。

【原文】

御同①于长者，虽贰②不辞，偶坐③不辞。羹之有菜者用梜（jiā）④。其无菜者不用梜。为天子削瓜者副之，巾以绤。为国君华之，巾以绤。为大夫累⑤之，士疐（dì）⑥之，庶人齕（hé）⑦之。父母有疾，冠者不栉，行不翔，言不惰⑧，琴瑟不御。食肉不至变味，饮酒不至变貌，笑不至矧（shěn）⑨，怒不至詈⑩。疾止复故。有忧者侧席而坐，有丧者专席而坐。

【注释】

①御同：陪同长者参加别人宴请长者的宴饮。

②贰：增添。

③偶坐：陪坐。

④梜（jiā）：筷子。

⑤累：裸露，意谓不用巾覆盖。

⑥疐（dì）：古通"蒂"，瓜果的蒂。

⑦齕（hé）：咬。

⑧不惰：戏笑轻慢之言。

⑨矧（shěn）：齿龈。

⑩詈：骂，责骂。

【译文】

受邀陪侍年长者用餐，待遇与年长者相同，虽然主人进上双份食物也不推辞；作为陪客与主客并坐而食，也不推辞主人所进上的食物。羹汤中有菜的，就用筷子吃；那些没有菜的羹汤，就不用筷子吃。为天子削瓜，去皮后要切作四瓣，再从中间横切开来，以细葛布覆盖。为君王削瓜，去皮后切成两瓣，再从中间横切开来，以粗葛布覆盖。为大夫削瓜，削皮后切成两瓣而不覆巾；为士削瓜，削皮后只要横切一刀，去除瓜蒂。熟人只要去除瓜蒂就啃着吃。父母生病时，做儿子的戴帽子会顾不上梳头，走路顾不上注意姿势，说话顾不上讲究辞藻，琴瑟也不弹奏了，吃肉少到不能改变食物的滋味，饮酒少到不致改变脸上的颜色，笑不露出齿龈，怒不致责骂人。等父母的病好了，才恢复原来的常态。心中有忧患的人自己独席而坐。为父母服丧的人只坐单席。

【原文】

博闻强识而让①，敦善行而不怠，谓之君子。君子不尽人之欢，不竭人之忠，以全交也。礼曰："君子抱孙不抱子。"此言孙可以为王父尸，子不可以为父尸。为君尸者，大夫士见之，则下之。君知所以为尸者，则自下之。尸必式，乘必以几。

【注释】

①让：谦让。

【译文】

有人见闻广博、记忆力强而又谦虚，厚道、品行良好又不懈怠，这样的人可以称为君子。君子不求人喜欢自己，也不求人忠于自己，以使交情得以保持下去。《礼》书上说："君子抱孙不抱子。"这是说孙子可以在祭祀时充当祖父的尸，儿子则不可以充当父亲的尸。代表君主受祭的人，大夫、士见了，就要下车给他行礼。君王知道了充当先君尸的人，就要亲自下车行礼。尸必须在车上扶着轼行礼，尸上车时必须用几垫脚。

【原文】

父之仇弗与共戴天，兄弟之仇不反兵，交游之仇不同国。四郊多垒①，此卿大夫之辱也。地广大，荒而不治，此亦士之辱也。临祭不惰。祭服敝则焚之，祭器敝则埋之，龟筴敝则埋之，牲死则埋之。凡祭于公②者，必自彻③其俎（zǔ）④。

【注释】

①四郊多垒：四郊营垒很多。本指频繁地受到敌军侵扰。形容外敌入侵，国家多难。

②祭于公：帮助君王祭祀。

③彻：同"撤"，撤去。

④俎（zǔ）：古代祭祀时放祭品的器物。

【译文】

对于父亲的仇人，不能与他共同生存于天地之间；对于兄弟的仇人，要随时携带兵器准备去杀死对方；对于朋友的仇人，不要和他生活在同一个国家。国都的四周有很多壁垒，说明国家不是很太平，甚至是多难，这是当臣子的耻辱；土地广大，却荒废而得不到治理，这是士的耻辱。参加祭祀时不可怠惰。祭服坏了就烧掉，祭器坏了就埋掉，卜筮用的龟甲和蓍草坏了就埋掉，祭祀用的牲畜死了就埋掉。凡是帮助君王祭祀的，祭后一定亲自撤去祭祀的礼器。

【原文】

卒哭①乃讳。礼：不讳嫌名②；二名不偏讳。逮事父母，则讳王父母。不逮事父母，则不讳王父母。君所无私讳，大夫之所有公讳。《诗》《书》不讳，临文不讳，庙中不讳。夫人之讳，虽质君之前，臣不讳也。妇讳不出门。大功③、小功④不讳。入竟而问禁，入国而问俗，入门而问讳。

【注释】

①卒哭：古代葬礼，百日祭后，止无时之哭，变为朝夕一哭，名为卒哭。

②嫌名：与人姓名字音相近的字。

③大功：是用熟麻布做成的丧服，比"齐衰"稍细，比"小功"稍粗。"功"同"工"，意思是做工很粗，故称"大功"。这种丧服要穿九个月。比如，为堂兄弟、未婚的堂姊妹、已婚的姑、姊妹、侄女等服丧，已婚女为伯父、叔父、兄弟、侄、未婚姑、姊妹、侄女等服丧，都要穿这种丧服。

④小功：也是用熟麻布做成的丧服，比"大功"稍细，故称"小功"。这种丧服要穿五个月。比如，为本宗的曾祖父母、堂姑母、已出嫁的堂姊妹等服丧，为母系一支中的外祖父母、母舅、母姨等服丧，都要穿这种丧服。

【译文】

早晚为死者痛哭的忌讳。按照礼的规定：不避讳同音的名字。两个字的名不必同时都避讳。得以服侍过父母的，就要避讳祖父母的名字。如果没有来得及服侍父母的，就不必避讳祖父母的名字。在君王的住所不用避私人的忌讳，在大夫面前要避君王的

16

名讳。读《诗》《书》时可以不避讳；写文章时可以不避讳，在庙中祝告时可以不避讳。君王夫人的家讳，即使当着君王的面，臣也可以不避讳，这是因为妇人的家讳不出家门的缘故；服大功、小功期间可以不避死者的忌讳。进入他国的国境要先了解这个国家有什么禁忌。进入他国的都城要先打听当地的风俗。进入别人的家门要先问明这家的忌讳。

【原文】

君车将驾，则仆执策立于马前。已驾，仆展軨（líng）①效驾②，奋衣由右上取贰绥③，跪乘，执策分辔，驱之五步而立。君出就车，则仆并辔授绥。左右攘辟，车驱而驺。至于大门，君抚仆之手，而顾命车右④就车。门闾、沟渠必步。凡仆人之礼，必授人绥。若仆者降等则受，不然则否。若仆者降等，则抚仆之手，不然则自下拘之。客车不入大门。妇人不立乘。犬马不上于堂。

【注释】

①展軨（líng）：察看车辆，表示对乘坐者的尊敬。

②效驾：试车。

③贰绥：副绳。供登车人拉手用绳，有正副两条，仆执贰绥而登。

④车右：随行卫士。

【译文】

君王的车将套马出行，驾车的人就要拿着马鞭站在马前。马车套好后，驾车的人要察看车辆试车，然后抖落衣服上的灰尘，拉住副绳从车的右边登车，跪乘在车上，双手分别握住缰绳与马鞭，驱车试行五步之后再站起来。君王出来走到车前时，驾车的人要把马缰绳合并于一手而用另一只手将绳交给君王。左右群臣都退让避开，车前进时群臣都快步紧跟，一直到大门，君王按住驾车人的手，而回头命随行卫士上车。凡经过门、沟渠时，随行卫士一定要下车步行。凡驾车仆人之礼，一定要把绳递给乘车的人。如果驾车人的身份比乘车人的身份低，乘车的人就接受他所交给的绳，否则就不要接受。如果驾车人的身份比乘车人的身份低，乘车的人就按住他的手再接受，否则乘车的人要从驾车人的手下面取过绳。来客的车不能驶入主人家的大门。妇女不站着乘车。狗和马不能牵到堂去的。

【原文】

故君子式黄发①，下卿位，入国不驰，入里必式。君命召，虽贱人，大夫士必自御之。介者不拜，为其拜而蓌（cuò）②拜。祥车③旷左，乘君之乘车不敢旷左，左必式。仆御妇人，则进左手，后右手。御国君，则进右手，后左手而俯。国君不乘奇车。车上不广欬（kài）④，不妄指。立视五巂（guī）⑤，式视马尾，顾不过毂。国中以策彗恤勿驱，尘不出轨。国君下齐牛，式宗庙。大夫、士下公门，式路马。乘路马，必朝服，载鞭策⑥，不敢授绥，左必式。步路马，必中道。以足蹴路马刍有诛，齿路马有诛。

【注释】

①黄发：指年老；亦指老人。

②蓌（cuò）：半跪半蹲。

③祥车：死者生前所乘之车，葬时用为魂车。

④欬（kài）：咳嗽。

⑤巂（guī）：规，车轮周长。

⑥鞭策：马鞭子。

【译文】

　　所以君王乘车遇见老人要凭轼行礼，经过卿的朝位要下车，进入国都以后不能赶马快速奔跑，进入里巷一定凭轼致敬。君主传召臣子，即便来传达诏令的人地位低下，大夫、士也必须要亲自相迎。穿铠甲的人不便行跪拜之礼，因举止不便、动作失调反而会显得失礼。送葬时的魂车要空着左边的位子。臣乘君车不要将左边的位子空着，在车子左边就一定要俯身凭轼。为妇人驾车时，仆人应把左手放在身前，右手放身后。仆人为君王驾车，将右手放在前面，左手放在后面并微俯身以示恭敬。君王不乘奇邪不正的车。在车中不大声咳嗽，不指手画脚。立乘在车上只能看到车轮转五周的距离，凭轼行礼时要看着马尾，回头看时目光不得超过车轮中心的圆木。在都城中用竹扫帚搔摩马身以驱赶马，车经过时的尘土不能飞出车辙。君王经过宗庙要下车，看到祭祀用的牺牲要凭轼行礼。大夫、士经过君王门前要下车，看见君王的车马要凭轼行礼。乘坐君王的车马，一定要穿朝服，马鞭放在车上，不能接受别人送给的拉手，在左边必须依扶着车轼。牵着君王的马行走，一定要走道路的中间。用脚践踏了君王的马的草料要受罚，探问君王的马的年龄的人要受到责罚。

曲礼下

　　本篇继续阐述"礼"的重要性和为人处世之道，记录日常礼仪、丧葬、祭祀礼仪、君臣之礼、军礼和记述天子、诸侯之礼以及相关职官制度、称谓，所举事例没有逻辑可循，和上部分的思想内容也没有什么较大差异，古人之所以将《曲礼》分为上下两部分，主要原因是本部分"简册重多"。

【原文】

凡奉者当心，提者当带。执天子之器则上衡①，国君则平衡，大夫则绥之，士则提之。凡执主器，执轻如不克。执主器，操币②、圭、璧，则尚左手，行不举足，车轮曳踵。立则磬折③垂佩。主佩倚，则臣佩垂；主佩垂，则臣佩委④。执玉，其有藉者则裼；无藉者则袭。

【注释】

①上衡：高于心脏的位置。

②币：指的是行礼时所用的束帛，大约有二十丈。

③磬折：弯腰的样子。

④佩委：指的是腰佩要垂到地上。

【译文】

凡捧东西的人要捧在当心处，凡提东西的人手要上屈到当带处。为天子拿器物要上高过心，为君王拿器物要与心平齐，为大夫拿器物要低于心，为士拿器物就提着。只要是为天子拿器物，即使拿很轻的器物也要像是重物一样。拿着主人的器物，或束帛之类，左手在上，走路时如同车轮滚过一样不张扬，拖着脚跟走。站立的姿势，要如同磬一样向前俯，腰佩悬垂。主人直立，腰佩倚附在身，那么臣的腰佩要悬垂；主人的腰佩悬垂，那么臣的腰佩要垂到地上。拿的是璧琮之类垫着束帛的玉器，袒衣相授受；拿的是圭璋之类没有垫的玉器，则披外衣相授受。

【原文】

国君不名卿老①、世妇，大夫不名世臣、侄、娣，士不名家相、长妾。君大夫之子，不敢自称曰"余小子②"；大夫、士之子，不敢自称曰"嗣子③某"，不敢与世子同名。君使士射，不能，则辞以疾，言曰："某有负薪之忧。"侍于君子，不顾望④而对，非礼也。

【注释】

①卿老：是上卿之意。

②余小子：是天子在丧的自称。

③嗣子：是诸侯在丧的自称。

④顾望：看看四周是否有比自己强的人。

【译文】

君王对上卿、世妇，大夫对世臣、侄娣，士对家相、长妾，都不能称其名字。

君王或大夫的子女不可自称"余小子"。大夫、士的子女不可自称"嗣子某"，任何人不能和天子同名。君主让士与宾客比赛射箭，士不擅长的话应以身体抱恙相推辞，说："我背柴累病了。"陪侍君子，如果君子问话，不看看周围是否有胜过自己的人就抢先回答，这也是有失礼仪的行为。

【原文】

君子行礼，不求变俗。祭祀之礼，居丧之服，哭泣之位，皆如其国之故①，谨修其法而审行之。去国三世，爵禄有列于朝，出入有诏于国，若兄弟宗族犹存，则反告于宗后②；去国三世，爵禄无列于朝，出入无诏于国，唯兴之日，从新国之法。君子已孤不更名。已孤暴贵，不为父作谥。居丧，未葬，读葬礼；既葬，读祭礼；丧复常，读乐章。居丧不言乐，祭事不言凶，公庭不言妇女。振书③、端书于君前，有诛。倒④笑侧龟于君前，有诛。龟笑、几杖、席盖、重素、袗绤绤（zhěn chī xì）⑤，不入公门。苞屦⑥、扱（chā）衽（rèn）⑦、厌冠，不入公门。书方、衰、凶器，不以告，不入公门。公事不私议。

【注释】

①皆如其国之故：都还和在自己国家一样。

②宗后：指的是家族的后裔。

③振书：弹掉书上的灰尘。

④倒：把……打翻。

⑤袗绤绤（zhěn chī xì）：穿细葛布和粗葛布的衣服。

⑥苞屦：草制的丧鞋。

⑦扱（chā）衽（rèn）：指的是把上衣

的衣边塞到裤子中。扱，与"插"同音。

【译文】

君子出使他国，不要改变本国的礼俗。祭祀的礼仪，守丧的服制，为死者哭泣的位置，都如同本国的旧礼俗。小心地遵循本国的礼法，审慎地实行。如果离开本国已经三代了，族中仍有人在本国朝廷做官，那么出入往来他国仍要报告本国君王。如果本国仍有兄弟和宗族在，遇有喜事或丧事仍要向本国的族长报告。如果离开本国已经三代，族中已经无人在本国朝廷做官，出入往来他国就不向本国君王报告了，只有在他国做了卿大夫的时候，才遵从新国的礼法。君子不幸去世父亲就不再改换名字，父亲死后即使大显贵，也不为亡父作谥号。守丧而未出葬，研读有关丧葬礼仪的书；葬后，研读有关条礼的书；除丧恢复正常生活，研读有关诗乐的书。守丧期间不谈乐事，祭祀时不谈凶事，公庭上不谈论妇女。在君王面前拂去书籍上的灰尘，或整理书籍，要受到责罚；在君王面前弄颠倒了苦草，或弄翻了龟甲，要受到责罚。龟甲、苦草、几、杖、丧车上用的席和伞盖、穿白色的衣裳、穿单薄的细葛布或粗葛布衣裳，不得进入宫门。穿草编的丧鞋、把衣襟按在腰带间、头带丧冠，不得进入宫门。记录宾客所赠送葬物的方版、丧服、丧葬所用器物，不事先报告，不得进入官门。官府的事不得私下议论。

【原文】

大夫士见于国君①，君若劳②之，则还辟，再拜稽首③；君若迎拜，则还辟，不敢答拜。大夫、士相见，虽贵贱不敌，主人敬客，则先拜客；客敬主人，则先拜主人。凡非吊丧、非见国君，无不答拜者。大夫见于国君，国君拜其辱。士见于大夫，大夫拜其辱。同国始相见，主人拜其辱。君于士，不答拜也；非其臣，则答拜之。大夫于其臣，虽贱，必答拜之。男女相答拜也。

【注释】

①国君：在这指大夫和士随本国国君出行时见到的他国的国君。

②劳：赏赐、慰劳。

③稽首：稽首礼是一种最正式、最重要的礼节。

【译文】

大夫或士遇到别国国君，如果获得了他的慰劳，要退身避开，俯首至地礼拜他；如果国君迎接先拜见，就要退身避开，也不用回拜。大夫和士相见，即使主客的身份不相当，主人也要尊敬来客，就先拜见来客；来客尊敬主人，也可以先拜见主人。大凡不是吊丧和朝见国君，就都要答拜。大夫见他国国君，国君回拜。

士见大夫，大夫也回拜。同一个国家的人第一次相见，主人回拜。国君对士不用回拜；不是自己的臣属，那就要回拜了。大夫对自己的家臣，即使他地位低下，也要回拜的。男女见面要相互拜。

【原文】

国君春田不围泽；大夫不掩群①，士不取麛卵②。岁凶，年谷不登，君膳不祭肺③，马不食谷，驰道不除，祭事不县④。大夫不食粱，士饮酒不乐。君无故，玉不去身；大夫无故不彻县，士无故不彻琴瑟。士有献于国君，他日，君问之曰："安取彼？"再拜稽首而后对。大夫私行出疆，必请。反，必有献。士私行出疆，必请；反，必告。君劳之，则拜；问其行，拜而后对。国君去其国，止⑤之曰："奈何去社稷也！"大夫，曰："奈何去宗庙也！"士，曰："奈何去坟墓也！"国君死社稷，大夫死⑥众⑦，士死制⑧。

【注释】

①掩群：追捕成群的猎物。

②麛卵：指的是鸟兽等动物未成形的幼卵。麛，与"迷"同音。

③不祭肺：古人以肺为食前祭礼所用之物，不祭肺指的就是不杀生祭祀之意。

④县：与"悬"同，是指悬挂挂钟之类的东西。

⑤止：劝告之意。

⑥死：为⋯⋯而死。

⑦众：指军事之事。

⑧制：执行君王的命令。

【译文】

国君春天打猎，不能包围整个猎场，大夫不能猎取整个兽群，士不猎取幼兽和禽蛋。荒年，收成不好，君王用膳不杀牲，马不喂粮食，驰道不须整治，祭祀不设钟磬，大夫不再加餐稻粱，士在饮酒时不奏乐。国君不遇灾变，佩玉不离身；大夫不遇灾变，不撤掉钟磬等乐器；士不遇灾变，不撤去琴瑟等乐器。士献礼物给国君，国君不接受，后来国君问士说："如何得到这些东西的？"士先稽首再拜，然后回答。大夫私事出境，一定要申请，同来必定呈献礼物。士私自出境，必须申请，回来要报告。国君慰劳，要拜；问起私行事情，先拜而后答。国君要流亡他国，就劝告他说："怎能离开社稷呢？"大夫要离开国家，则说："怎能抛下宗庙呢？"士要离开国家，则说："怎能舍得祖宗的坟墓呢？"国君当为社稷而死，大夫应与士卒同存亡，士应为执行君命而死。

礼记全鉴

【原文】

君天下，曰"天子"。朝诸侯，分职授政任功，曰"予一人"。践阼（zuò）^①临祭祀：内事^②曰"孝王某"，外事^③曰"嗣王某"。临诸侯，眕（zhěn）^④于鬼神，曰"有天王某甫"。崩，曰"天王崩"。复，曰"天子复矣"。告丧，曰"天王登假^⑤"。措之庙，立之主，曰"帝"。天子未除丧，曰"予小子"。生名之，死亦名之。

【注释】

①践阼（zuò）：这里除指院子外，还指庙堂和郊坛等的阼阶。

②内事：指的是在宗庙祭祀。

③外事：指的是在郊坛祭祀。

④眕（zhěn）：告诉之意。

⑤登假：升天之意。假，与"退"同音。

【译文】

统治天下的人称"天子"。他朝会诸侯，分派官职，授予政务，委任事功，称"予一人"。登阼阶主持祭祀仪式，宗庙内的祝词自称"孝王某"，郊祭时则称"嗣王某"。巡行诸侯，向当地的神灵致祭祷告则自称"有天王某甫"。死，称"天王崩"；招魂时，呼喊"天子回来吧！"发讣告，称"天王登仙了"；神主附祭于祖庙，立牌位称"帝"。新天子即位未除丧时，自称"予小子"。活着时称"小子王某"，如果此时死亡也称"小子王某"。

【原文】

天子之六工：曰土工、金工、石工、木工、兽工、草工，典制六材^①。五官^②致贡，曰享。

【注释】

①材：器材之意。

②五官：指的是公、侯、伯、子、男五等。

【译文】

有六种工匠受命于天子，分别为土工、金工、石工、木工、兽工、草工，他们各自负责用其所长制造器物。到了年末，五官会将他们这一年的成绩上报给天子，这叫"享"。

【原文】

五官之长，曰伯，是职方。其摈①于天子也，曰"天子之吏"。天子同姓，谓之"伯父"；异姓，谓之"伯舅"。自称于诸侯，曰"天子之老"，于外曰"公"；于其国曰"君"。九州之长入天子之国，曰"牧"。天子同姓，谓之"叔父"；异姓，谓之"叔舅"；于外曰"侯"，于其国曰"君"。其在东夷、北狄、西戎、南蛮，虽大，曰"子"。于内自称曰"不谷"，于外自称曰"王老"。庶方小侯入天子之国，曰"某人"，于外曰"子"，自称曰"孤"。

【注释】

①摈：辅佐之意。

【译文】

五官之长称为伯，是主管国家某方面事务的重要官员。他们觐见天子时，负责通报的要称他为"天子之吏"。他们如果和天子同姓，天子就称为"伯父"，如果和天子不同姓，天子就称他为"伯舅"。对于天下的诸侯，可以自称"天子之老"。在他们的封国以外，可以自称"公"；在封国之内，自称"君"。九州诸侯的首领进入天子管辖的地界，自称"牧"。他们如果与天子同姓，天子就称为"叔父"；如果与天子不同姓，天子就称为"叔舅"。对国外自称"侯"；在国内自称"君"。散处四夷的诸侯首领，如其朝见天子，负责通报的人就称他为"子"。他们在国内自称"不谷"；在国外自称"王老"。至于散处四夷的小诸侯，进入天子管辖的地界，自称"某国人"。在国外自称"子"；在国内自称"孤"。

【原文】

天子当依①而立。诸侯北面而见天子，曰觐。天子当宁而立，诸公东面、诸侯西面，曰朝。诸侯未及期②相见曰遇，相见于郤（xì）地③曰会。诸侯使大夫问于诸侯曰聘，约信④曰誓，莅牲⑤曰盟。诸侯见天子曰"臣某侯某"。其与民言，自称曰"寡人"。其在凶服，曰"嫡子孤"。临祭祀，内事曰"孝子某侯某"，外事曰"曾孙某侯某"。死曰"薨"，复曰"某甫复矣"。既葬，见天子，曰类见。言谥曰类。诸侯使人使于诸侯，使者自称曰"寡君之老"。

【注释】

①依：与"康"通假，类似屏风之意。

②期：指的是事先约定见面的时间和地点。

③郤（xì）地：两国的边界之地。

④信：条文、书面的东西。

⑤莅牲：面对神灵杀生。

【译文】

　　天子背靠绣有斧钺纹的屏风，面南而立，诸侯面向北拜见天子叫"觐"。天子站在殿门与屏风之间，面向南，诸公面向东、诸侯面向西而拜见天子，这叫"朝"。诸侯在约定的日期之前相见叫作"遇"。诸侯在两国交界处相见叫作"会"。诸侯之间派遣大夫互访叫作"聘"。订立彼此必须信守的条约叫作"誓"。书面订立条约，在神灵面前歃血宣读叫作盟，诸侯朝见天子自称"臣某侯某"。诸侯与本国百姓讲话自称"寡人"。诸侯丧服未除，相礼者对吊宾称诸侯为"嫡子孤某"。诸侯主持祭祀，如果是祭宗庙中的列祖列宗，就自称"孝子某侯某"；如果是祭天神地祇，就自称"曾孙某侯某"。诸侯死，史策上应记为"薨"。招魂时应呼其字，高喊"某甫回来吧！"已葬之后，继位的诸侯在丧中朝见天子叫"类见"。继位的诸侯为去世的诸侯请谥叫"类"。诸侯派使者聘于诸侯，使者自称"寡君之老"。

【原文】

　　天子穆穆①，诸侯皇皇，大夫济济②，士跄跄③，庶人僬僬（jiāo jiāo）④。天子之妃曰后，诸侯曰夫人，大夫曰孺人，士曰妇人，庶人曰妻。公、侯有夫人，有世妇，有妻，有妾。夫人自称于天子，曰"老妇"；自称于诸侯，曰"寡小君"；自称于其君，曰"小童"。自世妇以下，自称曰"婢子"。子于父母则自名也。

【注释】

①穆穆：威严的样子。

②济济：庄重的样子。

③跄跄：走路有节奏的样子。

④僬僬（jiāo jiāo）：匆忙紧张的样子。

【译文】

　　天子深沉肃穆，诸侯显赫轩昂，大夫稳重端庄，士舒扬自得，庶人急促慌张。天子的配偶称"后"，诸侯的配偶称"夫人"，大夫的配偶称"孺人"，士的配偶称"妇人"，庶人的配偶称"妻"。公、侯有夫人、世妇、妻、妾。公侯夫人称天子为"老妇"，称诸侯称为"寡小君"，称自己的国君为"小童"。世妇以下的都称为"婢子"。在父母面前子女直接称自己的名字。

【原文】

　　列国之大夫，入天子之国曰"某士"；自称曰"陪臣某"。于外曰"子"，于其国曰"寡君之老"。使者自称曰"某"。天子不言出，诸侯不生名。君子不亲恶①。诸侯失地，名②；灭同姓，名。为人臣之礼：不显谏。三谏而不听，则逃③之。子之事亲也：三谏而不听，则号泣而随之。君有疾，饮药，臣先尝之。亲有疾，饮药，子先尝之。医不三世，不服其药。

【注释】

　　①恶：指有罪恶的人。

　　②名：史书记载时，要记录他的真名。

　　③逃：离开之意。

【译文】

　　各诸侯国的大夫，进入天子国内称"某士"，自称"陪臣某"；国外人称他"子"，国中之人对国外人说话，称他"寡君之老"。出使之人自称"某"。天子的活动在史书上都有记载，不可用"出"字，否则就意味着他犯了失去天下的大恶；各诸侯生前的活动在史书中都有记载，不能直接呼唤他的名字，否则就意味着他犯有什么大恶。对于犯下的这些大恶，在记入史册时

君子是不会手下留情的。如果失去了国土，这算诸侯的一种大恶，史书上就会称呼他的名字；灭掉同姓之国，这也算诸侯的一种大恶，史书上也会称呼他的名字。作为臣子的，不当众指责君主。多次劝阻君主仍不听从，就要离其而去。子女服侍双亲，多次不听从劝阻；就号啕大哭，听任他们所为。君王有病，服药时侍臣先尝。父母有病吃药时应子女先尝。如果医术不精、经验丰富的大夫，他的药物不要随便服用。

【原文】

傀（nǐ）[①]人必于其伦[②]。问天子之年，对曰："闻之：始服衣若干尺矣。"问国君之年：长，曰能从宗庙社稷之事矣；幼，曰未能从宗庙社稷之事也。问大夫之子：长，曰能御矣；幼，曰未能御也。问士之子：长，曰能典谒[③]矣；幼，曰未能典谒也。问庶人之子：长，曰能负薪矣；幼，曰未能负薪也。

【注释】

①傀（nǐ）：比拟。

②伦：身份地位之意。

③典谒：主持宴请宾客之事。

【译文】

在和别人做比较的时候，需注意的是只有和同类的人才有可比性。若有人问天子的年龄，应该回答说："听说开始穿很长的衣服了。"若问君王的年龄，如果君王年长，就回答说："能主持宗庙社稷的祭祀了。"如果年纪较小，就回答说："还未到主持宗庙社稷的祭祀。"如果问起大夫之子的年纪，如果君王年长，就回答说："能驾驭马车了。"如果年纪较小，就回答说："还不能驾驭马车。"如果问起士之子的年纪，如果年纪较小，就回答说："可以接待客人传话了。"如果年纪较小，就回答说："还不能接客传话。"如果问起庶人之子的年纪，若其年长，就回答说："能负薪了。"如果年纪较小，就回答说："还不能负薪。"

【原文】

天子死曰"崩"，诸侯曰"薨"，大夫曰"卒"，士曰"不禄"，庶人曰"死"。在床曰"尸"，在棺曰"柩"。羽鸟曰"降"，四足曰"渍"。死寇曰"兵"。祭王父曰"皇祖考"，王母曰"皇祖妣"。父曰"皇考"，母曰"皇妣"。夫曰"皇辟"。生曰"父"、曰"母"、曰"妻"，死曰"考"、曰"妣"、曰"嫔"。寿考[①]曰"卒"，短折[②]曰"不禄"。

【注释】

①寿考：正常的老死。

②短折：夭折而亡。

【译文】

天子死称为"崩"，诸侯死称为"薨"，大夫死称为"卒"，士死称为"不禄"，庶人死称为"死"。死人在床称为"尸"，死后躺在棺内称为"柩"。飞禽的死叫作"降"，走兽的死叫作"渍"。在战乱中死后称为"兵"。祭祀去世的祖父称为"皇祖考"，祖母则称为"皇祖妣"，父则称为"皇考"，母则称为"皇妣"，丈夫则称为"皇辟"。活着的时候，要用"父""母""妻"这些字眼，不幸去世以后，要分别改用"考""妣""嫔"这些字眼。对于有品德而未曾出来做官的人，如果是年老自然死亡，就比照大夫称为"卒"，如果是短命夭折的，就比照士称为"不禄"。

【原文】

天子视不上于袷（jié）①，不下于带；国君，绥视②；大夫，衡视；士视五步。凡视，上于面则敖，下于带则忧③，倾则奸。君命，大夫与士肄（yì）④。在官言官，在府言府，在库言库，在朝言朝。朝言不及犬马。辍朝而顾，不有异事，必有异虑。故辍朝而顾，君子谓之固⑤。在朝言礼，问礼对以礼。

【注释】

①袷（jié）：指的是衣领。

②绥视：视线向下。

③忧：拘谨。

④肄（yì）：研习之意。

⑤固：无礼的样子。

【译文】

臣子看天子，目光上不超过其衣领，下不能低于腰带。臣子看国君，目光应在其面部以下、衣领之上。大夫的部下瞻视大夫，目光可以平视，直视对方面部。士的部下瞻视士，可以旁视士的左右五步。只要是瞻视尊者，如果目光高过对方面孔，就显得傲慢；如果目光低于对方腰带，就显得自己忧心忡忡；如果目光游移，眼珠左右滚动，就显得心术不正了。君王命令欲做某事，大夫与士要事先演习。若君命涉及版图文书，就在官商议；若君命涉及宝藏货贿，就在府商议；若君命涉及车马兵甲，就在库商议；若君命涉及政事，就在朝商议。在议政之处不可言及犬马，否则有亵朝堂。已经散朝还回头看，即表明此人有别的事情欲讲未讲，对议定之事另有想法。所以，散朝以后还回头看，是粗鄙无礼的表现。在朝廷上要言必称礼，问话要有礼节，答话也要有礼节。

檀弓上

　　本篇开篇讲述了一个名叫檀弓的人的故事。檀弓，鲁国人，精通礼，本篇以檀弓作为篇名以表彰之。是孔子的弟子所作，篇中主要记录了丧事的礼节，并且对古代礼制也做了一些考证。本篇的中心内容虽然是讨论丧葬之礼，但多是就事论事，个别章节义理文采俱佳，为后人传诵不绝。

公仪仲子之丧，檀弓免①焉。仲子舍其孙而立其子，檀弓曰："何居②？我未之前闻也。"趋而就子服伯子于门右，曰："仲子舍其孙而立其子，何也？"伯子曰："仲子亦犹行古之道也。昔者文王舍伯邑考而立武王，微子舍其孙脕而立衍也；夫仲子亦犹行古之道也。"子游问诸孔子，孔子曰："否！立孙。"

【注释】

①免：郑玄认为是免去吊丧之礼，孙希旦认为"免"是一种头缠布匹的扮相；此处从孙说。

②居：齐鲁方言中的语气助词，无实义。

【译文】

公仪仲子的嫡子去世了，他不立嫡孙为继承人，却扶植妾生的儿子作为他的继承人。为了表示对这种做法的不满和反对，檀弓故意头缠布匹前去吊唁，并且说："究竟是怎么回事啊？我从来没见过这样做的。"他快步走到门右边去询问服伯子，说："仲子不用嫡孙而立他的庶子，这是什么道理呀？"伯子为仲子开脱说："仲子也不过是沿袭古人的做法罢了。过去，周文王舍弃嫡子伯邑考而让武王为继承人，宋微子不立嫡孙脕而立其弟衍为继承人，所以说仲子也不过是沿用了古人的做法而已。"后来，孔子的弟子子游就这件事请教孔子，孔子回答说："公仪仲子的做法是不对的，他应当立嫡孙为他的继承人。"

【原文】

事亲有隐①而无犯，左右就养②无方，服勤至死，致丧③三年。事君有犯而无隐，左右就养有方，服勤至死，方④丧三年。事师无犯无隐，左右就养无方，服勤至死，心丧三年。季武子成寝，杜氏之葬在西阶之下，请合葬焉，许之。入宫⑤而不敢哭。武子曰："合葬非古也，自周公以来，未之有改也。吾许其大而不许其细，何居？"命之哭。

【注释】

①隐：不指明过失。

②就养：就近奉养。

③致丧：极其哀伤。

④方：比照，比较。

⑤宫：宅。指陵寝墓地。

【译文】

服侍父母时，对其错误不可褒扬，也不能直言冒犯，要左右地精心侍候父母，任劳任怨，直至父母去世，孝子会极其哀痛地为父母守丧三年。服侍君王，对其过失要直言不讳地加以指出，如果有人问起国事，可以直接说出他的得失。臣子要精心侍候，恪尽职守，任劳任怨，直到君王过世，忠实的臣子会比照丧父的礼节守丧三年。服侍老师，对其过失不可直言指出，但也不能总是不提示他的过失，要像对待父母那样地精心侍候，直至老师去世，学生虽不用披麻戴孝，但君子侍老师，三年之中心中的悲哀犹如丧亲一般。季武子修建了一座住宅，但是宅地原是杜氏家的墓地，坟墓就在西阶之下。杜家新去世人，请求季武子允许合葬，也葬在西阶之下，季武子同意了。杜氏后人进入季武子的宅院时不敢哭泣。季武子说："合葬虽然不是古制，是自周公以来才有合葬，后来一直是这个样子。我既然允许杜家人合葬，而不允许杜家人哭泣，这是什么道理呢？"于是，他让杜家人尽情哭泣。

【原文】

子上之母死而不丧。门人问诸子思曰："昔者子之先君子丧出母乎？"曰："然。""子之不使白也丧之。何也？"子思曰："昔者吾先君子无所失道①；道隆②则从而隆，道污③则从而污。伋则安能？为伋也妻者，是为白也母；不为伋也妻者，是不为白也母。"故孔氏之不丧出母，自子思始也。

【注释】

①道：礼节，礼制。

②隆：提高。

③污：地位低下。

【译文】

子上的庶母去世了，但子上没有为她穿孝服。子思的门人不知道缘由，就请教子思说："您的父亲从前为庶母带孝吗？"子思回答说："带孝。"门人又问子思："那么您不让您的儿子子上为庶母带孝，这是什么原因？"子思回答说："我父亲从前的做法没有不符合礼节的地方，礼节是该提高规格时就提高，该降低规格时就降低。我孔伋怎么有资格和先父相比呢？我的原则是：只有我孔伋的妻子，才是阿白的母亲；只要不是我孔伋的妻子，自然也就不是阿白的母亲。"所以，孔家的人不为庶母带孝，是从子思开始的。

【原文】

孔子曰："拜而后稽颡（sǎng）①，颓②乎其顺也；稽颡而后拜，颀③乎其至也。三年之丧，吾从其至者。"孔子既得合葬于防，曰："吾闻之：古也墓而不坟；今丘也，东西南北之人④也，不可以弗识⑤也。"于是封之，崇四尺。孔子先反，门人后，雨甚；至，孔子问焉曰："尔来何迟也？"曰："防墓崩。"孔子不应。三，孔子泫然流涕曰："吾闻之：古不修墓。"

【注释】

①稽颡（sǎng）：叩头。屈膝下跪，以额触地，表示极度的虔诚。

②颓：恭顺，安详。

③颀：哀痛之至。

④东西南北之人：意即四处流浪、居无定所之人。

⑤识：通"志"，做标记。

【译文】

孔子说："三年守孝期，孝子有两种祭拜的方法。一种是先拜而后叩头，这种拜法突出了对来宾的恭敬恭顺，于礼为顺。另一种是先叩头再后拜，这种拜法突出了孝子的哀思之情，感情做到极致。三年守孝期，最重要是哀戚之心，所以我喜欢后一种拜法。"孔子把父母合葬于防之后，说："我听说，古时候的墓地上是不积土为坟的。现在我四处奔波，一定要给坟墓做个标志。"于是就在墓上堆了四尺高的土。孔子先从墓地回家，但是他的弟子们还在墓地照料，直到大雨之后，弟子们才来到家。孔子问："你们怎么回来这么迟？"弟子们答道："因为下雨，坟墓坍塌了，我们在那里修墓呢。"孔子没有说话。弟子们以为孔子没有听见，连说了三遍。这时，孔子才伤心地流下眼泪，说："我听说过，古人是不在墓上积土的。"

【原文】

孔子哭子路于中庭。有人吊者，而夫子拜之。既哭，进使者而问故①。使者曰："醢②之矣。"遂命覆醢。曾子曰："朋友之墓，有宿草而不哭焉。"子思曰："丧三日而殡，凡附于身者，必诚必信，勿之有悔焉耳矣。三月而葬，凡附于棺者，必诚必信，勿之有悔焉耳矣。丧三年以为极，亡则弗之忘矣。故君子有终身之忧，而无一朝之患。故忌日不乐。"孔子少孤，不知其墓。殡于五父之衢。人之见之者，皆以为葬也。其慎也，盖殡也。问于郰曼父之母，然后得合葬于防。邻有丧，舂不相③；里有殡，不巷歌。丧冠不緌。

【注释】

①故：死亡，此处是指子路死时的样子。

②醢：原指肉酱，此为名词动作，剁成肉酱。

③相：配合春米的节奏而歌唱。

【译文】

因为子路去世了，孔子在正室前的庭里哭。有人来安慰他，孔子就以丧主的身份回拜。孔子哭过之后，召见从卫国来报信的使者问子路死的情况。使者说："子路已经被砍成肉酱了。"孔子听了，就叫人把正要吃的肉酱倒了，不再忍心吃它做好的肉酱。曾子说："死去朋友的墓上有了陈年的草，就不该再哭了。"子思说："人去世三天后行殡礼，这时，只要是随尸体入殓的物品，一定要考虑周密，不能马虎，凡事要合乎礼制，不随便增减，以免日后有所遗憾。三个月以后下葬，这时，凡是随棺入圹的物品，一定要考虑周密，一丝不苟，符合丧葬礼仪，不妄增减，以免日后有所遗憾。虽然服丧以三年为极限，但除丧以后也不应忘掉双亲。所以君子一生都在怀念双亲，但任何时候都不能因思亲过度而伤害身体，因此，只在忌日才不做叫人感觉高兴的事。"孔子从小父亲就去世了，长大后，母亲又去世了。孔子要将母亲与父亲合葬，但弄不清楚父墓是殡是葬。问了一些见到的人，都说是葬。孔子不知怎么办才好。最后问到郰曼父的母亲，才知道自己的父亲死后是殡。这样，他将母亲和父亲合葬于防。邻居有丧事，即使在春米时也不要喊号子。邻里有停殡待葬的，也不要在街巷中唱歌。戴丧冠，冠缨打好结后不要有下垂部分。

【原文】

晋献公将杀其世子申生，公子重耳谓之曰："子盖①言子之志于公乎？"世子曰："不可，君安骊姬，是我伤公之心也。"曰："然则盖行②乎？"世子曰："不可，君谓我欲弑君也，天下岂有无父之国哉！吾何行如之？"使人辞于狐突曰："申生有罪，不念伯氏之言也，以至于死，申生不敢爱其死；虽然，吾君老矣，子少，国家多难，伯氏不出而图③吾君。伯氏苟出而图吾君，申生受赐④而死。"再拜稽首，乃卒。是以为"恭世子"也。

【注释】

①盖：同"盍"，何不。

②行：逃亡。

③图：出谋划策。

④赐：恩惠。

【译文】

太子申生将要被父亲晋献公杀害。公子重耳对申生说："您受到诬陷为什么不向父亲说明情况呢？"太子说："不可。父亲他老人家不可一天没有骊姬，如果把事情的真相告诉他，骊姬必然有罪，这样的话他会伤心的。"重耳说："为何不逃往他国呢？"太子说："不可。他老人家给我加上的罪名是谋害君父。试想，虽天下之大但有哪个国家愿意接纳谋害君父的人呢，我能逃到哪里去呢？"申生派人向狐突诀别说："我自己有罪，没能听从您的劝阻，以至于陷入现在这般境地。我觉得自己死的并不可惜。即便如此，君王年事已高，继承人年龄又小，国家正处于多事之秋，您又不出山为我们的君王出谋划策，这使我放心不下。如果您肯出山为我们的君王出谋划策，申生将怀着对您的感激而死。"申生行过再拜稽首之礼，就自杀了。由于申生一味敬顺事上，所以谥为"恭世子"。

【原文】

鲁人有朝祥而莫①歌者，子路笑之。夫子曰："由，尔责于人，终无已夫？三年之丧，亦已久矣夫。"子路出，夫子曰："又多乎哉！踰②月则其善也。"鲁庄公及宋人战于乘丘。县贲父御，卜国为右。马惊，败绩，公队③。佐车授绥。公曰："末之卜也。"县贲父曰："他日不败绩，而今败绩，是无勇也。"遂死之。圉（yǔ）人浴马，有流矢在白肉④。公曰："非其罪也。"遂诔（lěi）⑤之。士之有诔，自此始也。

【注释】

①莫：同"暮"，晚上。

②踰：同"逾"，超过。

③队：同"坠"，坠落。

④白肉：大腿内侧的肉。

⑤诔（lěi）：追述死者功德的悼念文章。这里做动词，写文章追念。

【译文】

有个鲁国人，清晨刚行过大祥除服的祭礼，到了晚上就唱起歌来了。子路听见了，就嘲笑这个人开心的太快了。孔子则说："由！你责备他人就没完没了了吗？三年之丧，时间已经不短了，很多人未必能做到。"子路出去以后，孔子又说："按理说离唱歌也没有多少时日了，假如一个月后再唱歌便无可挑剔了。"鲁庄公领兵与宋国军队战于乘丘。鲁庄公所乘的战车上，县贲父负责驾车，卜国负责保卫。这时驾车的马突然受惊狂奔，庄公跌下马车。幸亏副车上的人递给庄公登车的引绳，把他拉上了副车。庄公说："马惊失列，是驾车者的责任。我没有事先占卜一下驾车者的人选，所以事情才会这样。"县贲父说："平常驾车，马不乱跑；今天驾车倒乱跑起来，这说明我还缺乏勇气。"于是赴敌而死。后来，马夫在洗马时才发现马腿的内侧有箭伤。庄公说："原来如此，是我错怪县贲父了。"因此便写了表彰死者功德的诔文。今后士这一阶层便有了诔。

【原文】

曾子寝疾，病①。乐正子春坐于床下，曾元、曾申坐于足，童子隅坐而执烛。童子曰："华而睆（huàn）②，大夫之箦与？"子春曰："止！"曾子闻之，瞿然③曰："呼！"曰："华而睆，大夫之箦与？"曾子曰："然，斯季孙之赐也，我未之能易也。元，起易箦（zé）④。"曾元曰："夫子之病革⑤矣，不可以变。幸而至于旦，请敬易之。"曾子曰："尔之爱我也不如彼。君子之爱人也以德，细人⑥之爱人也以姑息。吾何求哉？吾得正而毙焉，斯已矣。"举扶而易之。反席未安而没。

【注释】

①病：病情严重。

②华而睆（huàn）：华，华丽，有彩饰的；睆，明亮的样子。

③瞿然：惊怕的样子。

④箦（zé）：竹编床席。

⑤革：通"亟"，急，此处指危急。

⑥细人：小人。

【译文】

曾子卧病在床，病得很厉害。他的弟子乐正子春坐在床下，曾元、曾申坐在他们父亲曾子的脚旁。一个小孩子手执火炬，坐在角落。小孩子看到曾子身下的竹席，便说："多么漂亮光滑呀！是大夫用的竹席吧？"子春说："别作声！"曾子听后，突然惊醒，弱弱地叹了口气。小孩子又说："多么漂亮光滑呀！是大夫用的竹席吧？"曾子说："是的。这是季孙送的，我因重病在身还未能将它换掉。元啊，起身将竹席换了吧！"曾元说："您的病已经很严重了，此时不可移动。等天亮时我便将它换掉。"曾子说："你对我的心意还比不上那个孩子。君子爱人，是思考怎样才可以成全他的美德；小人爱人，是思考怎样才可以让他苟且偷安。如今我还能奢求什么呢？如果我的死能够合乎礼法，此生足矣。"于是，他们便将曾子抬起换席，换过后再把曾子放回席上，还未安置妥当曾子就去世了。

【原文】

始死，充充如有穷；既殡，瞿瞿①如有求而弗得；既葬，皇皇②如有望而弗至。练而慨然，祥而廓然③。邾娄复之以矢，盖自战于升陉（xíng）始也。鲁妇人之髽（zhuā）而吊也，自败于台（hú）鲐始也。南宫绦之妻之姑之丧④，夫子诲之髽曰："尔毋从⑤从尔！尔毋扈⑥扈尔！盖榛以为笄，长尺，而总八寸。"孟献子禫（dàn），县而不乐，比御而不入。夫子曰："献子加于人一等矣！"孔子既祥，五日弹琴而不成声，十日而成笙歌。有子盖既祥而丝屦、组缨。死而不吊者三：畏、厌、溺。

【注释】

①瞿瞿：目光四处搜寻的样子。

②皇皇：如"惶惶"，心神不安的样子。

③廓然：空虚，空寂。

④三个"之"，第二个为动词，去；其余两个为助词，的。

⑤从：高大的样子。

⑥扈：广大的样子。

【译文】

父母刚去世时，孝子十分痛心，感觉今后的日子再也无法继续下去。到殡殓之后，孝子的眼神不定，似乎在寻找些什么但始终未能如愿。埋葬以后，孝子彷徨无依，好像在盼望亲人归来而又盼不到的样子，周年以后，就感慨时间如梭，除服以后，感觉内心孤单寂寞。邾娄人用箭来招魂，是从升陉之战以后开始的。在鲁国，吊丧时妇人习惯露着髽，这一习惯开始于台鲐之战失败后。南宫绦妻子的婆婆死后，孔子教她做丧髽的方法说："你不必将丧髽做得太高，也不必做得很大。用榛木做簪子，其

长一尺；束发的布条垂下后有八寸长即可。"孟献子行过禅祭以后，乐器放在家里但没有弹奏，有妇人侍寝也不入寝室之门。孔子说："很少有人能做到这样，献子能够如此，不简单啊！"孔子在大祥后五天开始弹琴，但是未能够弹成曲调；在大祥后逾月的又一旬里吹笙，这时的曲调便和谐了很多。有子大概是祥祭一结束，就穿上有丝饰的鞋子、戴上用丝带作缨的帽子，这未免有点早。死后不能去吊丧的有三种情况：畏惧谗言而自杀的，死于高空坠物的，淹死于江河的。

【原文】

子路有①姊之丧，可以除之矣，而弗除也，孔子曰："何弗除也？"子路曰："吾寡兄弟而弗忍也。"孔子曰："先王制礼，行道之人皆弗忍也。"子路闻之，遂除之。大公封于营丘，比及五世，皆反葬于周。君子曰："乐，乐其所自生②，礼不忘其本。古之人有言曰：狐死正丘首③。仁也。"伯鱼之母死，期而犹哭。夫子闻之曰："谁与哭者？"门人曰："鲤也。"夫子曰："嘻！其甚也。"伯鱼闻之，遂除④之。舜葬于苍梧之野，盖三妃未之从也。季武子曰："周公盖袝⑤。"曾子之丧，浴于爨（cuàn）室⑥。

【注释】

①有：助词。

②乐，乐其所自生：前"乐"，乐制；后"乐"，以……为乐。

③正丘首：正，摆正，朝向；丘，狐狸的巢穴；首，头。

④除：停止（哭泣）。

⑤袝：合葬。

⑥爨（cuàn）室：指做饭的屋子，即厨房。爨，炉灶。

【译文】

子路为出嫁的姐姐服丧，到了除服之日他还未除。孔子便问道："为何不除服呢？"子路说："我的兄弟很少，因此不忍心九个月就除服啊！"孔子说："先王制定的礼，对君子而言就是教他如何适当控制自己的情感。"子路听完之后，便脱下丧服。太公封于齐，都营丘。因太公留朝为太师，死后遂葬于周。此后，其五代子孙虽死于齐，也都随太公葬于周。君子说："音乐，还是本国的最动听。礼的精神，是不能忘其根本的。"古人云："狐狸死后，头也会朝着狐穴所在的方向，这也是不忘其本啊！"伯鱼的庶母去世，周年过后，他仍然在哭。孔子听见了，就问道："是谁在哭呀？"他的弟子说："是鲤在哭。"孔子发出不满的声音，说："太过分了！"伯鱼听后，便不再哭泣。舜死后被葬于苍梧之野，他的三位妃子都未与其合葬在一起。季武子说："夫妇合葬之事大概始于周公。"为曾子料理丧事时，其家属在厨房中为死者烧浴汤，这是失礼的。

【原文】

伯高之丧，孔氏之使者未至，冉子摄①束帛、乘马而将之。孔子曰："异哉！徒使我不诚于伯高。"伯高死于卫，赴②于孔子，孔子曰："吾恶乎哭诸③？兄弟，吾哭诸庙；父之友，吾哭诸庙门之外；师，吾哭诸寝；朋友，吾哭诸寝门之外；所知，吾哭诸野。于野，则已疏；于寝，则已重。夫由赐也见我，吾哭诸赐氏。"遂命子贡为之主，曰："为尔哭也来者，拜之；知伯高而来者，勿拜也。"

【注释】

①摄：借贷。

②赴：赶来（相告）。

③吾恶乎哭诸：恶乎，相当于"在哪里"。诸，"之乎"的合音字。

【译文】

伯高死后，孔子便派使者致吊送礼，弟子冉见其还未到就准备了四匹马和一束帛作为礼物，并称是奉了孔子之命。孔子听说后，说："真奇怪！这会让我失信于伯高的。"伯高死于卫国，孔子接到其家属报丧后说："我应在何处哭伯高呢？如果是兄弟，我在祖庙里哭他；父亲的朋友，我在庙门外哭他；老师，我在正寝里哭他；朋友，我在正寝门外哭他；只是互通姓名的泛泛之交，我在野外哭他。如在野外哭他对于伯高来说，又会显得交情太浅；在正寝哭他，又显得礼数太重。是因子贡我才和他相识的，我还是到子贡家哭他吧。"于是，命子贡代为丧主。因为这和丧之正主不同，因此再三交代子贡："如若为你本人的关系来哭，你就拜谢；为了和伯高有交情而来哭的，就用不着你来拜谢。"

【原文】

夫昼居于内，问其疾可也；夜居于外，吊之可也。是故君子非有大故，不宿于外；非致齐也、非疾也，不昼夜居于内。高子皋之执亲之丧也，泣血①三年，未尝见齿②，君子以为难。衰③，与其不当物④也，宁无⑤衰。齐衰不以边坐，大功不以服勤。

【注释】

①泣血：无声而哭，即饮泣，并非哭出血来。

②见齿：微笑。

③衰：同"缞"，丧服的样式。

④当物：合乎礼制。

⑤宁无："宁无"与前句"与其"连用，构成"与其……不如……"的句式。

【译文】

白天还在正寝中待着，好友们就能去探病；夜里睡在中门以外，好友们就能前往吊丧。因此，君子如果不是居丧由，是不会睡在门外的；不是由于祭前的斋戒，生病，不管白天黑夜都会在正寝中待着。高子皋在为父亲守丧时，没有声音而哭了三年，从未笑过。君子认为一般人是无法做到的。丧服的制作是有礼法讲究的，所穿的丧服如果不合礼法，就会坏了规矩，还不如不穿丧服呢。身穿齐衰，就不可偏倚而坐；身着大功，就不能干重活。

【原文】

孔子之卫，遇旧馆人之丧，入而哭之哀。出，使子贡说骖而赙①之。子贡曰："于门人之丧，未有所说骖，说骖于旧馆，无乃已重乎？"夫子曰："予乡者入而哭之，遇于一哀而出涕。予恶夫涕之无从也。小子行之。"孔子在卫，有送葬者，而夫子观之，曰："善哉为丧乎！足以为法矣，小子识之。"子贡曰："夫子何善尔也？"曰："其往也如慕②，其反也如疑。"子贡曰："岂若速反而虞乎？"子曰："小子识之，我未之能行也。"颜渊之丧，馈祥肉，孔子出受之；入，弹琴而后食之。孔子与门人立，拱而尚右，二三子③亦皆尚右。孔子曰："二三子之嗜学也，我则有姊之丧故也。"二三子皆尚左。

【注释】

①赙：作动词时指以财物助人办丧事，作名词时指送给丧家的布帛财物。

②慕：思慕，追思。

③二三子：此处是孔子对其门下弟子的称呼，相当于"诸位""诸君"。

【译文】

孔子来到魏国，碰巧遇到之前下榻的馆舍的主人去世，于是便进屋吊丧，哭得十分伤心。出来之后，孔子让子贡解下骖马送给丧家。子贡说："你弟子死后你都未将骖马解下相赠，现在却将其解下赠给过去下榻的馆舍的主人家，这礼数未免也太重了吧？"孔子说："我刚才进去哭他，恰巧悲从中来而流泪。对于那些光流眼泪而没有实际行动的做法我十分讨厌。你就按照我的吩咐去做吧！"

在卫国时，孔子看见送葬，在一旁观看说："这丧事办得真好啊！可以完全当作后人的榜样。你们要好好记住。"子贡说："这丧事为何得到老师如此称赞呢？"

孔子回答说："在送葬的路上，那孝子就像婴儿般思念亲人而哭泣不停；下葬后回来，又担心亲人的魂魄不能跟随一起回来而迟迟不回。"子贡说："恐怕还不如快点回家准备安神的虞祭吧？"孔子说："你们应牢记这个榜样，就算是我也很难做到像他那样呢！"颜渊死后，大祥之祭之日，其家送来祭神的肉。孔子出门迎接，进屋之后先抚了会儿琴，然后才吃。弟子们和孔子一起站立，孔子右手在外双手抱拳，弟子们也将右手放在外面。孔子说："你们这些弟子太喜欢学我了。我之所以右手放在外面是由于有姐姐之丧的缘故啊！"弟子们这时才明白，都将左手放在外面。

【原文】

孔子蚤作①，负手曳杖②，消摇③于门，歌曰："泰山其颓乎？梁木其坏乎？哲人其萎乎？"既歌而入，当户而坐。子贡闻之曰："泰山其颓，则吾将安仰？梁木其坏、哲人其萎，则吾将安放？夫子殆将病也。"遂趋而入。夫子曰："赐！尔来何迟也？夏后氏殡于东阶之上，则犹在阼也；殷人殡于两楹之间，则与宾主夹之也；周人殡于西阶之上，则犹宾之也。而丘也殷人也。予畴昔之夜，梦坐奠于两楹之间。夫明王不兴，而天下其孰能宗予？予殆将死也。"盖寝疾七日而没。

【注释】

①蚤作：早起，比平日起得早。

②负手曳杖：负手，倒背着手。曳杖，拖着手杖。

③消摇：即"逍遥"，本意是无拘无束、自由自在的意思，这里是散漫游荡、百无聊赖的意思。

【译文】

孔子早上起床，背着两手，拖着手杖，悠闲在门外来回踱步，口中唱着："泰山要崩塌了吧？大梁将折断了吧？哲人将凋零了吧？"唱完之后便进了屋中，对着门坐下。子贡听到歌声，说："如果泰山塌了，叫我们仰望什么呢？如果大梁折断了，哲人凋零了，我们又能依靠谁呢？听歌词中的意思，夫子大概要生病了吧？"于是便加快脚步走进屋中。孔子说："赐，你为何这么晚才过来？夏后氏停柩于东阶之上，那是还把死者当作主人看待的。殷人停柩于两楹之间，那是介乎宾主之间的位置。周人停柩于西阶之上，那是把死者当作宾客看待的。我是殷人的后代。昨晚我梦见自己坐在两楹之间，明王没有兴起，又有谁会将我立于两楹之间的君王那样尊重呢？如此看来，我应该是快死了吧。"不出所料，说过这番话孔子病了七天就去世了。

【原文】

孔子之丧，门人疑所服。子贡曰："昔者夫子之丧颜渊，若丧子而无服；丧子路亦然。请丧夫子，若丧父而无服。"孔子之丧，公西赤为志焉。饰棺墙，置翣（shà）①设披，周也；设崇，殷也；绸练设旐，夏也。子张之丧，公明仪为志焉。褚幕丹②质，蚁结于四隅，殷士也。

【注释】

①翣（shà）：棺饰。

②丹：同"单"，单层。

【译文】

孔子死后，他的弟子们不知道到底该穿哪一等级的丧服。子贡说："之前老师在哀悼颜渊时，大声痛哭就好像丧子一样，但是没有穿任何丧服。哀悼子路时也是这样。我们就以悼念父亲一样去悼念夫子，但也不穿任何丧服。"公西赤为孔子设计丧事，依照周代的制度，在棺外设有帷幄，帷幄外有羽饰，灵柩上系有披带；乘车上设置崇牙状的旌旗，这是殷代的制度；用素锦缠绕旗杆，在杆上悬挂着八尺的黑色布幡，这是夏代的制度。子张的丧事，是公明仪为之设计的。紧贴棺身的棺罩是用红布做成的，在棺罩的四角画着像蚂蚁交错爬行的纹路，这是殷代的士礼。

【原文】

子夏问于孔子曰："居父母之仇①如之何？"夫子曰："寝苦枕干，不仕，弗与共天下也；遇诸市朝，不反兵②而斗。"曰："请问居昆弟之仇如之何？"曰："仕弗与共国；衔君命而使，虽遇之不斗。"曰："请问居从父昆弟之仇如之何？"曰："不为魁，主人能，则执兵而陪其后。"

【注释】

①居父母之仇：居，处在，处于。仇，仇敌，此处指杀父母之仇。

②反兵：返回去搬援兵。

【译文】

子夏向孔子请教说："对于有杀父之仇的人应该如何对待？"孔子说："睡在草席之上，头枕着盾牌，没有任何职务，当以时刻想着报仇，绝不和仇人共处一世。不管在什么地方，武器都不离身。如果是在市上或公门相遇，拔出武器就和他拼命。"子夏又问："对于有杀兄弟之仇的人应该如何对待？"孔子说："不会和其在一国担任职务。如若奉君主之命和仇人在他国相遇，这时应以君命为重，暂不与之决斗。"子夏又问："对于有杀堂兄之仇的人应该如何对待？"孔子说："报仇的时候，自己不可带头，应让死者的子弟带头，自己携带武器，必要时在一旁协助。"

【原文】

孔子之丧，二三子皆绖（dié）而出。群居则绖，出则否。易墓①，非古也。子路曰："吾闻诸夫子：'丧礼，与其哀不足而礼有余也，不若礼不足而哀有余也。祭礼，与其敬不足而礼有余也，不若礼不足而敬有余也。'"

【注释】

①易墓：修治墓地的草木。

【译文】

孔子去世以后，弟子们都将孝布缠于头上，将一根麻绳系在腰中。但是这样的戴孝方式只有在弟子们聚在一起时才可以，独自出门就不需要戴了。修治墓地的草木，不让它荒芜，这并不是从古至今就是这样的。子路说："我听夫子说过，举行丧葬礼仪，与其哀痛不足而冥器衣衾之类有余，还不如冥器衣衾之类不足而哀痛有余；举行祭礼，与其恭敬不足而祭品有余，还不如祭品不足而恭敬有余。"

【原文】

司寇惠子之丧，子游为之麻衰、牡麻绖，文子辞曰："子辱①与弥牟之弟游，又辱为之服，敢辞。"子游曰："礼也。"文子退反哭，子游趋而就诸臣之位，文子又辞曰："子辱与弥牟之弟游，又辱为之服，又辱临其丧，敢辞。"子游曰："固以请。"文子退，扶嫡子南面而立曰："子辱与弥牟之弟游，又辱为之服，又辱临其丧，虎也敢不复位？"子游趋而就客位。将军文子之丧，既除丧，而后越人来吊，主人深衣练冠，待于庙，垂涕洟（yí），子游观之曰："将军文氏之子其庶几乎！亡于礼者之礼也，其动也中。"

【注释】

①辱：谦辞，承蒙。

【译文】

司寇惠子去世，作为朋友子游前往吊丧，但是很特别的是他身上穿的吊服，衰是麻衰，绖是牡麻绖。文子辞谢说："舍弟生前承蒙您和他交往，死后承蒙您为他穿上这样的吊服，实在是不敢当。"子游说："这时合乎礼法的。"文子没有明白子游的用意，于是回到原位，继续哭泣。子游看到文子还不自觉，就快步走到家臣们哭吊的位置上。文子见子游就错了位，又来辞谢说："舍弟生前承蒙您和他交往，又承蒙您为他服吊服，而且还劳驾参加丧葬，实在不敢当。"子游说："千万不要客气。"文子这时才了解子游的用意，于是退下，扶出惠子的嫡子虎南面而立，就主人的正位，并说："舍弟生前承蒙您和他交往，死后承蒙您为他穿上这样的吊服，而且还劳驾参加丧葬，虎敢不回到主人的正位上来拜谢吗？"子游见目的已经达到，就由开始的臣位回到客位。将军文子去世了，他的儿子已经为他守了三年丧，除了丧服，而此时又有遥远的越国人前来吊丧。主人身穿深衣，头上戴着练冠，不迎宾，在祖庙受吊，眼泪悄悄地流着、流着鼻涕。子游看到，大力称赞，说："将军文子的儿子真不简单！礼法上没有的礼节，他竟然做得这么好。"

【原文】

幼名①，冠字，五十以伯仲，死谥，周道也。绖也者，实也。掘中霤（liù）②而浴，毁灶以缀（chuò）③足；及葬，毁宗躐（liè）④行，出于大门，殷道也。学者行之。子柳之母死，子硕请具。子柳曰："何以哉？"子硕曰："请粥庶弟之母。"子柳曰："如之何其粥⑤人之母以葬其母也？不可。"既葬，子硕欲以赙布⑥之余具祭器。子柳曰："不可，吾闻之也：君子不家于丧。请班⑦诸兄弟之贫者。"

【注释】

①名：起名，作动词用。

②中霤（liù）：霤，泛指流下屋檐的雨水。中霤：此处代指寝室中央。

③缀（chuò）：拘系。

④躐（liè）：践，踏。躐行，殷代贵族的一种葬礼，谓灵枢经过行路神坛如生时，祈求途中安稳。

⑤粥：通"鬻"，卖，这里是嫁的意思。

⑥赙布：赙，拿钱财帮助别人办理丧事。布，古代钱币。

⑦班：通"颁"，发放。

【译文】

小的时候称呼名子。等到二十岁举行冠礼以后，则称呼其字。五十岁之后就会称呼其排行，或伯或仲或叔或季。死后称其谥号。这是周朝的制度。绖是有实际内容的，那就是表示内心的哀戚。在正寝中央挖坑来浴尸，把灶拆毁，用砖头将死者的脚束缚；等到出葬之日，毁掉庙墙而凌越行神之位，直接将枢车拉出大门，不经过中门，这是殷朝的制度。跟着孔子学习的人，往往效法殷制。子柳的母亲去世了，弟弟子硕想要置办葬具。子柳说："钱从哪里来呢？"子硕说："我们将庶弟的母亲卖了吧。"子柳说："我们怎么能为了葬自己的母亲将别人的母亲卖了呢？这万万不可。"埋罢母亲，子硕想用剩下的亲朋赠送助办丧事的钱财置办祭器，子柳说："这也使不得。我听说过，真正的君子是不会依靠办丧事发家致富的。我们得将剩下的财物分给贫困的兄弟。"

【原文】

君子曰："谋人之军师，败则死之；谋人之邦邑，危则亡之。"公叔文子升于瑕丘，蘧伯玉从。文子曰："乐哉斯丘也，死则我欲葬焉。"蘧伯玉曰："吾子乐之，则瑗请前。"弁①人有其母死而孺子泣者，孔子曰："哀则哀矣，而难为继也。夫礼，为可传也，为可继也。故哭踊②有节。"叔孙武叔之母死，既小敛，举者出户，出户袒，且投其冠括发③。子游曰："知礼④。"扶君，卜人师扶右，射人师扶左；君薨以是举⑤。从母⑥之夫，舅之妻，二夫人相为服，君子未之言也。或曰：同爨，缌。

【注释】

①弁：同"卞"，地名，鲁邑。在山东省泗水县东，洙水北岸。

②哭踊：丧葬仪节，边哭边顿足。

③括发：束发服丧。与前面的"袒""投其冠"均为服丧之礼。

④知礼：这是子游讥讽武叔失礼的反语。

⑤举：抬起（尸体），似亦可解作"推荐，选拔"之意。

⑥从母：母亲的姊妹。

【译文】

君子说："为君主的军事出谋划策，如果不幸失败了，应主动请罪。如果为君王谋划如何保卫国都，国都处于危难之中，应主动接受放逐，让开贤路。"公叔文子登上瑕丘，蘧伯玉也跟了上去。文子说："瑕丘的山水太招人喜欢了！我死后就要埋葬在这个地方。"蘧伯玉说："既然您喜欢，我也会喜欢，我愿先死，先葬在这个地方。"弁邑有个人死了母亲，其哭声像幼儿哭母，任情号哭，完全没有节奏。孔子说："这样的哭法，除了表达哀痛之情没有其他的了，但是关键就在于别人都学不了。在制定礼仪的时候，就需要考虑到如何使其传承下去，怎么才能让每个人都可做到。所以，丧葬中的哭泣和顿足，都是有一定讲究的。"叔孙武叔的母亲去世了，小敛罢，抬尸的人将尸体抬出寝门，叔孙武叔跟着出门，直到这时他才露出左臂，将原来发髻上的笄纚摘下，用麻重新束发。子游说："这也算懂得礼节吗？"搀扶生病的君王，太仆之官扶其右，射人之官扶其左。君主死后，也由此二官处理迁尸、正尸的差事。母亲姐妹的丈夫，舅舅的妻子，这二人去世后外甥为其着丧服，君子从未说起有这样的做法。有的人说，大概是因为外甥与其共住受恩，所以才身穿丧服。

【原文】

食于有丧者之侧，未尝饱也。曾子与客立于门侧，其徒趋而出。曾子曰："尔将何之？"曰："吾父死，将出哭于巷。"曰："反，哭于尔次①。"曾子北面而吊焉。孔子曰："之死而致死之，不仁而不可为也；之死而致生之，不知而不可为也。是故竹不成用，瓦不成味，木不成斫，琴瑟张而不平，竽笙备而不和，有钟磬而无簨虡（sǔn jù）②，其曰明器，神明之也。"

【注释】

①次：旅馆之客房。

②簨虡（sǔn jù）：古代悬挂钟磬的架子。

【译文】

孔子在死者家人旁边吃饭，从未吃饱。曾子和来客站在门旁，其中一个弟子快步出门。曾子问道："你去哪里？"弟子说："我父亲去世了，我到巷子去哭他。"曾子说："回去吧，在你的房间哭。"然后曾子面向北，就宾位而向弟子致吊。孔子说："孝子以器物送葬，认定死者是无知的，这种态度缺乏爱心，这样做不可取。孝顺的人用器物陪葬，认为死者可以感觉得到，这样的做法是缺乏理性的，这样做也不可取。因此，陪葬的器物既不能取消，也不能做得像活人用的那样完美。送葬的竹器，没有藤缘，不好使用；瓦盆漏水，不适合用来洗脸；木器也没有精心雕斫；虽然琴瑟上了弦，但没有调好音阶；竽笙的管数也不少，但未能吹成曲调；钟磬不缺，但没有悬挂钟磬的架子。这样的送葬器物就叫作'明器'，意思是把死者当作神明来看待。"

【原文】

有子问于曾子曰："问丧于夫子乎？"曰："闻之矣，丧欲速贫，死欲速朽。"有子曰："是非君子之言也。"曾子曰："参也闻诸夫子也。"有子又曰："是非君子之言也。"曾子曰："参也与子游闻之。"有子曰："然，然则夫子有为言之也。"曾子以斯言告于子游。子游曰："甚哉，有子之言似夫子也。昔者夫子居于宋，见桓司马自为石椁，三年而不成。夫子曰：'若是其靡也，死不如速朽之愈也。'死之欲速朽，为桓司马言之也。南宫敬叔反，必载宝而朝。夫子曰：'若是其货也，丧不如速贫之愈也。'丧之欲速贫，为敬叔言之也。"曾子以子游之言告于有子，有子曰："然，吾固曰非夫子之言也。"曾子曰："子何以知之？"有子曰："夫子制于中都，四寸之棺，五寸之椁，以斯知不欲速朽也。昔者夫子失鲁司寇，将之荆，盖先之以子夏，又申之以冉有，以斯知不欲速贫也。"

【译文】

有子向曾子问道："对于丢掉官职你在夫子那里有没有听说过怎样对待？"曾子说："倒是听夫子说过，丢掉官职，最好快点贫穷；去世了，最好快点烂掉。"有子说："这不应该是君子所说的话。"曾子说："这是我亲耳听夫子说的！"有子仍然坚持说："这不应该是君子所说的话。"曾子说："我和子游都听到夫子这样说。"有子说："那么，我相信夫子应该说过这样的话。但是，夫子这样说一定是有所指的。"这番对话曾子告诉了子游。子游说："实在了不起，有子的话太像夫子了！夫子以前住在宋国，桓司马为自己制造石椁，用了三年的时间还未完成，夫子就说：'像他这样奢侈，去世了，还不如早点腐烂为好。'去世了最好快点烂掉，这是针对桓司马说的。南宫敬叔丢官以后，每次回国定会带一车珠宝进献给君王。夫子说：'像他这样行贿以求官，官职丢了，还不如早点贫穷。'丢掉官职，最好快点贫穷，这是针对南宫敬叔说的。"曾子将这番话说给有子听，有子说："这就对了。我之前就说过'这不像夫子说的话嘛。'"曾子说："你是如何知晓的呢？"有子说："夫子当中都宰时，曾经规定，内棺四寸厚，外椁五寸厚，从这里可以看出人死了就快点烂掉夫子是不主张的。夫子之前舍弃鲁国司寇的官职，来到楚国做官，就先派子夏去安排，接着又加派冉有去帮办，这点可以看出丢了官就速贫夫子是不主张的。"

【原文】

仲宪言于曾子曰："夏后氏用明器，示民①无知也；殷人用祭器，示民有知也；周人兼用之，示民疑也。"曾子曰："其不然乎！其不然乎！夫明器，鬼器也；祭器，人器也；夫古之人，胡为而死其亲乎？"

【注释】

①示民：向人民表示。

【译文】

仲宪对曾子说："在夏朝用不能试用的器物陪葬，夏代用不堪使用的明器陪葬，这是要告诉人们人死后是没有知觉的。殷人用可以使用的祭器陪葬，这是要告诉人们人死后是有知觉的。周人兼用明器和祭器，要告诉人们人死后是有知觉还是没有知觉还不能确定。"曾子说："恐怕不是这样吧！恐怕不是这样吧！专门为鬼魂制定的器皿称为明器；孝子用自己正在使用的器皿奉祭先人称为祭器，两者都是表现孝子的心意的。古人为什么就认定死后的人就毫无知觉了呢？"

【原文】

县子琐曰："吾闻之，古者不降，上下各以其亲。滕伯文为孟虎齐衰，其叔父也；为孟皮齐衰，其叔父也。"后木曰："丧，吾闻诸县子曰：夫丧，不可不深长思也，买棺外内易，我死则亦然。"曾子曰："尸未设饰①，故帷堂②，小敛③而彻帷。"仲梁子曰："夫妇方乱，故帷堂，小敛而彻帷。"小敛之奠，子游曰："于东方。"曾子曰："于西方，敛斯席矣。"小敛之奠在西方，鲁礼之末失也。

【注释】

①设饰：谓入殓前为死者穿衣化妆。

②帷堂：丧葬小殓前设帷幕于堂上。

③小敛：丧葬之一，给死者沐浴，穿衣、覆衾等。

【译文】

县子琐说："我听闻在古代，不是由于自己尊贵从而降低旁系亲属丧服的等级，不管是长辈还是晚辈，丧服都是依照血缘关系的亲疏来制定。举例来说，滕伯文以君王之尊为孟虎服齐衰，因为孟虎是滕伯文的叔父；而滕伯文又为孟皮服齐衰，因为滕伯文又是孟皮的叔父。"后木说："关于办丧事，我听县子说过：'办丧事，不能不深思熟虑。棺木的里外要光滑'我希望我死后也要这样办。"曾子说："尸体尚未沐浴、整容、穿衣，因此在灵堂上挂起帷帆。小敛后尸体已经装扮好，所以就将帷帆撤下。"仲梁子则说："人刚死，家里人还处于混乱之中，所以在堂上张起帷幕。小敛后诸事已经停当，所以就将帷帆撤下。"关于小敛时的祭奠，子游说："在尸体的东方应该放上祭品。"曾子却说："祭品应放在尸体的西方，放在席上而不是在地上。"小敛时在尸体的西方放上祭奠物品，是用了鲁国后期错误礼俗。

【原文】

县子曰："绤（xì）衰（cuī）繐（suì）裳，非古也。"子蒲卒，哭者呼灭。子皋曰："若是野哉。"哭者改之。杜桥之母之丧，宫中无相，以为沽①也。夫子曰："始死，羔裘玄冠者，易之而已。"羔裘玄冠，夫子不以吊。子游问丧具。夫子曰："称家之有亡。"子游曰："有无恶（wù）乎齐（jì）？"夫子曰："有，毋过礼；苟亡矣，敛首足形②，还葬③，县棺而封（biǎn），人岂有非之者哉？”

【注释】

①沽：与"楛"同，粗略。

②敛首足形：意思是衣裳足够遮盖身体就可以了。

③还葬，县棺而封：还，同"旋"，不久。县，同"悬"。悬棺，以手拉绳，拽棺而下。

【译文】

县子说："如今的人都好用粗萯作衰，用纤细疏松的麻布作衣服，这是不符合古制的。"子蒲去世了，有人在哭他的时候直呼他的名字。子皋说："这么不懂礼数！"那个人听后立即改正了过来。杜桥的母亲去世了，殡宫中没有赞礼的人，论者以为太粗略了。夫子说："亲戚刚死，穿着羔裘玄冠这种吉服来吊的人，应该改穿素冠颜色深的衣服才妥当。"去吊丧夫子是不会穿着羔裘玄冠的。子游向夫子问及关于死人送终物品的数量问题，夫子说："符合家中的实际经济情况就可以。"子游说："怎样才能掌握其中的标准呢？"夫子说："如果财力雄厚，也不可超过礼数的规定。如果财力不足，只要衣被能够遮挡住身体，敛毕就葬，用手拉着绳子下棺，如此尽力而为，也不会有人怪他失了礼数。"

【原文】

司士贲（bēn）告于子游曰："请袭①于床。"子游曰："诺。"县子闻之曰："汰哉②叔氏！专以礼许人。"宋襄公葬其夫人，醯醢（xī hǎi）③百瓮。曾子曰："既曰明器④矣，而又实之。"孟献子之丧，司徒旅归四布。夫子曰："可也。"读赗（fèng）⑤，曾子曰："非古也，是再告也。"

【注释】

①袭：为尸体穿衣。

②汰哉：自矜大。

③醯醢（xī hǎi）：醋和肉酱。

④明器：不堪使用的殉葬器皿。又叫冥器、鬼器。

⑤赗（fèng）：赠送财物帮助人办丧事。

【译文】

司士贲对子游说："我想在床上为尸体穿衣。"子游说："可以。"县子听了，就说："叔氏口气太大了！未免太自大了，听着礼好像是他制定的一样。"宋襄公葬其夫人时，陪葬器皿中用一百个瓮装着醋和肉酱。曾子评论说："明器，说明它是不堪使用的殉葬器皿，为什么要在里面装上实物呢？"孟献子办完丧事以后，司徒派人将助办丧事的钱财归还给了原主。孔子说："这件事情做的很好。"在枢车还未走之前，将助丧人所赠送钱财和物品在名单上依次宣读，曾子说："这样的做法是不符合古制的，这是重复的宣读。"

【原文】

成子高寝疾，庆遗入，请曰："子之病革①矣，如至乎大病②，则如之何？"子高曰："吾闻之也：'生有益于人，死不害于人。'吾纵生无益于人，吾可以死害于人乎哉？我死，则择不食之地而葬我焉。"子夏问诸夫子曰："居君之母与妻之丧。""居处、言语、饮食衎（kàn）尔③。"宾客至，无所馆。夫子曰："生于我乎馆，死于我乎殡。"国子高曰："葬也者，藏也；藏也者，欲人之弗得见也。是故衣足以饰身，棺周于衣，椁周于棺，土周于椁；反壤树之哉。"

【注释】

①病革：病危。

②大病：讳言死，婉言大病。

③衎（kàn）尔：和适自得貌。

【译文】

成子高卧病在床。庆遗进来请示说："您这病十分危险了，如果治不好，该如何是好？"子高说："我听闻：'活着的时候应该有益于别人，死后也不能有害于别人。'我活着的时候都未能给别人带来好处，难道我死后还要危害他人吗！我死后，将我葬在一块不长庄稼的地里就好。"子夏请教夫子说："遇到君王的母亲、妻子的丧事该怎么办？"孔子说："日常的住处、言谈、饮食，都按照以往的来办。"远方到来的宾客，没有地方住。夫子说："既然是朋友，活着的时候就由我安排住的地方，死后殡殓应由我来安排。"国子高说："葬，就是藏的意思。何为藏呢？由于人死后会让人厌恶，因此就不想让人看到。所以，只要衣被能够遮挡身体，内棺能够包住衣衾，外棺能够包住内棺，墓的大小可以装得下外棺就行了。为什么还要聚土成坟、植树为标志呢？"

【原文】

孔子之丧，有自燕来观者，舍（shè）于子夏氏，子夏曰："圣人之葬人与？人之葬圣人也，子何观焉？昔者夫子言之曰：'吾见封①之若堂②者矣，见若坊③者矣，见若覆④夏屋⑤者矣，见若斧者矣。从若斧者焉。'马鬣（liè）封之谓也。今一日而三斩板，而已封，尚行夫子之志乎哉！"

【注释】

①封：筑土为坟。

②堂：堂基。堂基之形，四方而高，犹如平台。

③坊：堤防。纵长而横窄。

④覆：以瓦或茅草做屋檐。

⑤夏屋：门廊。

【译文】

孔子在埋葬时，有人从遥远的燕国前来参观，来人住宿在子夏家中。子夏说："这难道是圣人在葬人吗？不过是我们这些人在葬圣人罢了，对您而言有什么可参观的呢？筑坟的样式之前夫子曾谈论过，夫子说：'我见过坟筑得有像堂基的，有的像堤防，有的像两檐飞出的门廊，还有像斧头刃向上的。我死后就要最后一种形式。'这样的形式称为马鬣封。现如今我们为他筑坟，聚土四尺来高一天之内就可以完成，筑成了斧头刃向上的形式，这也算我们为夫子完成遗愿吧。"

【原文】

君复于小寝、大寝①，小祖、大祖②、库门、四郊。丧不剥③，奠也与？祭肉也与？既殡，旬而布材与明器。朝奠日出，夕奠逮日。父母之丧，哭无时，使必知其反也。练，练衣黄里、縓（quán）④缘；葛要绖，绳屦无绚（qú），角瑱（tiàn）⑤，鹿裘衡，长袪，袪，裼之可也。有殡，闻远兄弟之丧，虽缌必往；非兄弟，虽邻不往。所识，其兄弟不同居⑥者皆吊。

【注释】

①小寝：君王平常的居室，又叫燕寝。

②小祖、大祖：小祖，太祖庙以下之群庙。大祖，太祖（始祖）的庙。

③剥：裸露。不剥则要用布盖上，以防尘埃。

④縓（quán）：浅红色。

⑤瑱（tiàn）：充耳。悬在耳旁的饰物。吉时用玉。

⑥不同居：分开了家。

【译文】

君王有很多招魂的地方，依照由近到远的顺序是：燕居之室、办公之处、群庙、太祖庙、库门和四郊。在办丧事的时候，需要将祭品用布盖上，是盖住所有的祭品呢？还是只盖住祭肉呢？等到殡后十天之后，就要置办明器和椁材了。在日出的时候举行朝奠，在太阳没有落山的时候举行夕奠。父母死后，孝顺的子女想到伤心的地方就会哭，是为了让父母的魂迫能够顺着哭声找到家。小祥以后的服装，是以煮练过的熟布作的中衣，其衬里是黄色，镶浅红色的边。腰经改麻为葛。将草鞋脱下，穿上麻绳编的鞋，但是没有鞋鼻。悬在耳旁的充耳是角质的。鹿裘的袖子可以加宽加长，袖口还可以镶边。家中有丧事，刚殡敛完毕，又听到远房兄弟去世，如果和死者是缌麻之亲，不管多远都要前往哭吊。但如若不是兄弟关系，就是比邻而居也不用去吊丧。倘若是认识的人，他遇上了不同居的兄弟的丧事，朋友们都应去慰问他。

【原文】

天子之棺四重：水兕革棺被之，其厚三寸；杝棺一；梓棺二。四者皆周。棺束缩二衡三，衽每束一。柏椁以端长六尺。天子之哭诸侯也，爵弁①绖②，缁衣。或曰：使有司哭之，为之不以乐食。天子之殡也，菆（cuán）涂龙輴（chūn）③以椁，加斧于椁上，毕涂屋，天子之礼也。

【注释】

①爵弁：是一种文冠。爵，通"雀"。这种弁的颜色赤而微黑，如雀头之色，故名。

②绖：郑玄说是衍字，即多余的字。

③輴（chūn）：灵车。

【译文】

君主的棺共有四层：第一层是用水牛皮与兕牛皮把木板包住的棺，有三寸厚；第二层是用杝木做的棺，有四寸厚；三、四两层棺都是用梓木做的，在最里层的叫作属，有六寸厚，最外层的叫大棺，有八寸厚。这四层棺，都是上下与四周合围的。再将棺盖和棺身用皮带束紧，纵向束两道，横向束三道。在棺盖

与棺身的衔接缝的地方加上榫铆固紧。椁是柏树接近树根的地方做成的，每段木料长六尺。诸侯死后天子在遥哭时，身穿黑色的衣服，头戴爵弁。有人说：天子不用自己哭，可让臣子代哭。在那天，天子进膳时不奏乐。天子的殡礼中有这样的规定：将载柩车的车辕上画上龙，再在此柩车四周堆积木材，上面暂时不将口封住，它的形状就像椁。为了使木间没有缝隙，在上面涂抹上泥巴。再将绣有黑白相间的斧形图案的棺罩套在棺材上面。然后再在椁上继续积木为屋顶，最后在大致上涂抹一遍。这是天子殡的礼数。

【原文】

唯天子之丧，有别姓而哭。鲁哀公诔孔丘曰："天不遗耆老①，莫相予位焉。呜呼哀哉！尼父！"国亡大县邑，公、卿、大夫、士皆厌冠，哭于大庙，三日，君不举②。或曰：君举③而哭于后土④。孔子恶野哭者。未仕者，不敢税人⑤；如税人，则以父兄之命。士备入而后朝夕踊。祥而缟。是月禫，徙月乐。君于士有赐帟。

【注释】

①耆老：年高德劭之人。指孔子。

②举：杀牲盛食日举。

③君举：率领。

④后土：社，社神主管土地。

⑤税人：以物赠送他人。

【译文】

仅仅在天子的丧事中，将同姓、异姓、庶姓区别开来排列而哭。鲁哀公悼念孔子说："上天不把这样一位年高德劭的人给我留下，现如今无人帮我出谋划策了。呜呼哀哉，尼父！"国家如果丢失了大的县邑，公、卿、大夫、士都要头戴丧冠，身穿素服，在太庙里哭三天，向列祖列宗请罪。这三天当中，天子在用膳时不能有荤。另外一种说法是：君王率领群臣哭于社。不依照礼数号哭的人，孔子是十分厌恶的。如果作子弟的还没有出仕，就不能将自己家中的东西轻易送与他人。倘若一定要送他人，则应当说这是秉承父兄之命。君王之丧，每天的朝夕踊，要等到士全部到齐才可以开始。大祥祭之后，孝子就开始换上缟冠。在这一个月举行禫祭，下一个月就可以奏乐了。君王对于士，在特殊情况下可赐予帟，用作覆棺的承尘。

檀弓下

本篇继续讨论丧葬之礼，不同的是，上部分所列举的事例以贤达之士居多，下部分所列举的事例以君王诸侯为主，但这并不是将本篇分为上下两部分的依据，主要原因还是因为文字较多的缘故。本文所记载的丧葬之礼是研究古代礼仪，探究古人生活方式的重要资料。

【原文】

君之嫡长殇，车三乘；公之庶长殇，车一乘；大夫之嫡长殇，车一乘。公之丧，诸达官之长①，杖②。君于大夫，将葬，吊于宫；及出，命引之，三步则止③。如是者三，君退；朝亦如之，哀次④亦如之。五十无车者，不越疆而吊人。季武子寝疾，蛟（jiǎo）固不说齐衰而人见，曰："斯道也，将亡矣；士唯公门说齐衰。"武子曰："不亦善乎，君子表微。"及其丧也，曾点倚其门而歌。

【注释】

①达官之长：由君王直接任命的卿、大夫、士。

②杖：指斩衰与丧杖。

③三步则止：拉车的人看到孝子悲痛欲绝的样子，有所不忍，所以走了三步便停了下来。

④哀次：孝子居丧之处，即倚庐、翠室之类。

【译文】

如果诸侯的嫡子在十六岁到十九岁之间不幸夭折，在葬礼上可以用三辆灵车。反之庶子在十六岁到十九岁之间不幸夭折，在葬礼上只可用一辆灵车。如果大夫的嫡子也是不幸夭折在这个年龄段，也只能用一辆灵车。诸侯去世，凡是由君王直接任命的卿、大夫、士，应服斩衰，持丧杖。君主在对待大夫的丧事方面，在大夫将要下葬的时候，首先应到其殡宫吊丧。等到枢车出来，要命随从执绋拉车，往前拉三步就停下来。直到拉停三次之后，君主才可以离开。在孝子奉枢朝庙时，枢车经过孝子居丧的临时住所时，君主都是按照这样的礼数。五十岁以上而没有车子的人，不需要大老远前往吊丧。季武子卧病，蛟固不脱掉孝服就去他家探视，并向他说明："像我这样的做法，现在几乎已经很少了。但是按照礼法，只有进入公门士才能脱去孝服。"季武子佯表同意地说："你这样做不是很好吗？君王就是要将那些被丢弃的好的礼法发扬光大。"等到季武子去世了，曾点就倚在他家门上唱歌，表示自己也是按照正礼而行。

【原文】

大夫吊，当事而至，则辞焉。吊于人，是日不乐。妇人不越疆而吊人。行吊之日不饮酒食肉焉。吊于葬者必执引，若从枢及圹，皆执绋。丧①，公吊之，必有拜者，虽朋友州里舍人②可也。吊曰："寡君承事③。"主人曰："临。"君遇枢于路，必使人吊之。大夫之丧，庶子不受吊。

【注释】

①丧：指客死异国他乡，没有亲人为主的丧事。

②舍人：死者所住馆舍的主人。

③承事：要点活儿干，指协助办丧事。

【译文】

大夫前来吊士，如果主人忙于大小殡殓事务时，应派人向大夫说明缘由，未能及时相迎，请他稍待片刻。吊丧的那一天，一天都不会奏乐。妇人无外事，因此不需要越境去吊丧。在吊丧当天不能吃肉饮酒。在出葬时去吊丧，一定要帮助拉柩车；如果跟着柩车到墓圹，都要执绋帮助下葬。死在异国他乡，如果异国的君王前来吊唁，即使没有亲人在身旁，但是也应该有人出来代表丧主表示感谢，即使是死者的朋友、同乡、寄寓的房东也可以。君王慰问说："敝国的君王想要点协助治丧的事干。"那位丧主的代表则回答："辱蒙大驾光临。"在路上君主遇到柩车，应该派人前去表示慰问。大夫的丧事，庶子不能做丧主而接受慰问。

【原文】

子张死，曾子有母之丧；齐衰而往哭之。或曰："齐衰不以吊。"曾子曰："我吊也与哉？"有若之丧，悼公吊焉，子游摈①，由左②。齐谷③王姬④之丧，鲁庄公为之大功。或曰："由鲁嫁，故为之服姊妹之服。"或曰："外祖母也，故为之服。"

【注释】

①摈：摈相，赞礼的人。

②由左：由左边上下。

③谷：当作"告"，声近而误。告，赴告。

④王姬：周天子之女，齐襄公的夫人。

【译文】

子张死时，曾子刚好在为母亲服丧，于是就穿着丧服去吊唁子张。有人批评说："你身穿齐衰孝服，不应吊唁好友。"曾子辩解说："我这是去吊丧吗？我是去哭朋友呀。"有若死的时候，悼公亲自前往吊唁，子游作为丧葬中的司仪，由左方上下。王姬去世了，齐国向鲁国报丧，鲁庄公为之服大功。有人说："王姬出嫁于鲁国，所以为她服姊妹的丧服一大功。"又有人说："王姬是庄公的外祖母，所以才为之服大功。"

【原文】

穆公问于子思曰："为旧君反服①，古与？"子思曰："古之君子，进人以礼，退人以礼，故有旧君反服之礼也；今之君子，进人若将加诸膝，退人若将坠诸渊，毋为戎首②，不亦善乎！又何反服之礼之有？"悼公之丧，季昭子问于孟敬子曰："为君何食？"敬子曰："食粥，天下之达礼也。吾三臣者之不能居公室也，四方莫不闻矣，勉而为瘠则吾能，毋乃使人疑夫不以情居瘠者乎哉？我则食食。"

【注释】

①反服：返回故国，为旧君服齐衰三月之服。据《仪礼·丧服》齐衰三月章，有三种情形应为旧君反服：一、退休后为旧君服；二、大夫流放在外，其妻与长子为旧君服；三、大夫光明正大地离开故国，故国尚保留其有关待遇，为旧君服。穆公应是就第三种情况发问。

②戎首：率领他国军队来攻伐。

【译文】

鲁穆公向子思请教说："大夫离开故国时光明正大，故国依旧对他以礼相待，在此种状况下，如果故国的君主去世了，大夫回国奔丧为旧主服齐衰三月，这是从古至今就有的礼仪吗？"子思说："古代君主，在用人时是以礼相待，不用时也是如此，因此才有为旧君反服之礼。现在的君主，用人时对其宠爱有加；不用时，就将其推入万丈深渊，置于险地。这样做臣子不率军讨伐就已经很好了，何谈为其反服呢？"鲁悼公去世时，季昭子问孟敬子说："为君主服丧的时候应吃什么饭？"敬子说："喝粥，普天之下都是这样做的。我们仲孙、叔孙、季孙三家欺凌君王是出了名的，四方无人不知。非要我喝粥，让身体变得消瘦，也并非难事。这样做不是更加让人怀疑我们的消瘦不是发自肺腑的悲哀吗？那又何苦呢？我还是照常吃饭。"

【原文】

颜丁善居丧：始死，皇皇①焉如有求而弗得；及殡，望望②焉如有从而弗及；既葬，慨③焉如不及其反而息。子张问曰："书云：'高宗三年不言，言乃谨。'有诸？"仲尼曰："胡为其不然也？古者天子崩，王世子听于冢宰三年。"

【注释】

①皇皇：六神无主的样子。

②望望：依恋不舍的样子。

③慨：神情惆怅。

【译文】

颜丁在居丧时，在何时应有什么样的悲哀神情要将其掌握好：亲人去世时要表现出六神无主的样子，好像迫切希望亲人能够死而复生，但是又无能为力；到了行殡礼时，表现出恋恋不舍的样子，好像要追随亲人而去而又办不到的样子。到了下葬以后，感到神情惆怅似乎失去了什么，好像担心亲人的魂魄不能跟随他一起回家，所以才走走停停心中有所期待。子张问道：《尚书》上说：'殷高宗在三年居丧期间，一心守孝，不说一句话。等到他脱下丧服开口说话，言语喜悦。真有这样的事情吗？"孔子说："怎么会没有此事呢！在古代，天子驾崩，太子就会将国事交给宰相管理三年，由宰相代为治理。"

【原文】

知悼子卒，未葬；平公饮酒，师旷、李调侍，鼓钟。杜蒉自外来，闻钟声，曰："安在？"曰："在寝。"杜蒉入寝，历阶①而升，酌曰："旷，饮斯。"又酌曰："调，饮斯。"又酌，堂上北面坐饮之。降，趋而出。平公呼而进之曰："蒉，曩者尔心或开予，是以不与尔言；尔饮旷何也？"曰："子卯不乐；知悼子在堂，斯其为子卯也，大矣。旷也，大师也，不以诏，是以饮之也。""尔饮调何也？"曰："调也，君之亵臣也，为一饮一食，忘君之疾，是以饮之也。""尔饮何也？"曰："蒉也，宰夫也，非刀匕是共②，又敢与知、防③，是以饮之也。"平公曰："寡人亦有过焉，酌而饮寡人。"杜蒉洗而扬觯（zhì）④。公谓侍者曰："如我死，则必无废斯爵也。"至于今，既毕献，斯扬觯，谓之"杜举"。

【注释】

①历阶：一步跨越两个台阶。

②非刀匕是共：刀与匕是食具。共，通"供"。此句犹言不去干本职内的工作。

③防：谏诤君之过失。

④觯（zhì）：酒器。

【译文】

知悼子去世了，还没有入葬，晋平公就自己饮酒，师旷、李调陪在一旁，还击钟奏乐助兴。杜蒉从外面进来，听到钟声，就问侍卫说："君主何处？"回答说："在正寝"。杜蒉就匆忙向正寝走去，一步两个台阶登堂而上，倒了一杯酒，说："师旷，将这杯酒喝下！"又倒了一杯酒，说："李调，把这杯酒喝下去。"之后又倒了一杯酒，在堂上向北面坐着自己喝了，然后下堂，快步走了出去。平公将他叫住命他进来，说："蒉，我以为刚刚你是有意要给我启发，因此未和你说话。现在我要问你：你为什么要命令师旷喝酒呢？"杜蒉说："子日和卯日这两天是君主忌讳的日子，不能奏乐，以此来警惕自己。现在知悼子停枢在堂，这和君主忌讳的日子相比更为严重，怎么可以奏乐饮酒呢？师旷身为掌乐的大师，不将这层关系向您说清楚，因此罚他喝酒。"平公又问："你又为何命李调喝酒呢？"杜蒉答道："李调是您最喜欢的大臣，规劝君过这是他的责任，但是过于贪吃贪喝，完全不顾及君主的违礼之失，因此罚酒于他。"平公又问："那为何你又自己喝酒呢？"杜蒉答道："我是为您服务的宰夫，我的本分是为您提供膳食，现在竟敢越职谏诤君王的过失，也应自罚一杯。"平公说："寡人也有过失，来倒一杯酒，我也应自罚一杯。"于是杜蒉将酒杯洗过，倒了一杯酒递给平公。平公喝完酒后对左右侍从说："今后即便我去世了，也不要将这只酒杯扔掉。"从那时到现在，凡是向所有人敬过酒后再举起酒杯递给君王的行为，被称为"杜举"。

【原文】

公叔文子卒，其子成请谥于君曰："日月有时，将葬矣。请所以易其名者。"君曰："昔者卫国凶饥，夫子为粥与国之饿者，是不亦惠乎？昔者卫国有难，夫子以其死卫寡人，不亦贞乎？夫子听卫国之政，修其班制①，以与四邻交，卫国之社稷不辱，不亦文乎？故谓夫子'贞惠文子'。"石骀仲卒，无嫡子，有庶子六人，卜所以为后者。曰："沐浴、佩玉则兆②。"五人者皆沐浴、佩玉；石祁子曰："孰有执亲之丧而沐浴、佩玉者乎？"不沐浴、佩玉。石祁子兆。卫人以龟为有知也。

【注释】

①修其班制：修，"循"字之误。班制：尊卑之差。

②兆：指古人占卜时烧灼甲骨所呈现的预示吉凶的裂纹。

【译文】

公叔文子死后，他的儿子成向君主请求为他父亲赐予谥号，说："大夫三月而葬，如今离葬期不远了，为了日后方便称呼请您赐于亡父一个谥号。"卫灵公说："从前卫国遇到凶年饥荒，夫子施粥赈灾，这不是爱民乐施的表现吗？正与《谥法》的'惠'字相合。从前卫国发生内乱，夫子拼死保卫我，这不正合着《谥法》上的'贞'字吗？夫子主持卫国国政，按照礼数的规定，当尊者尊，当卑者卑，以之与四邻交往，没有让卫国的声誉受到玷辱，这不是正合着《谥法》上的'文'字吗？因此'贞惠文子'用作夫子的谥号。"卫国大夫石骀仲去世了，没有嫡子，只有六个庶子，所以才用占卜的方法来决定由谁来继承家业。卜人说："要先洗漱干净，再佩戴上玉，这样吉兆才会显示在甲骨上。"其中的五人都连忙洗发洗身，佩戴上玉。但石祁子却说："哪里有居父之丧而可以沐浴佩玉的道理呢？"只有他不洗漱佩玉。说起来也很奇怪，龟兆上却显示出继承人是石祁子，所以，卫国人都以为龟兆很灵验。

【原文】

卫献公出奔，反于卫，及郊，将班邑①于从者而后入。柳庄曰："如皆守社稷，则孰执羁靮（dí）②而从；如皆从，则孰守社稷？君反其国而有私也，毋乃不可乎？"弗果班。卫有大史曰柳庄，寝疾。公曰："若疾革，虽当祭必告。"公再拜稽首，请于尸曰："有臣柳庄也者，非寡人之臣，社稷之臣也，闻之死，请往。"不释服而往，遂以禭（suì）③之。与之邑裘氏与县潘氏，书而纳诸棺，曰："世世万子孙无变也。"

【注释】

①班邑：分封采地。班，通"颁"。

②羁靮（dí）：羁是马笼头，靮是马缰绳。

③禭（suì）：向死者赠送衣服。

【译文】

卫献公被逐逃亡，后来终于返回卫国复位，来到城郊，献公想将封地分封给跟随他一起逃亡的臣子，然后入城。追随他逃亡的大臣柳庄说："倘若都留在国内留守社稷，这样还有谁会愿意为您鞍前马后追随您逃亡？如果都追随您逃亡，江山社稷又由谁来留守？您刚回国就偏心，这样不太好吧！最后封赏也没有办成。卫国有个大史叫柳庄，卧病在床。卫君说："如若病情危急，即便是我在主持祭祀也要差人像我报告。"果然柳庄在卫君持祭祀时去世了，卫君接到通知后就叩头，又拜了两拜，然后向祭祀中的尸请求

说："大臣柳庄，他不仅仅是我一个人的臣子，他也是卫国的贤臣，刚得到他去世的消息，请您让我立即回去。"卫君还未脱下祭服就前往庄家，于是就将身上穿的祭服赠于死者，还将裘氏邑和潘氏县封给柳作采邑，又将这样的封赏写成誓约放进棺里。誓约上写道："世世代代子子孙孙，万代相传永不改变！"

【原文】

战于郎，公叔禺人遇负杖入保者，息，曰："使之①虽病也，任之②虽重也，君子不能为谋也，士弗能死也，不可！我则既言矣。"与其邻重（tóng）汪踦往，皆死焉。鲁人欲勿殇重汪踦，问于仲尼。仲尼曰："能执干戈以卫社稷，虽欲勿殇也，不亦可乎！"子路去鲁，谓颜渊曰："何以赠我？"曰："吾闻之也：去国，则哭于墓而后行；反其国，不哭，展③墓而入。"谓子路曰："何以处④我？"子路曰："吾闻之也：过墓则式，过祀⑤则下。"

【注释】

①使之：指摇役。

②任之：指赋税。

③展：周巡省视。

④处：安身无咎之道。

⑤祀：乡里社坛。

【译文】

鲁国与齐国在郎交战。鲁国的公叔禺人看见扛着兵器的士兵进入城休息，就说："老百姓的徭役已经十分辛苦了，赋税还如此繁重，大臣们不能为国家出谋划策，战士也能为国征战。我既然这样讲了，就要努力做到。"因此就与邻居的少年汪踦一起奔赴战场，最后都战死沙场。鲁国人想为汪踦举办一场成人的丧礼而不是童子的丧礼，但是由于没有先例，就去请教孔子。孔子说："他能拿起武器来捍卫国家，即使不用童子的葬礼来办他的丧事，不也可以吗？"子路要离开鲁国，对颜渊说："离别之际，你有什么话要和我说吗？"颜渊说："我听说要离开自己的国土，首先应该先到祖坟上拜别之后再动身；等到返回时就不必哭了，到坟上巡视一周就可以进城了。"说罢，颜渊又对子路说："您给我留下什么话让我安身无咎呢？"子路说："我听说，经过墓地就应凭轼致敬，经过社坛就应下车致敬。"

【原文】

工尹商阳与陈弃疾追吴师，及之。陈弃疾谓工尹商阳曰："王事也，子手弓而可。"手弓。"子射诸。"射之，毙一人，韔（chàng）①弓。又及，谓之，又毙二人。每毙一人，掩其目。止其御曰："朝不坐，燕不与②，杀三人，亦足以反命矣。"孔子曰："杀人之中，又有礼焉。"诸侯伐秦，曹桓公卒于会。诸侯请含，使之袭。襄公朝于荆，康王卒。荆人曰："必请袭。"鲁人曰："非礼也。"荆人强之。巫先拂柩。荆人悔之。

【注释】

①韔（chàng）：古代盛弓的袋子。此作动词用。

②燕不与：燕，同"宴"。不与，犹言没有座位。

【译文】

工尹商阳和陈弃疾同乘一辆战车追赶吴军，没过多长时间就追上了。陈弃疾对工尹商阳说："我们身负王命，您现在可以将弓拿在手中了。"工尹商阳将弓握在手中。陈弃疾又对他说："您可以将箭射向敌人了！"工尹商阳这才射了一箭，射死一人后又将弓装进袋中。又追上了敌人，陈弃疾又对他说了以上的话，工尹商阳接着又射杀第二个人。因此每射杀一个人，都会闭上眼睛不忍直视。他让驾车的停止追赶，说："我们在朝见君主是没有座位，在宴会上也没有席位的贱士，杀死三个敌人，回去也可以交差了。"孔子说："在杀人时也是有一定礼节的。"诸侯联合伐秦，曹宣公在联军会合时去世。诸侯要求按照礼节为曹君饭含，而曹人却让诸侯为曹君的尸体穿衣。鲁襄公到楚国访问，刚好楚康王也去世了。楚人说："请鲁君务必为康王的尸体穿衣。"鲁国方面回答："这种做法是不合乎礼仪的。"楚国态度十分坚定非要这样做，于是襄公就让巫先用桃枝在灵柩上来回拂拭，以祛除凶邪，最后才为尸体穿衣。楚国人一看这是君临臣丧之礼，也来不及后悔了。

【原文】

邾娄考公之丧，徐君使容居来吊含①，曰："寡君使容居坐含，进侯玉，其使容居以含。"有司曰："诸侯之来辱敝邑者，易②则易，于③则于，易于杂者未之有也。"容居对曰："容居闻之：'事君不敢忘其君，亦不敢遗其祖'。昔我先君驹王西讨济于河，无所不用斯言也。容居，鲁人也，不敢忘其祖。"子思之母死于卫，赴于子思，子思哭于庙。门人至曰："庶氏之母死，何为哭于孔氏之庙乎？"子思曰："吾过矣，吾过矣。"遂哭于他室。天子崩，三日祝先服，五日官长服，七日国中男女服，三月天下服。虞人致百祀之木，可以为棺椁者斩之；不至者，废其祀，刎其人。

【注释】

①含：古葬礼，殡殓时把珠、玉、贝、米等物放在死者嘴里。

②易：简易，简略。

③于：广大，隆重。

【译文】

邾娄国在为邾定公办丧事时，徐国君王派容居前来吊唁，并行丧葬之礼。容居以天子所遣使者的口气说道："我国君主派我来行丧葬之礼，致送侯爵所含的玉璧。"邾娄的接待人员说："劳烦各国诸侯屈尊了前往敝国，按照来者身份，该简略就简略，该隆重就隆重。如果派臣子来，我们就以臣礼相待；如果君王亲来，我们就以君礼相待。臣子到来却想在我们这里得到君王的礼数，这是不可能的事情。"容居回答说："鄙人听说，作为臣子就不敢忘掉君王，作为子孙就不敢忘掉祖先。先君驹王在之前出兵讨伐西方，渡过黄河，这是他说话一贯的口气。虽然鄙人向来较为鲁钝，但是万万不敢忘记祖先的遗训。"子思的父亲死后，母亲改嫁到卫国，如今去世派人向子思报丧，子思就到家庙去哭。弟子看到后，说："人家姓庶的死了母亲，为什么您却跑到孔氏的家庙来哭？"子思说："我的错！我的错！"就慌忙向其他房间跑去大哭。天子死后的第三天，祝首先手持丧杖；第五天，百官手持丧杖；第七天，畿内的庶民应身穿丧服；三月，诸侯及其大夫各服应服之服。虞人负责从畿内所有神社的社树中挑选最适宜于作棺椁者，把它们砍伐下来。对于不肯献出木材的地方，要把当地的社神废掉，杀掉当地的长官。

【原文】

齐大饥，黔敖为食于路，以待饿者而食之①。有饿者蒙袂②辑屦，贸贸然③来。黔敖左奉食，右执饮，曰："嗟！来食。"扬其目而视之，曰："予唯不食嗟来④之食，以至于斯也。"从而谢焉；终不食而死。曾子闻之曰："微与？其嗟也可去，其谢也可食。"邾娄定公之时，有弑其父者。有司以告，公瞿然⑤失席曰："是寡人之罪也。"曰："寡人尝学断斯狱矣：臣弑君，凡在官者杀无赦；子弑父，凡在宫者杀无赦。杀其人，坏其室，洿其宫而豬⑥焉。盖君踰月而后举爵。"

【注释】

①食之：给他吃。

②蒙袂：因困惫而走路一瘸一拐的样子。

③贸贸然：垂头丧气之貌。

④嗟来：叹词。来是语助，无义。

⑤瞿然：惊骇貌。

⑥豬：通"储"，使水停聚在某处。

【译文】

　　齐国遭遇饥荒，十分严重，黔敖在路旁做饭等待赈济饿了的灾民。曾子听说了这件事，说："这事儿恐怕不对劲儿吧？人家没有同意你吃，你是可以拒绝的；既然人家已经道歉了你就可以吃了。"邾娄定公在位时，时常有儿子杀死自己父亲之事。有关官员将此事报告给定公，定公很是惊恐离开了座位，说："这和寡人没有教育好有关啊。"又说："这种案子我曾学过如何审判：如果臣子杀死了自己的君王，无论官员职位的大小，都应判以死罪，绝不饶恕；如果是儿子杀死了自己的父亲，无论辈分高低，这也是死罪，不该饶恕。不仅仅是将其杀死，还要拆毁凶手的住室，将其地基挖成个大坑，然后再灌满水。君王过了这个月之后才可以举杯喝酒。"

【原文】

　　晋献文子成室，晋大夫发焉。张老曰："美哉轮①焉！美哉奂②焉！歌于斯，哭于斯，聚国族于斯。"文子曰："武也得歌于斯，哭于斯，聚国族于斯，是全要领③以从先大夫于九京也。"北面再拜稽首。君子谓之善颂善祷。仲尼之畜狗④死，使子贡埋之，曰："吾闻之也：敝帷不弃，为埋马也；敝盖不弃，为埋狗也。丘也贫，无盖；于其封也，亦予之席，毋使其首陷焉。"路马死，埋之以帷。

【注释】

①轮：高大。

②奂：通"焕"，光辉灿烂。

③全要领：谓不被刑戮而善终。要，古"腰"字。领，颈也。古代的死刑有腰斩和斩首两种。

④畜狗：看家狗。古代的狗可分三种，打猎用的田犬，看家用的守犬，专供肉食的食犬。

【译文】

　　晋国赵文子的新居落成，晋国的大夫都前往参加落成典礼。张老致辞说："这高大光辉灿烂的房子多么漂亮呀！这高大光辉灿烂的房子多么漂亮呀！从此之后，主人就能在这里居丧哭泣，祭祀奏乐，聚会宴饮了。"文子致答辞说："我能在这里居丧哭泣，祭祀奏乐，聚会宴饮，这说明我将善终，有资格进入九原的祖坟。"话毕，就面朝北边叩拜表示感谢。懂礼的君子说，他们一个善于赞美，一个善于祈福。孔子养的看家狗死了，让子贡将其埋葬，还吩咐说："我听闻，破旧的帷幔不要丢掉，因为可以用来埋马；破旧的车盖也不要丢掉，因为可以用来埋狗。我比较贫困，没有破旧的车盖，但你在埋狗的时候，也得用一张席子裹着，勿将其头直接埋在土中。"至于为君王驾车的马死了，埋葬时先用帷幔裹好。

【原文】

季孙之母死，哀公吊焉。曾子与子贡吊焉，阍人为君在，弗内也。曾子与子贡入于其厩而修容焉。子贡先入，阍人曰："乡者已告矣。"曾子后入，阍人辟之。涉内溜，卿大夫皆辟位，公降一等而揖之。君子言之曰："尽饰之道，斯其行者远矣。"阳门之介夫①死，司城子罕入而哭之哀。晋人之觇宋者，反报于晋侯曰："阳门之介夫死，而子罕哭之哀，而民说②，殆不可伐也。"孔子闻之曰："善哉觇国乎！诗云：'凡民有丧，扶服③救之。'虽微晋而已，天下其孰能当之？"

【注释】

①介夫：披甲的卫士。

②说：通"悦"。

③扶服：通"匍匐"，音义皆同。扶服本义是伏地爬行，引申为尽力。

【译文】

季孙的母亲去世了，鲁哀公前去吊丧。曾子和子贡也一同前往吊唁，但是由于哀公在里面守门的人不让他们进去。曾子和子贡来到马房，将自己的仪容整理了一番，然后再去。子贡先进去，守门人说："刚刚已经通报过了。"曾子更随其后，守门人让开道路。二人走到寝门的屋檐下，卿大夫都连忙让位，哀公也从阼阶上走下一个台阶，作揖，请他们就位。君子议论这件事情说："将自己的仪容整理了一番，这对达到自己的目的是很重要的。"宋国都城阳门死了一个卫士，司城子罕到他家去吊丧，哭得十分伤心。潜伏在宋国的一个探子探听到这件事情，回晋国向晋侯报告说："阳门死了一个小卫士，但是像子罕这样的大官亲自前往吊唁，还哭得十分伤心，这样的行为是很深入民心的，宋国恐怕不是好欺负的。"孔子听说了这件事，说："这个探子真会刺探国情啊！《诗经》上说：'邻居如果有了困难，我们应尽全力去帮助他们。'宋国正是做到了这一点，因此，不仅晋国不敢欺负宋国，普天之下也找不出一个敢和宋国为敌的国家。"

【原文】

鲁庄公之丧，既葬，而绖不入库门。士、大夫既卒哭，麻不入。孔子之故人曰原壤，其母死，夫子助之沐椁①。原壤登木②曰："久矣予之不托于音也。"歌曰："狸首之斑然，执女手之卷然。"夫子为弗闻也者而过之，从者曰："子未可以已乎？"夫子曰："丘闻之：亲者毋失其为亲也，故者毋失其为故也。"

【注释】

①沐椁：修治棺材。

②登木：以手叩击棺材。

【译文】

鲁庄公死后准备下葬，穿孝服的人等候在宫殿最外的一道门，不让入内。等臣子祭哭完了，关系最疏远的亲戚也不让进灵堂了。有个叫原壤的是孔子的老朋友了，他的母亲去世了，孔子帮助他修治棺材。原壤敲着棺材说："我已经有很长时间没有用唱歌来表达我心中的情感了！"于是唱道："这棺材的纹理就像狸头上的花纹那样漂亮，我想握起你的手来表达我此时此刻心中的喜悦。"孔子走过去假装没有听见，孔子的随从却说："这人这样无礼，您还不和他绝交吗？"孔子说："我听闻，亲人总归是亲人，老朋友总归是老朋友。"

【原文】

赵文子与叔誉观乎九原。文子曰："死者如可作①也，吾谁与归②？"叔誉曰："其阳处父乎？"文子曰："行并植③于晋国，不没其身，其知不足称也。""其舅犯乎？"文子曰："见利不顾其君，其仁不足称也。我则随武子乎！利其君不忘其身，谋其身不遗其友。"晋人谓文子知人。文子其中④退然⑤如不胜衣，其言呐呐然如不出诸其口。所举于晋国管库之士七十有余家，生不交利，死不属其子焉。

【注释】

①作：站起来。指复活。

②吾谁与归：我赞许和爱戴谁呢？与，赞成。归，归向。"谁"是"与归"的前置宾语。

③并植：通"廉直"。

④中：身躯。

⑤退然：柔弱的样子。

【译文】

赵文子和叔誉一起巡视于九原，文子说："如果埋葬在这墓地中的人能够复活，他们当中你最赞赏和爱戴的是谁？"叔誉答道："大概是阳处父吧？"文子说："身为晋国大傅刚强而无计谋，不得以善终，这样的智慧让人不敢恭维啊。"叔誉又说："舅犯怎么样？"文子说："舅犯不顾及君王只考虑自己的利益，他的仁爱也叫人不敢恭维。随武子是值得我赞许和爱戴的人，他能顾全大局，考虑君主的利益也可以兼顾个人利益；他既能为自己打算，又不忘掉朋友。"对于文子的评价晋国人都觉得很合理。文子的身体柔弱得好像连衣服的重量都禁受不住，讲起话来迟钝缓慢得像难以出口。他为晋国举荐的管理仓库的官员多达七十余人，但是在他生前却未和他们有任何金钱上的来往，死后也未将孩子托付给他们。

【原文】

岁旱，穆公召县子而问然，曰："天久不雨，吾欲暴尫（wāng）①而奚若？"曰："天久不雨，而暴人之疾子，虐，毋乃不可与！""然则吾欲暴巫而奚若？"曰："天则不雨，而望之愚妇人，于以求之，毋乃已疏乎！""徙市则奚若？"曰："天子崩，巷市七日；诸侯薨，巷市三日。为之徙市，不亦可乎！"孔子曰："卫人之祔也，离之；鲁人之祔（fù）②也，合之，善夫！"

【注释】

①暴尫（wāng）：暴通"曝"，晒也。尫：身体有残疾的人。暴尫的目的是希望上天哀怜而下雨。

②祔（fù）：夫妇合葬。

【译文】

气候干旱，穆公把县子召来请教说："天久久不下雨，我想将身体有残疾的人拉到烈日下晒，不知意下如何？"县子说："天久久不下雨，乃暴晒有残疾的人以求雨，这样做的话是不是太残暴了，恐怕不行吧？"穆公又说："那暴晒女巫怎么样？"县子说："天不下雨，而将希望寄托于愚蠢的妇人来求雨，会不会不实事求是？"穆公又说："那罢市怎么样？"县子说："天子去世，罢市七日；诸侯去世，罢市三日。用罢市的办法求雨，还不失为可行的办法。"孔子说："卫人的合葬方式，是夫妇各自一个墓穴，中间有土相隔。在鲁国，鲁人合葬是将夫妇二人放进一个墓穴。这样的合葬方式很不错。

王 制

　　本篇内容主要以周朝的制度为主，记录夏、商、周的国家政策制度，内容涉及封国、职官、爵禄、祭祀、葬丧、刑罚、建立成邑、官员的选拔以及学校教育等各个方面。本篇被后来封建统治者普遍采用，如董仲舒就选择性地继承了《王制》的思想，班固基本上完全接受了《王制》的观点。王莽改制，清末康有为等人的变法，都先后以《王制》为理论基础。可见，这一篇的内容对封建统治者有重要作用。

【原文】

王者之制禄爵①，公、侯、伯、子、男，凡五等。诸侯之上大夫卿、下大夫、上士、中士、下士，凡五等。天子之田②方千里，公侯田方百里，伯七十里，子男五十里。不能五十里者，不合③于天子，附于诸侯曰附庸。天子之三公④之田视公侯，天子之卿视伯，天子之大夫视子男，天子之元士⑤视附庸。

【注释】

①禄爵：俸禄和爵位。

②田：禄田。指收取租税作为俸禄的土地。

③合：朝会。

④三公：辅佐天子治理国家的三个最高官员，即太师、太傅、太保。

⑤元士：上士。

【译文】

天子为臣子制定俸禄和爵位。按照爵位可以分为以下五等：公、侯、伯、子、男。诸侯为其臣下制定的爵位可以分为上大夫卿、下大夫、上士、中士、下士五等。天子的禄田是一千里见方，公、侯的禄田是百里见方，伯则七十里见方，子、男是五十里见方。禄田没有五十里的小诸侯不需要朝见天子，他属于较大的诸侯管辖，叫作附庸。天子三公的禄田数量比照公侯，天子的卿的禄田比照伯，天子的大夫的禄田比照子男，天子的上士的禄田比照附庸。

【原文】

凡四海之内九州，州方千里。州，建百里之国三十，七十里之国六十，五十里之国百有二十，凡二百一十国；名山大泽不以封，其余以为附庸间田①。八州，州二百一十国。天子之县内，方百里之国九，七十里之国二十有一，五十里之国六十有三，凡九十三国；名山大泽不以朌②，其余以禄士，以为间田。凡九州，千七百七十三国。天子之元士、诸侯之附庸不与。

【注释】

①间田：备用的封赏之田。

②朌：同"颁"。朌与封的区别在于，封给的土地可以世袭，而朌给的土地只可享用，不可世袭。

【译文】

四海之内共有九个州。每周的大小都有千里见方。每个州内分封三十个大诸侯国，七十里见方六十个中等诸侯国，五十里见方一百二十个小国，一共有二百一十个诸侯国。每州内的名山大泽不用来分封。分封剩下的土地天子留着赏赐用或者作为附庸。这是畿外的八州，每州有二百一十个诸侯国。还有一州是天子直接管辖的王畿，其中分配给公卿大夫的国土，方百里者九国，方七十里者二十一国，方五十里者六十三国，总共九十三国。在这九十三国之内，如有名山大川，也不用来分配。将剩余的土地进行分配，用作士人的禄田或者作为赏赐之用。九个州共计国家有一千七百七十三，而天子的元士、诸侯的附庸尚未计算在内。

【原文】

天子使其大夫为三监，监于方伯之国，国三人。天子之县内诸侯，禄①也；外诸侯，嗣（sì）②也。制：三公，一命③卷；若有加，则赐也，不过九命。次国之君，不过七命；小国之君，不过五命。大国之卿，不过三命；下卿再命，小国之卿与下大夫一命。

【注释】

①禄：禄田。禄田只可在职时享用，不可世袭。

②嗣（sì）：继承。指封地可以世袭。

③命：天子擢升臣下的册命。命数越多，爵位越高，礼服上的图案也越多。

【译文】

天子任命他的大夫当三监，让大夫作为代表前往监察每州的方伯，每一州派三个大夫去。王畿内分配给公卿的土地，那是一种禄田，活着的时候可以任意享用，但是死后必须归还。王畿以外分封给各诸侯的土地是可以实行世袭制的。命服的规定：天子的三公本已八命，再加一命成九命，就可以穿衮衣了。如果有增加的话称为赐，因为人臣不可能超过九命。中等诸侯国的君王最多也就七命，其礼服七章；小诸侯国的君王最多五命，其礼服五章；大诸侯国的卿最多三命，其礼服三章；下卿再命，其礼服二章；小国之卿与下大夫都是一命，其礼服一章。

【原文】

凡官民材，必先论之①。论辨然后使之，任事然后爵之，位定然后禄之。爵人于朝，与士共之。刑人于市，与众弃之。是故公家不畜刑人，大夫弗养，士遇之涂弗与言也；屏之四方，唯其所之，不及以政，亦弗故生也。诸侯之于天子也，比年②一小聘③，三年一大聘④，五年一朝。

【注释】

①论之：考察其德与才。

②比年：每年。

③小聘：以大夫为使节叫小聘。

④大聘：以卿为使节叫大聘。

【译文】

　　凡是在平民中选举有才能的人为官，对于其德行一定要先进行考察。考察清楚了，然后才加以任用。如果胜任工作，之后再授予爵位，给予相应的俸禄。在朝廷上品评某人爵位时，让士也一道参加，这样才显得公正。将处决犯人的地方选在闹市，使得百姓都唾弃他，这样才大快人心。因此受过刑罚的人，君王是不加以任用的，大夫也不会将其收留，士与之相逢也不会理会他。将他们流放到偏远地区，无论他们走到哪里，国家不向他们征收赋税也不会分给他们土地，表示不想让他们活在人间。诸侯对于天子，每年要派大夫去聘问一次，每三年要派卿去聘问一次，每隔五年诸侯要上朝朝见天子。

【原文】

　　天子将出，类乎上帝，宜乎社，造乎祢①。诸侯将出，宜乎社，造乎祢（nǐ）。天子无事②与诸侯相见曰朝，考礼正刑一德，以尊于天子。天子赐诸侯乐③，则以柷④将之，赐伯、子、男乐，则以鼗（táo）⑤将之。诸侯，赐弓矢然后征，赐铁钺然后杀，赐圭瓒⑥然后为鬯（chàng）⑦。未赐圭瓒，则资鬯于天子。

【注释】

①类、宜、造：皆祭名，其礼亡，无考。

②事：指征伐。

③乐：指乐悬。可以悬挂的整套乐器。

④柷：古乐器，击柷奏乐的指挥信号。将：表达，传达。

⑤鼗（táo）：长柄的摇鼓，今俗称"拨浪鼓"。摇鼗是终止奏乐的指挥信号。

⑥圭瓒：天子使用的一种玉杯，用以盛酒。

⑦鬯（chàng）：古代祭祀用的酒，用郁金草酿黑黍而成。

【译文】

　　天子外出巡守，要先举行告祭仪式，告祭于地和宗庙。诸侯外出，只告祭于地和宗庙。在正常情况下天子与各诸侯相见称为朝。诸侯在朝见天子时，可以订正刑法，考校礼乐，统一道德规范，凡是类似于这样的，都要听从天子的命令。天子赏赐公、侯乐悬，就以柷为代表物；赏赐伯、子、男乐悬，就以鼗为代表物。天子赐予诸侯弓矢之后，诸侯才有权力替天子讨伐其他诸侯，天子赐予铁钺之后，诸侯才有权力替天子诛杀诸侯；被天子赐予圭瓒以后，才有权力酿造鬯酒用于祭祀。如果未被赐予圭瓒，诸侯要用鬯酒，必取于天子。

【原文】

天子命之教然后为学。小学在公官南之左，大学在郊。天子曰辟痈，诸侯曰頖官。天子将出征，类乎上帝，宜乎社，造乎祢，祃于所征之地。受命于祖，受成①于学。出征，执有罪；反，释奠②于学，以讯馘（guó）③告。

【注释】

①成：指成算，即事先拟好的整个战斗计划。

②释奠：古代的一种祭祀。只设酒撰为祭，无牲牢。

③馘（guó）：古代战争中割取敌人的左耳以计数献功。这里指战果。

【译文】

天子命令诸侯办教育，诸侯才能设立学校。在王官的东南设立小学，在郊外设立大学。天子的大学称为辟雍，诸侯的大学称之頖宫。天子出征之前首先要告祭于天和宗庙。到达出征的地方，为了鼓舞士气要举行祃祭之礼。出征之前，在祖庙中接受征伐敌人的命令，在大学里接受事先拟好的战斗计划。出征，捉拿那些有罪者，班师回朝后，设酒馔祭祀先师先圣，向他们报告战果。

【原文】

天子、诸侯无事则岁三田①：一为干豆②，二为宾客，三为充君之庖。无事而不田，曰不敬；田不以礼，曰暴天物。天子不合围，诸侯不掩群。天子杀则下大绥③，诸侯杀则下小绥④，大夫杀则止佐车。佐车止，则百姓田猎。獭祭鱼，然后虞人⑤入泽梁。豺祭兽，然后田猎。鸠化为鹰，然后设罻⑥罗。草木零落，然后入山林。昆虫未蛰，不以火田⑦，不麑，不卵，不杀胎，不殀夭，不覆巢。

【注释】

①三田：指春、秋、冬三季打猎，唯夏季不打猎。

②干豆：盛放风干的肉的豆，用于祭祀。豆是食器，初以木制，形似高脚盘。

③大绥：天子田猎时的指挥旗。

④小绥：诸侯田猎时的指挥旗。

⑤虞人：掌管山林川泽之官。

⑥罻（wèi）：捕鸟的小网。

⑦火田：焚草肥田。

【译文】

　　天子、诸侯在没有战争和凶丧的情况下，每年有三次打猎的机会，其目的是，第一是为了祭祀的供品而准备的，第二次狩猎是为了宴请宾客，第二次狩猎是为了丰富天子、诸侯的膳食品种。在没有战争和凶丧也不田猎，就叫作不敬。田猎时没有按照规矩，肆意捕杀，就叫作作践天帝所生之物。田猎的规矩是：天子在狩猎是不能四面围捕，诸侯狩猎时不要将全部的猎物都杀光。将猎物射杀之后，天子放下指挥的大旗，诸侯放下小旗。大夫将猎物射杀之后，要下令立即停止追赶猎物的车辆。大夫的副车停止驱赶之后，百姓开始田猎。正月以后，虞人才可以进入川泽垒梁捕鱼。在秋冬之际才可以田猎。八月以后，才可以设网捕鸟。等到十月才可以进山伐木。昆虫尚未蛰居地下之前，是不可以焚烧田地的。不捕捉小兽，不取鸟卵，不杀怀胎的母兽，不杀刚出生的小兽，不捣毁鸟巢。

【原文】

　　天子社稷皆大牢①，诸侯社稷皆少牢②。大夫、士宗庙之祭，有田则祭，无田则荐③。庶人春荐韭，夏荐麦，秋荐黍，冬荐稻。韭以卵，麦以鱼，黍以豚，稻以雁。祭天地之牛，角茧栗；宗庙之牛，角握（wò）④；宾客之牛，角尺。诸侯无故⑤不杀牛，大夫无故不杀羊，士无故不杀犬豕，庶人无故不食珍。庶羞不踰牲，燕衣不踰祭服，寝不踰庙。

【注释】

　　①大牢：牛、羊、豕三牲具备曰大牢。大，音义同"太"。

　　②少牢：有羊、豕二牲叫少牢。

　　③荐：供献。又叫"荐新"，即用新熟的五谷或时新的瓜果祭祀祖先。荐新之礼轻于四时的祭礼。庶人贫贱，有荐而无祭。

　　④握（wò）：长度，约四指。

　　⑤故：指祭祀和招待宾客。

【译文】

　　天子都是用牛、羊、豕三牲来祭社神、谷神的，诸侯用羊、豕二牲来祭社神、谷神。大夫和士的宗庙之祭，有禄田的用祭礼，无禄田的用荐礼。平民祭祀祖先的荐新之礼是：春天荐韭菜，夏天荐麦子，秋天荐黍子，冬天荐稻子；韭菜配以鸡蛋，麦子配以鱼，黍子配以小猪，稻子配以鹅。祭祀天地所用的牛较小，牛角不过像蚕茧、粟子那般大小；祭祀宗庙用的牛就会大点儿，牛角长约四个手指；款待客人时所用的牛较大，牛角长约一尺。诸侯和大夫在没有特殊情况下是不可以杀牛、杀羊的，士没有特殊情况是不可以杀狗、猪的，平民没有特殊原因不吃时鲜物品。平时吃的饭菜，最好不要超过祭祀用的牲牢；日常穿的衣服，再好不能超过祭祀用的礼服；日常居住的堂屋，再好不能超过宗庙。

【原文】

古者公田，藉而不税；市，廛（chán）①而不税；关，讥②而不征；林、麓、川、泽，以时入而不禁。夫圭田无征。用民之力，岁不过三日。田里不粥，墓地不请。司空执度度地③居民。山川沮泽，时四时。量地远近，兴事任力。凡使民：任老者之事，食壮者之食。凡居民材，必因天地寒暖燥湿，广谷大川异制。民生其间者异俗：刚柔轻重迟速异齐，五味异和，器械异制，衣服异宜。修其教，不易其俗；齐其政，不易其宜。

【注释】

①廛（chán）：公家建造的店铺，租给商人使用。商人交纳店租后，就不再交纳货物税。

②讥：稽查。

③司空执度度地："司空"，总管百物制造之官。"执度度地"，上一"度"字指测量土地的工具，下一"度"字是动词测量。

【译文】

在古代，农户都助耕种公田，私人就无须再缴纳税款；租用公家的商铺，就无须再缴纳营业税；水陆各个关口只盘查有没有违禁，进出关税并不征收；进入山林川泽采伐渔猎在规定的时间里完成就不会加以干涉。农夫耕种卿大夫的圭田也不抽税。让百姓成为免费的劳动力，一年当中不能超过三次。公家分配的农田和宅地不允许随意出卖。公家分配的有族葬墓地，不准额外再要。司空负责用工具测量土地使人民居住。对于山川沼泽地带，要观察寒暖燥湿，并测量土地的远近，然后兴起工程，使用民力。凡使用民力：让他们担负老年人也能干的活，而供给壮年人的粮食。凡使民居住的城邑，一定要根据气候的寒暖燥湿，以及宽广的山谷或大河等地理条件，采取不同的建制。人

民生活在其中有不同的习俗：刚强、柔弱、轻捷、滞重、迟缓、迅疾等性情不同，口味不一致，器械规格不一样，衣服也各自适宜不同的地理和气候条件。应当注重对他们进行礼义方面的教育，不需要改变风俗；同时应当注重统一政令，不必改变其习惯。

【原文】

中国、戎夷，五方之民，皆有性也，不可推移。东方曰夷，被①发文身，有不火食者矣。南方曰蛮，雕题②交趾，有不火食者矣。西方曰戎，被③发衣皮，有不粒食者矣。北方曰狄，衣羽毛穴居，有不粒食者矣。中国、夷、蛮、戎、狄，皆有安居、和味、宜服、利用、备器，五方之民，言语不通，嗜欲不同。达其志，通其欲：东方曰寄，南方曰象，西方曰狄鞮，北方曰译。

【注释】

①被：剪掉。

②题：额头。

③被：覆盖在肩背上。

【译文】

中原与四方少数民族以及五方之民，都有着不同的生活习惯，不可以相互转换。住在东方的民族称为夷，他们习惯在身上刺花纹，剃光头发，有的人还不吃熟食。住在南方的少数民族称为蛮，在他们的额间刺着花纹，走路时两脚的脚趾相向，有的人也不吃熟食。在西方的少数民族叫戎，他们散着头发，身穿用兽皮做的衣服，不吃五谷杂粮只吃禽兽的肉。住在北方的少数民族叫狄，以禽兽的羽毛为衣，住在洞中也不吃五谷杂粮只吃禽兽的肉。尽管中原、夷人、蛮人、戎人、狄人这五方人民的生活习惯不一样，但是都各自觉得有舒适的住所、好吃的口味、合适的衣服、自己认为便利的工具、自己认为完备的器物。五方的人民，尽管语言不同，爱好也不一样，但是当他们要表达他们的思想时，有一种懂得双方语言的人可以帮忙。这种人，在东方称为寄，南方称为象，西方称为狄鞮，北方称为译。

【原文】

凡居民，量地以制邑，度地以居民。地、邑、民居，必参相得也。无旷土①，无游民，食节事时，民咸安其居，乐事劝功，尊君亲上，然后兴学。

【注释】

①旷土：空闲的土地。

【译文】

只要是安置民众，修建城邑的多是按照土地的广狭来确定的，按照土地的广狭来决定安置多少民众，要使土地广狭、城邑大小、被安置民众三者比例得当。这样的话就没有多余的土地，没有失业的百姓，食饮节俭，各项工作都能够有条有理地进行，百姓都安居乐业，积极向上，尊敬君王，爱戴官长，然后可以兴办学校。

【原文】

乐正①崇四术②，立四教，顺③先王诗书礼乐以造士。春、秋教以礼乐，冬、夏教以诗书。王大子、王子、群后之大子、卿大夫元士之嫡子、国之俊选，皆造焉。凡入学以齿。将出学④，小胥、大胥、小乐正简不帅教者以告于大乐正。大乐正以告于王。王命三公、九卿、大夫、元士皆入学。不变，王亲视学。不变，王三日不举，屏之远方。西方曰棘，东方曰寄，终身不齿。

【注释】

①乐正：相当于《周礼》中的大司乐，是乐官之长，兼管大学的教育，近乎大学校长。其副手叫小乐正，即《周礼》的乐师。

②四术：指《诗》《书》《礼》《乐》四门课程。四术和下文"四教"的新指相同，区别仅在于，称为"术"，是从每个学生必修的意义上讲的；称为"教"，是从大学必开此四门课的意义上讲的。

③顺：因袭。

④出学：指大学毕业。

【译文】

乐正特别重视大学生的四门必修课，每门必修课都设有相应的老师，用《诗》《书》《礼》《乐》四种教材来培养人才，这也是沿用先王的传统。春秋二季教授《礼》《乐》，冬夏二季教授《诗》《书》。国王的太子和庶子、诸侯的太子、卿大夫、元士的嫡子，国家的俊士和选士，都被送到大学学习。入学以后无论是哪个学生，大家只按照年龄的大小来排序，不论尊卑。大学将要毕业时，小胥将不听教导的大学生汇报给大胥，大胥汇报给小乐正，小乐正汇报给大乐正，大乐正汇报给天子。于是天子选个吉日，下令三公、九卿、大夫、元士齐集大学，演习有关礼仪以感化不听教导者。这样做了还不改，天子就会亲自来到学校视察。这样做了还不改，首先天子自责一番，三天的饭食中不能有肉，并且吃饭的时候不演奏乐器，后将屡次不改的人放逐到偏远的地方，西部远方叫棘，东部远方叫寄，终身不予录用。

【原文】

大乐正论造士之秀者以告于王，而升诸司马，曰进士。司马辨论官材，论进士之贤者以告于王，而定其论。论定然后官之，任官然后爵之，位定然后禄之。大夫废其事，终身不仕，死以士礼葬之。有发，则命大司徒教士以车甲。凡执技论力，适四方，裸股肱，决射御。凡执技以事上者：祝、史、射、御、医、卜及百工。凡执技以事上者：不贰事①，不移官，出乡不与士齿；仕于家者，出乡不与士齿。

【注释】

①不贰事：不作他事，以便于术有专攻，技艺弥精。

【译文】

大乐正考察评定优秀的国学毕业生，上报于天子，并荐举给司马，被荐举的学生就叫进士。司马在逐个考察每个进士有什么样的才能，然后再看适合什么样的职位，上报天子，并拿出结论来。结论确定了然后委派官职试用，如果能够胜任官职再封以爵位，爵位定了然后发给俸禄。大夫如果因玩忽职守而被罢免，终身不再录用，死后用士一级的礼葬之。遇到国家的征召，就命令大司徒对国学生加以军事训练。如果是按照技艺谋生的人，就只是考察技艺精不精湛，德行不予以考虑。有任务需要他们去执行，就让他们卷起衣袖裤管，以比赛技艺的方式来决定人选。只要是靠技艺为官府服务以谋生的人，计有祝、史、射、御、医、卜及各种工匠七种。这七种人不能够从事其他行业，即使在某方面有了成绩也不能升官，离开本乡就不能与士论辈分年龄。在大夫家里服务的这些人，离开本乡后也是如此。

【原文】

析言破律，乱名改作，执左道以乱政，杀。作淫声、异服、奇技、奇器以疑众，杀。行伪而坚，言伪而辩，学非而博，顺①非而泽②，以疑众，杀。假于鬼神、时日、卜、筮以疑众，杀。此四诛者，不以听。凡执禁以齐众，不赦过。有圭璧金璋③，不粥于市；命服命车，不粥于市；宗庙之器，不粥于市；牺牲不粥于市；戎器不粥于市。用器不中度，不粥于市。兵车不中度，不粥于市。布帛精粗不中数、幅广狭不中量，不粥于市。奸色④乱正色，不粥于市。锦文珠玉成⑤器，不粥于市。衣服饮食，不粥于市。五谷不时，果实未孰，不粥于市。木不中伐，不粥于市。禽兽鱼鳖不中杀，不粥于市。关执禁以讥，禁异服，识异言。大史典礼，执简记，奉讳恶。天子齐戒受谏。

【注释】

①顺：通"训"，辞也。

②泽：漂亮。

③圭璧金璋：据王引之《经义述闻·礼运上》，"金"当是"宗"之误，"宗"是"琮"的假借。圭、璧、金、璋，《聘礼》称为"四器"。

④奸色：即间色。古以青、赤、白、黑、黄为五方正色，余色为间色。

⑤成：善，精美。

【译文】

凡是断章取义曲解法律，擅自改变事物的既定名称而另搞一套，用歪门邪道扰乱民心的人，杀死。凡是制作靡靡之音、奇装异服、怪诞之技、奇异之器而蛊惑民心的人，杀死。行为狡诈而又顽固不化、言辞虚伪而又巧言利舌、所学陷入异端而又自以为博闻、言辞谬戾而讲得冠冕堂皇，以此蛊惑人心的人，杀死。凡是假托神灵、时辰日子、卜筮招摇撞骗以蛊惑人心者，杀死。以上四种被杀的人不会接受他们的申诉。凡是推行禁令，民众都要严格遵守，即便是无心之过，也是不可饶恕的。圭、璧、琮、璋是高贵的玉器，不允许在市场上出售。表明身份的命服命车，不允许在市场上出售。宗庙中的祭器，不允许在市场上出售。用于祭祀的牲畜，不允许在市场上出售。军器，不允许在市场上出售。日常所用的器皿不合规格，不允许在市场上出售。兵车不合规格，不允许在市场上出售。布帛的丝缕密疏不符合规定和尺寸，不允许在市场上出售。将布帛染以间色而与正色相乱的，不允许在市场上出售。有纹彩的布帛、珠玉以及制作精美的器物，不允许在市场上出售。丰盛的美食，华丽的衣服，不允许在市场上出售。五谷和瓜果还未成熟，不允许在市场上出售。树木还未成材，不允许在市场上出售。禽兽鱼鳖尚未长大，不允许在市场上出售。关卡上执行禁令的人要严格稽查，禁止奇装异服，识别各地的方言。太史主管礼仪，执掌各种典籍，历代先王的忌日、名讳以及各种天灾人祸均记载在典籍之中，太史也负责将这些情况奉告天子。在接受太史的劝告之前天子需要先斋戒几日。

【原文】

有虞氏养国老于上庠，养庶老于下庠。夏后氏养国老于东序，养庶老于西序。殷人养国老于右学，养庶老于左学。周人养国老于东胶，养庶老于虞庠：虞庠在国之西郊。有虞氏皇①而祭，深衣而养老。夏后氏收②而祭，燕衣③而养老。殷人冔而祭，缟（gǎo）衣④而养老。周人冕而祭，玄衣而养老。凡三王养老，皆引年。八十者一子不从政，九十者其家不从政，废疾非人不养者一人不从政。父母之丧，三年不从政。齐衰、大功之丧，三月不从政。将徙于诸侯，三月不从政。自诸侯来徙家，期不从政。

【注释】

①皇：画有羽饰的冠。

②收：夏代的祭冠。其制不详。

③燕衣：天子燕居所穿之衣，又叫玄端。诸侯用作朝服，衣与裳均为黑色。

④缟（gǎo）衣：子之朝服，衣与裳均为白色。

【译文】

虞氏在上庠宴请国老，在下庠宴请庶老。夏后氏在东序宴请国老，在西序宴请庶老。殷人在右学宴请国老，在左学宴请庶老。周人在东胶宴请国老，在虞庠宴请庶老。虞庠在王城的西郊。有虞氏的时代，人们在祭祀的时候头戴"皇"冠，养老身穿颜色比较深的衣服。夏朝人在祭祀的时候头戴"收"冠，在养老时穿燕衣。殷人在祭祀的时候头戴"爵"冠，在养老时穿缟衣。周人在祭祀的时候头戴冕，养老的时候身穿玄衣。在举行养老宴会时夏、殷、周三代的天子会根据他们的户籍来核实老人们的年龄。家有八十岁以上老人的，可以有一人被豁免力役之征。家有九十岁老人的，豁免其全家的力役征召。家中有残疾、生病的人要有专门的人照顾，可以有一人免受劳役。父母去世，在三年守丧期间不应力役之征。遇到齐衰、大功亲属去世，可以三个月不应力役之征。将从王畿移居诸侯的家庭，临行之前免役三月；自诸侯移居王畿的家庭，到达后免役一年。

【原文】

少而无父者谓之孤，老而无子者谓之独，老而无妻者谓之矜，老而无夫者谓之寡。此四者，天民之穷而无告者也，皆有常饩①。瘖、聋、跛、躃、断者、侏儒、百工，各以其器食之。道路，男子由右，妇人由左，车从中央。父之齿随行，兄之齿雁行，朋友不相踰。轻任并，重任分，斑白者不提挈。君子耆老不徒行，庶人耆老不徒食。大夫祭器不假。祭器未成，不造燕器。

【注释】

①饩：生活补贴，粮食救济。

【译文】

年幼即失去父亲的人叫作孤，老了却失去儿子的人叫作独，年老而失去妻子的人叫作矜，年老而失去丈夫的人叫作寡。以上四种人是世界上最孤独可怜的人，国家针对这一群体会有相应的补贴。哑巴、聋子、一足瘸者、两足俱废者、肢体残缺者、躯体矮小者以及各种手艺人，这类人做着自己能力范围之内的事情，由国家养活他们。在道路上，男子行走时靠右，妇人靠左边。车辆走中间。遇见年龄与自己父亲年龄相仿的人，应让他先行；遇见年龄与自己兄长差不多的人，自己可以稍后一点并排而行；和朋友走在一起，不能争先恐后。老年人与年轻人都挑着轻担子，年轻人应将担子接到自己的肩上。如果都挑着重担子，年轻人应帮助老人分担一些。不要让年事已高的老人提着担子上路。士大夫阶级的老者，外出时必须要有车辆，不步行；平民阶级的老者，吃饭必有肉。大夫都是自备祭器，不借用他人。祭器没有备齐之前，不考虑制造日常生活用器。

【原文】

古者以周尺八尺为步，今以周尺六尺四寸为步。古者百亩，当今东田百四十六亩三十步。古者百里，当今百二十一里六十步四尺二寸二分。方千里者，为方百里者百。封方百里者三十国，其余方百里者七十。又封方七十里者六十，为方百里者二十九，方十里者四十。其余方百里者四十，方十里者六十。又封方五十里者二十，为方百里者三十；其余方百里者十，方十里者六十。名山大泽不以封。其余以为附庸间田。诸侯之有功者，取于间田以禄之①；其有削地者，归于间田。

【注释】

①禄之：以此为禄，指代封赏。

【译文】

古代一步为周尺八尺，如今一步为周尺六尺四寸。因此，古时一百亩相当于现在的一百四十六亩零三十平方步。古代一百里，相当于现在的一百二十一里零六十步四尺二寸二分。所谓千里见方者，包括一百个百里见方的区域。如果分封出三十个方百里的诸侯国，就余下七十个方百里的地方。再分封出六十个七十里见方的诸侯国，折合为二十九个方百里和四十个方十里，剩下四十个方百里和六十个方十里的土地。又分封出一百二十个五十里见方的诸侯国，折合为三十个百里见方之地，还剩下十个方百里和六十个方十里的土地。名山大泽不作封地来用，剩下的土地，或者作为大诸侯国的附庸，或者作为闲田。诸侯有功，就将手中剩余的土地作为封赏；诸侯犯罪他的所有土地就会被削去并入闲田。

【原文】

诸侯之下士禄食①九人，中士食十八人，上士食三十六人。下大夫食七十二人，卿食二百八十八人。君食二千八百八十人。次国之卿食二百一十六人，君食二千一百六十人。小国之卿食百四十四人，君食千四百四十人。次国之卿，命于其君者，如小国之卿。天子之大夫为三监，监于诸侯之国者，其禄视诸侯之卿，其爵视次国之君，其禄取之于方伯之地。方伯为朝天子，皆有汤沐之邑于天子之县内，视元士。诸侯世子世国，大夫不世爵。使以德，爵以功。未赐爵，视天子之元士，以君其国。诸侯之大夫，不世爵、禄。

【注释】

①禄食：俸禄。

【译文】

诸侯的下士，其俸禄可以养活九人，中士的俸禄可以养活十八人，上士的俸禄可以养活三十六人，下大夫的俸禄可以养活七十二人，卿的俸禄可以养活二百八十八人，君王的俸禄可以养活二千八百八十人。中等诸侯国的卿，其俸禄可以养活二百一十六人，君王的俸禄则可养活二千一百六十人。一些小国的诸侯国卿，他的俸禄能够养活一百四十四人，君主的俸禄能够养活一千四百四十人。中等诸侯国的卿，倘若是由君主亲自任命，那么，他的俸禄和小诸侯国君王亲自任命的卿是对等的。大夫被天子委派到诸侯国去视察，大夫的俸禄和大诸侯国的卿是一样的，其爵位比照中等诸侯国的君王，其俸禄从方伯那里支取。方伯为了朝见天子，王畿内有专门斋戒沐浴的土地。汤沐邑的大小，和天子上士的禄田一样多。太子可以继承诸侯的君位，但是大夫的儿子是不可以世袭爵位的，大夫的儿子未必贤德，只有有德行的、有功劳的才可以赐以爵位。诸侯的儿子在天子没有赐爵之前，其身份视同天子之上士，同时以这样的身份去治理他的国家。诸侯的大夫俸禄和爵位都是不可以世袭的。

【原文】

六礼：冠、昏、丧、祭、乡、相见。七教：父子、兄弟、夫妇、君臣、长幼、朋友、宾客。八政：饮食、衣服、事为、异别、度、量、数、制①。

【注释】

①制：宽窄。

【译文】

冠礼、婚礼、葬礼、祭礼、乡饮酒礼和乡射礼、相见礼是常说的六礼，七种人伦关系称为七教，即父子之间有亲，兄弟之间有爱，夫妇有别，君臣之间要有义，长幼之间要有序，朋友之间要有信，宾客之间要有礼。饮食的方式，衣服的制度，工艺的标准，器具的种类，长度的规定，容量的单位，数码的进位，布帛的宽窄称为八政。

文王世子

　　本篇主要讲述周代对世子及其他贵族子弟的教育方式和方法，内容体现在以下五个方面：一是写周文王、周武王如何当世子的，还写了周公如何教育成王的。二是写了大学教育世子及士之法。三是写了三王教世子之法及孔子论教世子的重要性。四是写了庶子之官如何管理族人。五是写天子视学养老之礼。这些教育观点对今天的人来说依然有着积极的意义。

【原文】

文王之为世子，朝于王季日三。鸡初鸣而衣服，至于寝门外，问内竖①之御者②曰："今日安否何如？"内竖曰："安。"文王乃喜。及日中又至，亦如之。及莫又至，亦如之。其有不安节③，则内竖以告文王，文王色忧，行不能正履。王季复膳，然后亦复初。食上，必在④视寒暖之节；食下，问所膳，命膳宰曰："末有原⑤！"应曰："诺。"然后退。武王帅而行之，不敢有加⑥焉。文王有疾，武王不脱冠带而养。文王一饭，亦一饭；文王再饭，亦再饭。旬有二日乃间⑦。

【注释】

①内竖：宫内小臣，负责内外信息的上传下达。

②御者：值日者，值班者。

③节：指饮食起居。

④在：察。

⑤末有原：末，勿，毋。原，再。指把剩饭再次进上。

⑥加：增益。意谓文王对王季的孝养已经达到尽善尽美，无以复加。

⑦间：痊愈。

【译文】

文王做太子时，每天给他父王王季请安三次。等到鸡叫第一声的时候就穿好了衣服，来到父亲寝宫外，向值班的内竖问道："父王今天可一切安好？"内竖回答。"一切安好。"听到这样的回答，文王脸露喜色。第二次是中午，第三次是傍晚，请安的礼仪都是一样的。王季如果身体抱恙，内竖就会向文王禀告，太子听后满脸忧愁，甚至连走路都迈不开步子了。等到王季身体好转，一切正常，太子这才放心。王季的每顿膳食文王都要检查饭菜的冷热；每顿饭撤下去的时候，文王都会过问剩余多少。同时交待掌厨的官员："剩下的膳食不用再端上去。"听到对方回答"是"，文王才放心地离开。武王做太子时以文王的行为作榜样，不敢有一点走样。文王如果身体欠佳，武王就会衣不解带地守在身边。文王吃饭少，武王也就吃饭少；文王吃饭增多，武王也就随着增多。这样持续了二十多天，文王的病也渐渐好转。

【原文】

文王谓武王曰："女何梦矣？"武王对曰："梦帝与我九龄。"文王曰："女以为何也？"武王曰："西方有九国焉，君王其终抚①诸？"文王曰："非也。古者谓年龄，齿亦龄也。我百尔九十，吾与尔三焉。"文王九十七乃终，武王九十三而终；成王幼，不能莅阼②，周公相，践阼③而治。抗世子法于伯禽，欲令成王之知父子、君臣、长幼之道也；成王有过，则挞伯禽，所以示成王世子之道也。

【注释】

①抚：占有。

②莅阼：临视阼阶。即天子即位。特指履行天子职务。

③践阼：天子即位，皇帝登基。此指周公暂摄王位，代行天子职务。

【译文】

文王问武王道："你有梦到过什么吗？"武王答道："我梦见天帝给我九龄。"文王说："你觉得这么梦是有什么暗示呢？"武王说："如今九国和西方还没有归顺，您最后是想统一它们吧。"文王说："你领会错了。古时将年也称作龄，齿也是龄。我有一百寿限，你有九十寿限，我将我的三年的寿限给你。"于是，文王活到九十七岁才死，而武王活到九十三岁才死。成王年少，不能登上王位处理政务，由周公在一旁辅佐，代行天子职权。周公将当时教育太子的那套搬了出来，要求自己的儿子伯禽在陪伴成王时首先做到，目的就是要让成王懂得父子、君臣、长幼之道。如果成王有什么地方没有做到，周公就痛打伯禽，让成王明白怎么样做个太子。

【原文】

凡学①世子及学士，必时。春夏学干戈，秋冬学羽籥（yuè）②，皆于东序。小乐正学干，大胥赞之；籥师学戈，籥师丞赞之。胥鼓南。春诵夏弦，大师诏之；瞽宗秋学礼，执礼者诏之；冬读书，典书者诏之。礼在瞽宗，书在上庠。凡祭与养老乞言，合语之礼，皆小乐正诏之于东序。大乐正学舞干戚，语说，命乞言，皆大乐正授数，大司成论说在东序。凡侍坐于大司成者，远近间三席，可以问，终则负墙。列事未尽，不问。

【注释】

①学：同"教"，教导。本节之"学"皆同此。

②籥（yuè）：古代乐器，形状像笛。

【译文】

只要是教育太子及太学生，一定要因时制宜。春夏秋冬两季在东序分别教授手执干戈的武舞，手执羽籥的文舞，小乐正负责教执干舞，大胥在一旁协助；籥师负责教执戈舞，籥师丞帮助他。旄人负责教南夷之乐，大胥则在旁击鼓为节。

春季诵读诗章，夏季练习为诗章谱曲，由太师来教授。秋冬在瞽宗学礼，由主管礼的官员来教。冬季读《尚书》，由精通《尚书》的官员来教。教礼是在瞽宗，教《书》是在上庠。凡是祭祀、养老乞言和合语的礼节，都由小乐正在东序教太子及太学生。大乐正教他们手执干戚的武舞。合语、养老乞言的礼节，都由大乐正传授其义理，由大司成评说，地点也在东序。在大司成身边陪坐，与其之间要有三席之远。可以向大司成发问，问完之后再退回到靠墙之处。在大司成还未说完话之前，不可发问。

【原文】

凡三王教世子必以礼乐。乐，所以修内也；礼，所以修外也。礼乐交错于中，发形于外，是故其成也怿，恭敬而温文。立大傅、少傅以养之，欲其知父子、君臣之道也。大傅审父子、君臣之道以示之；少傅奉世子，以观大傅之德行而审喻之。大傅在前，少傅在后；入则有保，出则有师，是以教喻而德成也。师也者，教之以事而喻诸德者也；保也者，慎其身以辅翼之而归诸道者也。记曰："虞、夏、商、周，有师保，有疑丞①。设四辅②及三公③。不必备，唯其人。"语使能也。君子曰："德，德成而教尊，教尊而官正，官正而国治。"君之谓也。

【注释】

①疑丞：疑和丞皆是辅佐太子的官号。疑，可能是负责解答太子疑问之官。丞，可能是负责记录太子言行的官。

②四辅：指辅佐太子的师、保、疑、丞。

③三公：辅佐天子的太师、太保、太傅。

【译文】

夏商周三代君主在教育太子的时候，都会用礼乐。因为乐可以陶冶情操；礼可以规范外表。礼乐可以相互渗透，直至于内心，流露于外，其结果就能使太子顺利成长，养成德行兼备而又温文尔雅的气质。设立太傅、少傅来培养太子，其目的就是让他明白如何对待父子、君臣间的关系。把父子、君臣之道说清楚并且以身作则，这是太傅的责任，少傅的责任就是将太傅所描述的传授分析于太子，让其能够充分领会。太傅、少傅、师、保，他们每时每刻都会陪伴在太子左右，因此他们所传授的内容天子都可以领会，而太子的美德也就容易培养成功。老师的责任在于将古人的事迹讲述于天子，并且为其分析事情的利弊、得失，让太子明白择善而从之的道理。保的责任，是谨言慎行，以身作则，以此来影响太子，使太子的言行都能够合乎礼仪的规范。古《记》上说：虞夏商周四代，太子有师、保、疑、丞作为辅佐。设立四辅及三公之官，不一定全套都设，有合适的人选则设，否则就不设，宁缺毋滥。这句话的意思是说设立官职必须要任用贤能的人。君子说："太子的德行十分重要，太子的品德养成了，负责教育太子的师保也会受到他人的敬重；师保受到他人的敬重，则百官正直；百官正直，就会国家大治。这是指太子有朝一日为君而言的。"

【原文】

仲尼曰："昔者周公摄政，践阼而治，抗世子法于伯禽，所以善成王也。闻之曰：'为人臣者，杀其身有益于君，则为之。'况于其身①以善其君乎！周公优为之。"是故知为人子，然后可以为人父；知为人臣，然后可以为人君；知事人，然后能使人。成王幼，不能莅阼，以为世子，则无为也，是故抗世子法于伯禽，使之与成王居，欲令成王之知父子、君臣、长幼之义也。

【注释】

①于其身：变通一下他的身份。于，通"迂"，曲折，委曲。

【译文】

仲尼说："之前周公代替成王处理政务，治理天下，将教育太子的一套搬出来，要求自己的儿子伯禽在陪伴成王的时候也要做到这一点，为了让成王养成良好的行为品德。听人说：'作为臣子，倘若可以为君王带来好处，就算是牺牲自己也是值得的。'更何况只是稍微改变一下身份就能让君王得到好处呢？这样做周公是很乐意的。"因此，懂得怎样为人子，后才能为人父；懂得了如何为人臣，后才能为人君；懂得了如何服侍他人，然后才能使唤他人。成王因年幼，尚未即位，

将其作为太子培养，这是不合乎礼法的。所以周公才把教育太子的一套规定搬了出来，要求自己的儿子伯禽也要遵守，为了使得成王懂得父子、君臣、长幼的道理，就让伯禽整天和成王在一起。

礼运

本篇是战国末年或秦汉时期儒家学者托名孔子答问的著作 。"礼运"的含义是说如果天下都依礼而行，就会天下太平，世界达到大同。本篇主要记载了古代社会政治风俗的演变，社会历史的发展，礼的起源、基本内容以及与社会生活的关系等，表达了儒家的社会历史观和对礼仪的看法。其中最著名的是关于大同世界的论点，这是孔子心目中的理想国的论述，同时代表了孔子和儒家对于理想社会的憧憬，也就是中国文化中对于理想政治的最为人所知的论述。

【原文】

昔者仲尼与于蜡（zhà）①宾，事毕，出游于观（guàn）②之上，喟（kuì）然③而叹。仲尼之叹，盖叹鲁也。言偃在侧，曰："君子何叹？"孔子曰："大道之行也，与三代之英，丘未之逮④也，而有志焉。大道之行也，天下为公，选贤与能，讲信修睦。故人不独亲其亲，不独子其子，使老有所终，壮有所用，幼有所长，矜⑤寡孤独废疾者皆有所养，男有分，女有归⑥。货恶其弃于地也，不必藏于己；力恶其不出于身也，不必为己。是故谋闭而不兴，盗窃乱贼而不作，故外户而不闭。是谓大同。"

【注释】

①蜡（zhà）：年末之时进行的隆重的祭祀活动，又叫蜡祭。

②观（guàn）：指的是古代在宗庙门外的小楼。

③喟（kuì）然：深深地感叹。

④逮：赶上。

⑤矜：同"鳏"，老而无妻的人。

⑥归：女子出嫁。

【译文】

从前在鲁国孔子参加蜡祭。蜡祭结束之后，他出来在宗庙门外的楼台上游览，不禁一声长叹。孔子感叹现如今的鲁国。言偃在他身边问道："夫子为何长叹？"孔子回答说："大道实行的时代，以及夏、商、周三代英明君王当政的时代，我孔丘都没能赶上，我心之所向之。大道实行的时代，天下是天下人的天下。选取贤能的人和有能力的人来治理国家，人与人之间言而有信，和睦相处。因此人们不只将自己的亲人看作亲人，不仅仅将自己女儿当作女儿，让老年人可以颐养天年，使壮年人有贡献才力的地方，让年幼的人可以接受良好的教育，使年老无偶、年幼无父、年老无子和残废的人都能得到供养。男子各尽自己的职分，女子都有自己的丈夫。人们不愿将财物花费在毫无意义的事情上，但是也并非要藏在自己家中。人们担心无处使，但不一定是为了自己。所以，阴谋诡计被抑制而无法实现，烧杀抢掠的事情也不会发生，因此住宅的大门无须关闭。这样的社会就叫大同世界。"

【原文】

"今大道既隐①，天下为家，各亲其亲，各子其子，货力为己，大人世及②以为礼，城郭沟池以为固，礼义以为纪，以正君臣，以笃父子，以睦兄弟，以和夫妇，以设制度，以立田里，以贤勇知，以功为己。故谋用是③作，而兵由此起。禹、汤、文、武、成王、周公由此其选④也。此六君子者，未有不谨于礼者也。以著⑤其义，以考其信，著有过，刑⑥仁讲让，示民有常，如有不由此者，在势⑦者去⑧，众以为殃。是谓小康。"

【注释】

①隐：退去、消散之意。

②世及：古代传位的两种主要方式，分别指父传子和兄传弟。

③用是：由此。

④选：表现出色、能成就大事之人。

⑤著：表现出来，展露。

⑥刑：范式，优秀。

⑦势：担负职务。

⑧去：辞去，驱逐。

【译文】

"如今大道已经消逝了，天下成了一家一姓的财产。人们只将自己的亲人当亲人，自己的女儿当女儿，财产和劳力都是私有的。天子诸侯的权力成了世袭，而且成为名正言顺的礼法，修建城郭沟池作为坚固的防守。制定礼仪作为纲纪，用来确定君臣关系，使父子关系淳厚，使兄弟关系和睦，让夫妻间关系和睦，确立了各种制度，划分田地和住宅，敬重有勇有谋的人，为自己建功立业。因此，诡计悄然而生，战争也因此而爆发。夏禹、商汤、周文王、周武王、周成王和周公旦，因此成为最杰出的三代人物。这代君王，没有人是不严格奉行礼制的。他们彰显礼制的内涵，用此来考察人与人之间的诚信，揭露过失，以此来树立礼让的典范，为百姓昭示礼法的仪轨。如果有越轨的反常行为，有权势者也要斥退，百姓也会将其看作祸害。这样的社会就叫小康社会。"

【原文】

言偃复问曰："如此乎礼之急也？"孔子曰："夫礼，先王以承天之道，以治人之情，故失之者死，得之者生。诗曰：'相鼠有体，人而无礼。人而无礼，胡不遄（chuán）①死？'是故夫礼，必本于天，殽②于地，列③于鬼神，达④于丧祭射御、冠昏朝聘。故圣人以礼示之，故天下国家可得而正也。"

【注释】

①遄（chuán）：立即、马上的意思。

②殽：与"效"同，仿效的意思。

③列：使动用法，使……有顺序的意思。

④达：表现、显现。

【译文】

言偃又问道："礼真的就如此重要吗？"孔子说："礼，是先王用来遵循天的旨意，用来治理人间万象的，因此失去它就会死亡，得到它就可以生存下来。《诗经》上说：'你看那老鼠还有个形体，做人怎能无礼。如果做人连基本的礼都没有，还不如马上去死！'所以，礼这个东西，一定是源出于天，效法于地，参验于神灵，贯彻于葬礼、祭礼、射礼、乡饮酒礼、冠礼、婚礼、觐礼、聘礼之中。所以圣人用礼来昭示天下，因此天下才能够步入正轨。"

【原文】

言偃复问曰："夫子之极言礼也，可得而闻与？"孔子曰："我欲观夏道，是故之杞①，而不足征也；吾得《夏时》②焉。我欲观殷道，是故之宋③，而不足征也；吾得《坤乾》④焉。《坤乾》之义，《夏时》之等，吾以是观之。夫礼之初，始诸饮食。其燔黍捭豚⑤，汙尊而抔饮，蒉桴而土鼓，犹若可以致其敬于鬼神。及其死也，升屋而号，告曰：'皋，某复！'然后饭腥而苴孰。故天望而地藏也，体魄则降，知气在上。故死者北首，生者南乡。皆

从其初。昔者先王未有宫室，冬则居营窟，夏则居橧巢⑥。未有火化⑦，食草木之实，鸟兽之肉，饮其血，茹其毛。未有麻丝，衣其羽皮。后圣有作，然后修火之利，范⑧金合土，以为台榭宫室牖（yǒu）⑨户。以炮以燔（fán），以亨以炙⑩，以为醴酪。治其麻丝，以为布帛，以养生送死，以事鬼神上帝。皆从其朔。"

【注释】

①杞：古代的国家名，是夏禹的后代所建。

②《夏时》：夏代通用的历法书。

③宋：古代的国家名，是商汤的后代所建。

④《坤乾》：古代占卜算卦的书，主要依托阴阳理论来进行推算。

⑤捭豚：捭，与"擘"通假。豚，指所有的兽肉。

⑥橧巢：用薪柴搭建成的巢室。

⑦火化：在古代指用火烧食物吃。

⑧范：制造器物时所用的模具。

⑨牖（yǒu）：指家中的窗户。

⑩以炮以燔（fán），以亨以炙：炮，用土将生食包裹起来进行烘烤。燔：烧制成熟食。亨：与"烹"同，煮熟之意。炙：烤制之意。

【译文】

言偃又问道："夫子把礼说的这样重要，还可以说的再详细一点吗？"孔子说："我之前为了研究夏代的礼，还特意跑到杞国作了考察，但是由于年代久远，留下值得参考的文献很少，只找到一本《夏时》。我还为了研究殷代的礼，也跑去宋国考察了一番，也没留下多少文献，最后只找到一本《坤乾》。我就依据这两本书和你们谈谈吧。在古代，礼最开始产生于饮食，在那是人们还未发明陶器，将谷物、小猪都是放在石头上焙烤的，挖个小坑当酒杯，喝的时候双手捧上，用土抟成的鼓槌，垒个小土台子就当鼓，他们觉得这是他们用自己的方式表达对神灵的敬意，好像也是可以的。这就有了最开始的祭礼。到他们死时，其家属就上到屋顶向北方高喊：'喂！亲人某某你回来吧！'招过魂就将生稻生米含在死者口中，等到送葬那天，将熟食用草叶包着当作祭品送他上路。就这样向天上招魂，在地下埋葬，肉体入之于地，灵魂升之于天。因此人死后头都是朝北的，北向是阴；活人都面向南，南方是阳。古代传下来的这些礼仪现如今依旧在实行。在上古先王之时，没有建筑宫室，冬天就住在土垒的洞穴里，夏天就住在棍棒搭成的巢窠里；那是还没有意识要将食物煮熟，生吃草木之实和鸟兽之肉，喝鸟兽的血，将肉和毛一并吞下；那是还不知道麻丝可以织成衣服，就将鸟的羽毛、野兽皮当衣服。后来有圣人出世，才懂得火的种种作用，于是用模型铸造金属器皿，和合泥土烧制砖瓦，用来建造台榭宫室门窗；又用火来焙、来烧、来煮、来烤，酿造甜酒和醋浆。又利用丝麻，织成布帛，用来供养活人，料理死者，用来祭祀神灵。以上的所以这些，都是继承了上古时期的做法。"

【原文】

"故玄酒在室，醴酸（zhǎn）①在户，粢醍②在堂，澄酒在下。陈其牺牲，备其鼎俎，列其琴瑟管磬钟鼓，修其祝嘏，以降上神与其先祖，以正君臣，以笃父子，以睦兄弟，以齐上下，夫妇有所，是谓承天之祐。作其祝号，玄酒以祭，荐其血毛，腥其俎，孰其殽，与其越席，疏布以幂，衣其浣帛，醴酸以献，荐其燔炙③。君与夫人交献，以嘉魂魄，是谓合莫。然后退而合亨④，体其犬豕牛羊，实其簠簋笾豆铏羹，祝以孝告，嘏以慈告，是谓大祥。此礼之大成也。"

【注释】

①醴酸（zhǎn）：指的是除去残渣的甜酒和盛在盏中的葱白色的酒。

②粢醍：指的是一种浅红色的酒。澄酒：指的是带有残渣的赤红色稍清的酒。

③燔炙：指的是将肉烤制成肉干。

④合亨：之前的制作过程并未将食物完全做熟，所以要再加烹制。

【译文】

因为重视上古的习见习闻，因此在祭祀时将酒摆在室内，在门的旁边摆上醴和酸，堂上摆上粢醍，堂下摆上澄酒，同时要陈列牺牲，备齐鼎俎，安排各种乐器，精心拟制缲神之词和神佑之词，以此来迎接祖宗和神的到来。通过祭祀中彰显出的各种礼仪，或体现君臣间关系的规范，或体现父子间情感的加深，或体现兄弟间的和睦，或体现上下均可得到神的恩惠，或表示夫妇各有自己应处的地位。

这样的祭祀就叫承受上天的赐福。拟定祝词中的种种美称，设置玄酒以祭神，先将牲的血毛献进，再将生肉载于俎上进献，再将半生不熟的排骨肉献上。主人主妇亲践蒲席，用粗布蒙上酒樽，身穿祭服，献过醴酒、酸酒、烤肉、烤肝。君主与王后交替向神进献，使祖宗的灵魂感到快慰，这就叫子孙的精神和祖先的灵魂在冥冥之中相会。祭祀进行到向今人献食时，就把方才献神的生肉、半生不熟的肉放在镬里合煮，一直到煮熟为止，将犬豕牛羊不同的部位区分出来后放在应该放的容器里，以此来招待来宾和兄弟。祝词也要表达出对神的敬意，神的保佑之词也充溢着对子孙的爱护之心，这就叫大吉大利。这些就是礼仪的一些基本情况。"

【原文】

"故圣人耐①以天下为一家，以中国为一人者，非意②之也，必知其情，辟于其义，明于其利，达于其患，然后能为之。何谓人情？喜、怒、哀、惧、爱、恶、欲，七者弗学而能。何谓人义？父慈、子孝、兄良、弟弟③、夫义、妇听、长惠、幼顺、君仁、臣忠，十者谓之人义。讲信修④睦，谓之人利，争夺相杀，谓之人患。故圣人之所以治人七情，修十义，讲信修睦，尚辞让，去争夺，舍礼何以治之？饮食男女，人之大欲存焉；死亡贫苦，人之大恶存焉。故欲恶者，心之大端⑤也。人藏其心，不可测度也。美恶皆在其心，不见其色也，欲一以穷之，舍礼何以哉？"

【注释】

①耐：能。

②意：通"臆"，随意猜测。

③弟：通"悌"，敬爱、顺从兄长。

④修：提倡。

⑤大端：最基本的表现征兆，主要内容。

【译文】

"因此圣人能够让全天下好像是一家人，全天下的百姓就像时一个人，并不是仅仅只依靠主观臆想，而是凭着了解人情，洞晓人义，明白人利，熟知人患，之后才可以做到。什么叫作人情？喜、怒、哀、惧、爱、恶、欲，这七种不学就会的感情就是人情。人义是什么？父亲慈爱，儿子孝敬，兄长友爱，幼弟恭顺，丈夫守义，妻子听从，长者惠下，幼者顺上，君主仁慈，臣子忠诚十种关系称为人义。讲

诚信，维持和睦，这叫作人利。你争我抢，自相残杀，这叫作人患。圣人要想疏导人的七情，维护十种人际关系准则，崇尚谦让，避免争夺，除了礼以外没有其他的更好的方法了。饮食男女这是人最大的欲望。死亡贫苦，是人的最大厌恶所在。这两件事是人们日夜思考的大事。每个人都将自己的心思藏在心里，深不可测。美好或丑恶的念头都深藏在心，从表面上根本看不不出来，想要弄明白，除了礼以外没有其他的更好的方法了。"

【原文】

"故圣人作则①，必以天地为本，以阴阳为端，以四时为柄，以日星为纪，月以为量，鬼神以为徒②，五行以为质，礼义以为器③，人情以为田④，四灵以为畜。以天地为本，故物可举也。以阴阳为端，故情可睹也。以四时为柄，故事可劝也。以日星为纪，故事可列也。月以为量，故功有艺也。鬼神以为徒，故事有守也。五行以为质，故事可复也。礼义以为器，故事行有考⑤也。人情以为田，故人以为奥⑥也。四灵以为畜，故饮食有由⑦也。"

【注释】

①则：法则、制度。

②徒：同伴、伴侣。

③器：工具。

④田：指治理对象。

⑤考：成。

⑥奥：主体。

⑦由：由来。

【译文】

"所以圣人制定法则，取法一定要天地为根本，取法阴阳以为大端，取法四时以为关键，取法日月星辰以为纲纪，取法月之圆缺以为区分，取法大地以山川为徒属，取法五行以为主体，将礼仪作为耕地的农具，将人情作为田地，这些如果能够做到，四灵，也成家畜。因为以天地为根本，因此可以包罗万物；以阴阳为大端，因此可以察觉人情；以四时为关键，所以农时不失，事情可以轻易地成功；以日星为纲纪，因此可以很方便安排做事情的顺序；以月之圆缺为区限，每个月无论干什么事情都井井有条；以山川为徒属，所以人人皆有职守；以五行为主体，所以事事皆可终而复始；把礼义作为工具，每件事情都可以成功办成；把人情当作田地，所以圣人就是田地的主人；把四灵作为家畜，所以饮食有所取材。"

【原文】

"何谓四灵？麟凤龟龙谓之四灵。故龙以为畜，故鱼鲔不淰（shěn）①。凤以为畜，故鸟不獝（xù）②。麟以为畜，故兽不狘（xuè）③。龟以为畜，故人情不失。故先王秉蓍（shī）④龟，列祭祀，瘗（yì）⑤缯（zēng）⑥，宣祝嘏辞说，设制度，故国有礼，官有御，事有职，礼有序。"

【注释】

①淰（shěn）：鱼惊走的意思。

②獝（xù）：鸟惊飞的意思。

③狘（xuè）：兽惊走的意思。

④蓍（shī）：用来占卜的草。

⑤瘗（yì）：掩埋的意思。

⑥缯（zēng）：丝织品的总称。

【译文】

"何为四灵？麟、凤、龟、龙，是四类动物之王，称为四灵。因此，龙如果成为家畜，这样的话鳞族部下就会随之而来；凤如果成为家畜，羽族部下也会随之而来；龟如果成为家畜，这样可用以占卜，就可以预先察知人情。所以先王秉持蓍草和龟甲，安排祭祀，瘗缯（掩埋丝帛，祭地礼）降神，宣读祝词和嘏词，制定各种制度。于是百姓都彬彬有礼，百官都各自治理自己的事情，所有的事情都是有章法的，凡所行礼，皆有次序。"

【原文】

"故先王患礼之不达于下也。故祭帝于郊，所以定天位也；祀社于国，所以列地利也；祖庙，所以本仁也；山川，所以傧①鬼神也；五祀，所以本事也。故宗祝在庙，三公在朝，三老在学，王前巫而后史，卜筮瞽（gǔ）②侑（yòu）③，皆在左右。王中，心无为也，以守至正。故礼行于郊，而百神受职焉；礼行于社，而百货可极焉；礼行于祖庙，而孝慈服焉；礼行于五祀，而正法则焉。故自郊社、祖庙、山川、五祀，义之修而礼之藏④也。"

【注释】

①傧：接待、招待。

②瞽（gǔ）：乐师。

③侑（yòu）：劝人酒食。这里特指饮食的时候陪侍的人。

④藏：归宿，寄托。

【译文】

"先王担心礼教不能普及于下民，所以祭上帝于南郊，以此表明天的地方是至高无上的；又祭土神于国内，借以昭示大地为人类生活提供各种便利；在庙中祭祖，以这样的方式昭告百姓间应该相亲相爱；又祭祀山川，以这样的方式昭告对待神灵要心怀敬意；举行五祀之祭，以这样的方式昭示各种制度来源于此。所以，天子在宗庙中有宗祝在一旁协助；朝堂之上有三公辅佐；在太学中三老提出建议；在天子的身边，前有掌理神事的巫，后有负责记录言行的史，负责占卜、奏乐、规谏的官员，在天子两侧，天子在正中间，心无旁骛，只需恪守至正之道就行了。因此，在南郊举行祭天仪式，天上的众神就会各司其职；祭地于国，地上各种资源都可以充分利用起来；在庙中祭祖，孝慈之道就会得到推行；举行五祀之祭，各种法则制度就会得到遵守。这样看来，祭天、祭地、祭祖、祭山川、祭五祀，都是用礼彰显其内涵的。"

【原文】

"故礼义也者，人之大端也，所以讲信修睦，而固人之肌肤之会、筋骸之束也。所以养生、送死、事鬼神之大端也，所以达天道、顺人情之大窦①也。故唯圣人为知礼之不可以已也。故坏国、丧家、亡人，必先去其礼。故礼之于人也，犹酒之有糵（niè）②也，君子以厚，小人以薄。故圣王修义之柄、礼之序以治人情。故人情者，圣王之田③也。修礼以耕之，陈义以种之，讲学以耨④之，本仁以聚⑤之，播乐以安之。"

【注释】

①大窦：最基本的情理。

②蘖（niè）：酿酒制酱发酵时候用的曲。

③田：操作的场所。

④耨：除草。

⑤聚：团结、联合，收获。

【译文】

"所以说，礼这样的东西，对于做人来说是十分重要的。人们用礼来讲究信用，维持和睦，人与人之间好的就像筋骨相连似的。人们把礼作为养生送死和敬事神灵的头等大事，把礼作为贯彻天理、理顺人情的重要渠道。因此在圣人看来礼是不可缺少的，所以，凡是国破家亡声败名裂的人，定是他将礼抛弃了，才会沦落至此。因此，礼对于人来说，就好像是准备要酿酒时用的曲，君子德厚，酒酿的也会甘醇，小人德薄，酿的酒味道就会平淡无味。所以圣王牢持礼、义这两件工具，用来治理人情。举例来说，人情就像是田地，圣王就像是地主，圣王用礼来耕耘，用陈说义理当作下种，用讲解教导当作除草，用施行仁爱当作收获，用备乐置酒当作农夫的犒劳。"

【原文】

"故礼之不同也，不丰也，不杀也，所以持情而合危也。故圣王所以顺，山者不使居川，不使渚①者居中原，而弗敝也。用水、火、金、木、饮食必时，合男女、颁爵位必当年德，用民必顺，故无水旱昆虫之灾，民无凶饥妖孽之疾。故天不爱其道，地不爱其宝，人不爱其情。故天降膏露，地出醴泉，山出器车②，河出马图，凤凰麒麟，皆在郊椒。龟龙在宫沼，其余鸟兽之卵胎，皆可俯而窥也。则是无故，先王能修礼以达义，体信以达顺，故此顺之实也。"

【注释】

①渚：水中小洲。

②器车：这里指制造车辆所用的材料。

【译文】

"讲究区别是礼最大的特点，该有的礼数不能少，但是也不会增加，这样才能维系人情，和合上下而各安其位。圣王因此顺应天时、地利、人情来制定礼仪，不使惯于山居者徙居水旁，不使惯于居住河洲者迁居平原，如此一来百姓才会安居乐业。使用水、火、金、木和饮食，都要因时制宜。男婚女嫁，应当及时；爵位的升迁应该依照德行。使用百姓要趁农闲，不夺农时，这样就没有旱灾虫灾，也没有凶荒妖孽作祟。这就造成天不吝惜其道，地不吝惜其宝，人不吝惜其情的太平盛世。于是天降甘露，地涌甘泉，器皿和车辆出现在山中，大河中出现龙马负图，凤凰、麒麟、神龟、蛟龙四灵毕至，养在宫中的水池或者栖息在城外的沼泽之中，至于尾随四灵而来的其他鸟兽更是遍地做巢，和人类和谐相处，人们随时随地都可以看见它们产的卵，伸手就可以触摸到。这没有其他原因，只不过先王可以用礼将天理人情加以制度化，在通过诚信来达到顺应天理，其顺应的结果就是达到太平盛世。"

礼　器

　　"礼器"含义是"礼可以使人成器"的意思。本篇与《礼运》篇相互补充，写了礼和人之间的关系。礼作为器在使用时，要因人、因地、因时制宜，这是表现在外的；而人作为礼的施行者，又必须具备忠信的美德，否则礼作为器的作用也要受到影响，这是反映在内的。

【原文】

礼器，是故大备。大备，盛德也。礼释回①，增美质；措则正，施则行。其在人也，如竹箭②之有筠也，如松柏之有心也。二者居天下之大端矣。故贯四时而不改柯③易叶。故君子有礼，则外谐而内无怨，故物无不怀仁，鬼神飨德。

【注释】

①释回：消除邪恶。

②箭：小竹。

③柯：草木之茎。

【译文】

以礼为器，就可导致"大顺"的局面。这样的结果则是盛德所体现出来的。礼能够消除邪恶，增进本质之美，用到人身上则无所不正，在遇事上做到这点没有什么是不会成功的。对于人来说礼就好像是竹箭表面上青色的皮，又好比松柏的内部实心。天下之大，也就竹箭和松柏有这样的大节，因此一年四季都郁郁葱葱，树叶不会凋零。君子有礼，也刚好是这样，不仅可以和外部的人相处的很好，和内部的人也能和谐相处。因此由于他的仁慈民众就会万众归心，就连神灵也很喜欢他的祭品。

【原文】

先王之立礼也，有本有文。忠信，礼之本也；义理，礼之文也。无本不立，无文不行。礼也者，合于天时，设于地财，顺于鬼神，合于人心，理万物者也。是故天时有生也，地理有宜也，人官有能也，物曲有利也。故天不生，地不养，君子不以为礼，鬼神弗飨也。居山以鱼鳖为礼，居泽以鹿豕为礼，君子谓之不知礼。故必举其定国之数①，以为礼之大经，礼之大伦。以地广狭，礼之薄厚，与年之上下。是故年虽大杀②，众不匡③惧。则上之制礼也节矣。

【注释】

①数：指物产之多寡。

②大杀：大幅度减产。杀，减少。

③匡：通"恇"，恐惧。

【译文】

先王制定的礼仪，不仅有外在的形式，也有内在的实质。其内在的实质就是忠信，礼的外在形式就是得理合宜。如果礼没有内在的实质，它就不会成立；离开了外在形式，礼就没有办法继续实施下去。礼应该是上合天时，下合地利，顺于神灵，合于人心，顺于万物的一种东西。在不同的季节就会有不同的生物，土地也会长出不同的产品，五官的作用各不相同，万物也有不同的用法。因此，不到节令的动植物，不是当地的土特产，君子是不会将其作为祭品的，即便拿过来，神灵也会拒绝享用。在山中居住，就以水中的鱼鳖当作礼品；住在水边，却以山里产的鹿豕作为礼品。这样的做法，君子觉得是不懂礼数的。因此，要依照本国物产的多少，来确定其行礼用财的基本原则。礼品的多少要根据国土的大小；礼品的厚薄，要看年成的好坏。因此即便是遇到灾荒，百姓也不会感到惶恐不安，因为制定礼法时是很有分寸的。

【原文】

礼有以多为贵者：天子七庙，诸侯五，大夫三，士一。天子之豆①二十有六，诸公十有六，诸侯十有二，上大夫八，下大夫六。诸侯七介②七牢，大夫五介五牢。天子之席五重，诸侯之席三重，大夫再重。天子崩，七月而葬，五重八翣；诸侯五月而葬，三重六翣；大夫三月而葬，再重四翣。此以多为贵也。

【注释】

①豆：盛食物的器皿。

②介：副使，随从。

【译文】

有的时候礼是以多为贵的。例如，天子有七座宗庙，而大夫只有五所，大夫有三所，士仅一所。例如，天子的膳食有二十六豆，公爵有十六豆，诸侯有十二豆，上大夫八豆，下大夫六豆。例如，诸侯外出带七个随从，主国馈赠的饔饩多达七牢；而诸侯的卿出访，只可以带五个随从，主国馈赠的饔饩只有五牢。又如，天子的坐垫是五层，而诸侯只是三层，大夫只是两层。例如，天子去世后七个月才葬，下葬的时候羽毛棺饰有五重，要用八个；诸侯去世后五个月才葬，下葬的时候羽毛棺饰有三重，要用六个；大夫去世后三个月下葬，羽毛棺饰备用两重，要用四个。这都是以多为贵的例子。

【原文】

有以少为贵者：天子无介，祭天特牲；天子适诸侯，诸侯膳以犊；诸侯相朝，灌用郁鬯，无笾豆之荐；大夫聘礼以脯醢；天子一食，诸侯再，大夫、士三，食力无数；大路①繁缨一就②，次路繁缨七就；圭璋特，琥璜爵；鬼神之祭单席。诸侯视朝，大夫特，士旅之。此以少为贵也。

【注释】

①大路：殷代天子祭天所乘之车。

②一就：一圈。

【译文】

有时候礼是以少为贵的。例如，天子出巡，没有副手。天子在祭天的时候就只用一头牛。天子来到诸侯的府上，诸侯也仅用一头牛来招待。又如，诸侯互相朝聘，只用郁鬯献宾，不会摆设大大小小的菜肴；而大夫来聘，主国应用美酒佳肴来款待。又如，天子吃饭如果吃一口就觉得吃饱了，这时应该劝谏其继续进食；而诸侯进食，吃两口说饱了；大夫和士进食，吃三口说饱了；对于那些进行体力劳动的人吃饭就没有这样斯文，一直到吃饱为止。又如，天子祭天时所乘之车，只用一圈繁缨作为马饰，祭祀所用的车一般会有时七圈繁缨作为马饰。又如，圭璋在玉中是比较贵重的，能够作为单独的礼物进献；而琥璜是次于圭璋的玉，不能单独作为礼品进献，需要在加上酒醴才可以进献。神灵比人尊贵，但在祭祀的时候只有一层凉席。又如诸侯临朝，大夫人数少，君主就会逐个行作揖之礼，而士的人数众多，君王就对他们集体作一个揖就算了事。这些都是礼以少为贵的例子。

【原文】

有以高为贵者：天子之堂九尺，诸侯七尺，大夫五尺，士三尺；天子、诸侯台门。此以高为贵也。有以下为贵者：至敬①不坛，扫地而祭。天子诸侯之尊废禁②，大夫、士棜禁。此以下为贵也。

【注释】

①至敬：指祭天之礼。

②禁：盛放酒杯的有足托盘。

【译文】

有时候礼也是以高为贵的。例如，天子的堂高九尺，诸侯七尺，大夫五尺，士三尺。又如，只有天子、诸侯可以建成高大的宫阙，大夫、士是没有这个权利的。这些都是以高为贵的例子。有时候礼也是以低为贵。例如，天子并非在高坛上举行祭天祭礼，而是在坛下扫地而祭。又如，天子、诸侯的酒杯不用托盘，大夫的酒杯则用托盘，士的酒杯要用高脚托盘。这是以低为贵的例子。

【原文】

是故昔先王之制礼也，因其财物而致其义焉尔。故作大事，必顺天时，为朝夕必放于日月，为高必因丘陵，为下必因川泽。是故天时雨泽，君子达亹亹（wěi wěi）①焉。是故昔先王尚有德、尊有道、任有能；举贤而置之，聚众而誓之。是故因天事天，因地事地，因名山升中于天，因吉土②以飨帝于郊。升中于天，而凤凰降、龟龙假；飨帝于郊，而风雨节、寒暑时。是故圣人南面而立，而天下大治。

【注释】

①亹亹（wěi wěi）：勤勉不倦的样子。

②吉土：通过占卜而选择的风水宝地。

【译文】

因此先王在制定礼仪的时，是按照事物所特有的性质去赋予其意义的。因此一定要顺应天时去举行祭礼，在何时祭祀何神是不能错乱的；举行朝日、夕月之祭，一定仿照日出于朝和月见于夕；祭天这项祭礼是至高无上的，那就必定凭借本来就高的圆丘；祭地是至卑无二之祭，那就必定凭借本来就低的方泽。因此一切风调雨顺，君王孜孜不倦地去报答神恩。古代先王快要举行祭祀时，崇尚有品德的人，尊重有道艺的人，任用贤能的人，将这些贤能的人放于助祭的位置上，斋戒之前还要聚众宣誓，以诚不恭。然后才在圆丘上祭天，在方泽中祭地，登上泰山燔柴向天报告成功，祭祀天帝的吉地应在南郊选择。因为燔柴向天报告成功，所以凤凰来仪，龟龙毕至；因为在南郊祭于天帝，因此风调雨顺，冷热按时。如此一来，圣人在上朝时只要面朝南边，无须挂心，天下自然也就太平了。

【原文】

太庙之内敬矣！君亲牵牲，大夫赞币而从。君亲制祭，夫人荐盎。君亲割牲，夫人荐酒。卿、大夫从君，命妇①从夫人。洞洞乎其敬也，属属乎②其忠也，勿勿乎其欲其飨之

也。纳牲诏于庭，血毛诏于室，羹定诏于堂，三诏皆不同位，盖道求而未之得也。设祭于堂，为祊乎外，故曰："于彼乎？于此乎？"一献质，三献文，五献察，七献神。

【注释】

①命妇：指卿大夫之妻。

②属属乎：专一的样子。

【译文】

太庙之中的祭礼真让人肃敬动容。首先，牺牲由君王亲自牵入太庙，大夫协助拿着杀牲告神的玉帛紧跟其后。然后，君王又亲自制祭，夫人献上盎齐之酒。接着，君王又亲自馈熟，夫人再次献酒。在这个行礼过程中，卿大夫跟在君王的身后，而命令自己的夫人跟在王夫人身后。谈起他们的神情，那真的是毕恭毕敬，一点也不带含糊的，是那样专心致志的忠诚，又是那样地迫不及待地想让祖先享用供品。牵牲入庙时，首先要在庭院中祭神；进献生血生肉时，又在室中告祭于神；在堂上祭神并进献熟肉。告祭三次都不在同一个地方，这就表明求神又不知道神到底在什么地方。先设正祭于堂，又设祭于庙门之外，就好像是在询问："神到底在何处呢？在这边吗？"一献之礼是不够讲究的，三献之礼才会显得隆重一点，五献之礼就礼数更加详备，至于七献之礼，那真是神乎其神了。

【原文】

君子曰："甘受和，白受采；忠信之人，可以学礼。苟无忠信之人，则礼不虚道。是以得其人之为贵也。"孔子曰："诵诗三百，不足以一献。一献之礼，不足以大飨。大飨之礼，不足以大旅①。大旅具矣，不足以飨帝。毋轻议礼！"

【注释】

①大旅：因特殊情况发生而祭天之名。

【译文】

君子说："五味的根本在于甘味，在这种基础之上可以调出百味。五色的根本在于白色，在这种基础上可以调出五彩。明白了这个道理，你就明白忠信是礼的根本，只有忠信的人，才能够学习礼仪。如非忠信之人，礼也不会跟着你瞎跑。这样来看，礼虽然重要，但是得到忠信的人会更加重要。"孔子说："即便将《诗经》三百篇背得滚瓜烂熟，假如未学过礼法，就连最简单的一献之礼恐怕也难以成功。懂得了一献之礼，如果不进一步学习，就未必能承担大飨之礼。懂得了大飨之礼，如果不再继续学习，就未必能承担大旅之礼。懂得了大旅之礼，未必就能担当祭天之礼。不要轻率地议论礼。"

内则

　　本篇主要是记载儿女或媳妇在家中应该如何对待自己的父母或者公婆，所以称为"内则"——这在当下有非常积极的意义。但也记载了一些其他方面的礼，比如世子出生的礼仪以及养老之礼，还有关于食物制作和饮食禁忌等方面的一些记载。

【原文】

后王命冢宰，降德于众兆民。子事父母，鸡初鸣，咸盥漱，栉①縰笄总，拂髦②冠緌缨，端韠（bì）③绅，搢笏。左右佩用，左佩纷帨④、刀、砺、小觿（xī）⑤、金燧⑥，右佩玦、捍、管、遰、大觿、木燧，偪，屦着綦（qí）⑦。妇事舅姑，如事父母。鸡初鸣，咸盥漱，栉縰，笄总，衣绅。左佩纷帨、刀、砺、小觿、金燧，右佩箴、管、线、纩，施縏帙⑧，大觿、木燧、衿缨⑨，綦屦。以适父母舅姑之所。

【注释】

①栉：梳头。

②髦：用假发作的刘海。成人戴髦，是表示自己虽已成人，但仍怀赤子之心。父母去世后则脱掉此髦。

③韠（bì）：蔽膝，古代一种遮蔽在身前的皮制服饰。

④纷帨：拭物之巾，其作用有似今日之手帕。

⑤觿（xī）：古代一种解结的锥子。用骨、玉等制成。

⑥金燧：在阳光下取火的铜镜，如今日之凸透镜。

⑦綦（qí）：鞋带。

⑧縏帙：装针线等物的袋子。

⑨衿缨：衿是系上。缨，大约是条五彩丝带。女子许嫁以后要拎缨，表示已经有夫婿了。

【译文】

天子命令冢宰，对万民百姓降下教令。儿子服侍父母应该在鸡叫第一遍的时候就洗漱完毕，后将头发用缁帛束成髻，插上发簪，再用一条丝带系于发根垂其末于髻后，戴上假发作的刘海，带好帽子，系好帽带，穿上玄端，系上蔽膝，系上大带，把笏插入带间。身上左右两边佩戴上常用之物。左边佩的是手帕、小刀、磨石、小觿和金燧。右边佩的是射箭用的玦和捍，笔管和刀鞘，大觿和木燧。打好绑腿，穿好鞋子，系好鞋带。媳妇服侍公婆就像儿子奉父母一般，也是在鸡叫第一遍的时候就洗漱完毕，后将头发用缁帛束成髻，插上发簪，再用一条丝带系于发根垂其末于髻后，穿上玄色绡衣，系上大带。身上左右佩戴的东西，左边和男子一样，右边则佩戴针、笔管、线、丝绵、大觿、木燧六样东西。其中的针、笔管、线和丝绵都装在一个小袋子里。在头发上系条五彩的丝绳，系好鞋带。做媳妇、儿子的应该将自己梳洗整齐面见公婆、父母给其请安。

【原文】

及所，下气怡声，问衣燠寒，疾痛苛①痒，而敬抑搔之。出入，则或先或后，而敬扶持之。进盥，少者奉盘，长者奉水，请沃盥，盥卒授巾。问所欲而敬进之，柔色以温之。饘酏、酒醴、芼羹、菽麦、蕡稻、黍粱、秫唯所欲，枣、栗、饴、蜜以甘之，堇、荁、枌、榆免薧滫瀡（xiǔ suǐ）②以滑之，脂膏以膏之，父母舅姑必尝之而后退。

【注释】

①苛：疥癣。

②滫瀡（xiǔ suǐ）：用粉芡调成的浓汁。

【译文】

在公婆父母的住处，应该轻声细语地问候；如果他们身上疼痛或疥癣作痒，应该恭敬按摩抓搔患处。他们外出时有时应走在他们的前面，有时也应在其后，并拉着手或者搀扶住他们的胳膊。请他们洗手时，年龄小点的捧着脸盆在下面接水，年龄大点的从上方往他们手上浇水，洗过之后递给他们擦手巾。接着问他们有什么想吃的，再恭恭敬敬地送到身旁，和颜悦色地应承。厚粥、稀粥、酒、甜酒、菜肉羹、豆子、麦子、大麻子、稻、黍、粱、秫，所有的这些食物随便选择。在烹煮的时候还应在放上枣子、栗子、糖稀、蜂蜜使其甘甜，在粉芡汤放上新鲜的或干燥的堇、荁、白榆会使其更加柔滑，再用油脂搅拌之后让其更加鲜美。等到父母和公婆都尝过之后再告退。

【原文】

父母舅姑将坐，奉席，请何乡？将衽①，长者奉席，请何趾？少者执床与坐②，御者举几，敛席与簟，县衾箧枕，敛簟而襡（shǔ）③之。父母舅姑之衣衾簟席枕几不传，杖屦祗敬之，勿敢近。敦牟卮匜，非馂莫敢用；与恒食饮，非馂④，莫之敢饮食。父母在，朝夕恒食，子妇佐馂，既食恒馂，父没母存，冢子御食，群子妇佐馂如初，旨甘柔滑，孺子馂。

【注释】

①将衽：指更换卧处。衽，卧席。

②床：坐榻。形制甚小，不是后世睡眠之床。与坐：王夫之说是命长子及长子之妇侍坐。

③襡（shǔ）：收藏。

④馂：吃剩下的食物。

【译文】

早晨起床后，如果父母公婆要坐下休息，儿子媳妇应向父母征求意见，席子应向哪边铺；如果要更换卧处，子辈中的年长者要捧着卧席请示脚朝哪头，再由子辈中的年少者移动坐榻，由长子长妇侍坐。这时候，侍者搬来几案让父母公婆依凭，然后为他们整理内务，先把大席和贴身的竹席收藏起来。再将被子放置于高处，把枕头放进箱子，父母公婆的衣服、被子、簟席、枕头、几案，不可以随便挪动地方，以便之后用的时候再费力找寻；不能乱动他们的手杖、鞋子；他们饮食用的器皿，不是吃他们剩下的饭就不敢用；他们日常的饮食，不是他们吃剩下的谁也不敢触动。如果是父母健在，他们每天吃剩下的早晚饭，都由儿子和儿媳们将其吃完。既然吃了就应该吃干净，不能剩下。如果是父亲去世而母亲健在，每天的早饭晚饭，就由长子在旁照料，而母亲吃剩下的，由弟弟和弟媳们来吃，也要吃干净，不可以剩下。美味可口和易于消化的食品，父母如果吃不完，就由小孩将其吃完。

【原文】

在父母舅姑之所，有命之，应"唯"①敬对。进退周旋慎齐②，升降出入揖游③，不敢哕噫、嚏咳、欠伸、跛倚、睇④视，不敢唾洟；寒不敢袭⑤，痒不敢搔；不有敬事，不敢袒裼，不涉不撅，亵衣衾不见里。父母唾洟不见，冠带垢，和灰⑥请漱；衣裳垢，和灰请浣；衣裳绽裂，纫箴请补缀。五日，则燂汤请浴，三日具沐，其间面垢，燂（qián）潘请靧（huì）⑦；足垢，燂汤请洗。少事长，贱事贵，共帅时⑧。

【注释】

①应"唯"：用"唯"来答应。"唯"、"诺"都是答应之声，但"唯"恭于"诺"。

②齐：通"斋"，庄重。

③揖游：俯身而行。自敛束之貌。

④睇：斜视，流盼。

⑤袭：加衣服。

⑥和灰：蘸着草木灰汁。其作用犹如用今日的洗衣粉。

⑦靧（huì）：洗脸。帅：遵循。

⑧时：通"是"，此也。

【译文】

父母公婆如果有什么事情唤，先要用"唯"答应，之后再恭敬地回答。在他们面前进退拐弯态度都要庄重，升降堂阶和出入门户都要俯身而行。在父母公婆面前不能打饱嗝、打喷嚏、咳嗽、打呵欠、伸懒腰，不敢东倒西歪左靠右倚，不斜视，不吐唾沫、擤鼻涕。在父母公婆面前即便感到冷也不会随意添加衣物，身上发痒也不敢抓挠。在他们跟前，不是为长者干重活，不敢脱衣露臂；不是涉水，不会掀起衣服。看见他们脸上有脏物应该立刻帮他们擦去。他们的冠带衣物脏了，就蘸着灰汁帮他们洗涤；他们的衣服破了，就用针线缝补好，隔五天烧水帮他们洗澡，隔三天帮他们洗头。这期间，如果脸脏了，就烧热淘米水让他们洗脸；脚脏了就烧热水帮他们洗脚。年少的服侍年长的，卑贱者服侍尊贵者，也应按照服侍父母公婆的礼数去做。

【原文】

子妇孝者、敬者，父母舅姑之命，勿逆勿怠。若饮食之，虽不嗜，必尝而待[1]；加之衣服，虽不欲，必服而待；加之事，人待之，己虽弗欲，姑[2]与之，而姑使之，而后复之。子妇有勤劳之事，虽[3]甚爱之，姑纵之，而宁数休之。子妇未孝未敬，勿庸疾怨，姑教之；若不可教，而后怒之；不可怒，子放妇出，而不表礼[4]焉。

【注释】

①待：等待父母公婆改变旨意。

②姑：姑且。下同。

③虽：句首助词，无义。

④表礼：明说其罪过。礼，所犯之礼。

【译文】

做儿子做媳妇的，如果想得到孝顺的赞誉，对于公婆父母的旨意，要做到不违背、不懈怠。如果父母公婆让他们吃东西，儿子儿妇不喜欢吃，也应装着喜欢少吃一点，等到父母公婆察觉之后说不喜欢吃就行了，这才停下口来。父母公婆赐给他们衣服，虽然不喜欢也应暂时穿在身上，等到公婆父母说话才将其收起，然后脱下。对于父母公婆交代他们的事情，可能会交由他人代办，虽然不想但也应让他们代办，等到别人将事情办砸后，自己再和颜悦色地从头收拾。当儿子媳妇在辛勤劳作时，做父母公婆的很心疼他们，就会劝说他们别那么着急，并且让他们要注意休息。如果儿子和媳妇不孝敬公婆，不用着急埋怨，可以先教育他们：如若教育不管用，那就要责罚他们；如果责罚还不行，那就将儿子赶出家门，把儿媳休回娘家。即便如此，也不会和别人谈起，免得家丑外扬。

【原文】

父母有过，下气怡色，柔声以谏。谏若不入，起①敬起孝，说则复谏；不说，与其得罪于乡党州闾，宁孰谏。父母怒、不说，而挞之流血，不敢疾怨，起敬起孝。父母有婢子若庶子、庶孙，甚爱之，虽父母没，没身敬之不衰。子有二妾，父母爱一人焉，子爱一人焉，由衣服饮食，由执事，毋敢视父母所爱，虽父母没不衰。子甚宜其妻，父母不说，出；子不宜其妻，父母曰："是善事我。"子行夫妇之礼焉，没身不衰。

【注释】

①起：更加之义。

【译文】

父母有了过失，作为儿子应该心平气和、低声下气地劝谏。如果劝谏没有效果，做儿子的就应更加恭敬更加孝顺，等到他们高兴时再趁机劝谏。再次劝谏或许会惹父母不高兴，但是与其让父母得罪于乡党州闾，宁可自己犯颜苦谏。如果苦谏招来父母的怒火，将自己打的皮开肉绽，即便如此也不敢生气抱怨，而是更加恭敬更加孝顺。父母有十分宠爱的贱妾及庶子、庶孙，即便父母离世，儿子也要一直敬重他们。儿子如果有两个妾，父母喜欢其中的一个，但是儿子却宠爱另外一个，这时不管是吃穿方面，还是干活方面，儿子宠爱的那一个都不能与父母喜欢的攀比，父母即使死去了也是这样。儿子觉得妻子很好，但是父母却没有看上眼，那就应该将其休掉。儿子对自己的妻子不满意，但是父母说："这个媳妇很会侍候我们。"那么儿子就要以夫妇之礼相待，终身不变。

【原文】

父母虽没，将为善，思贻父母令名，必果；将为不善，思贻父母羞辱，必不果。舅没则姑老，冢妇所祭祀、宾客，每事必请于姑，介妇请于冢妇。舅姑使冢妇，毋怠，不友无礼于介妇。舅姑若使介妇，毋敢敌耦于冢妇，不敢并行，不敢并命，不敢并坐。凡妇，不命适私室，不敢退。妇将有事，大小必请于舅姑。子妇无私货，无私畜，无私器，不敢私假，不敢私与。妇或赐之饮食、衣服、布帛、佩帨、茝兰，则受而献诸舅姑，舅姑受之则喜，如新受赐，若反赐之则辞，不得命，如更受赐，藏以待乏。妇若有私亲兄弟将与之，则必复请其故，赐而后与之。

【译文】

虽然父母已经离世了，儿子将做好事，想到这会给父母添光，就会有勇气去做；如果做坏事，想到会损坏父母的名誉，那就会及时收手。公公去世，主持家务的事婆婆就要传给长妇。每逢祭祀或招待宾客，虽然婆婆此时已经放权，但是作为长妇做的每一件事情都需要向婆婆请示，不敢专断。而介妇遇事则要向长妇请示，不可以直接向婆婆请示。对于公婆使唤，长妇不可懈怠，也不能觉得自己的位分高于介妇而对其无礼。公婆如果使唤介妇，介妇也不可忘乎所以，不敢和长妇攀比，不与其并肩而行、并肩而坐，不敢像长妇那样发号施令。不管是长妇、介妇，公婆如果没有发话让她们回避，她们就要一直在一旁伺候，不敢告退。如果媳妇们有事想办，不管事务的大小首先应当请示公婆。当儿子当媳妇的，财货、牲畜、器物不属于自己私有，不能私自借东西，也不能给他们东西。媳妇如果得到娘家亲友馈赠的饮食、衣服、布帛、佩巾、茞兰，接受之后要献于公婆；公婆接受了，媳妇就会开心，如同自己刚接受了亲友的馈赠一样；公婆如果将东西赐予自己，那就要推辞；如果实在推脱不了，就要像重新受到公婆赏赐那样地接受下来，将其收藏好，以备不时之需。媳妇如果要向娘家亲友赠送什么东西，要先向公婆说明缘由，公婆拿出东西来赏赐自己，之后才可以曾于他人。

【原文】

礼始于谨夫妇。为宫室，辨外内。男子居外，女子居内，深宫固门，阍寺守之。男不入，女不出。男女不同椸枷，不敢县于夫之楎（huī）椸（yí）①，不敢藏于夫之箧（qiè）笥（sì）②，不敢共湢浴。夫不在，敛枕箧簟席、襡器而藏之。少事长，贱事贵，咸如之。夫妇之礼，唯及七十，同藏无间。故妾虽老，年未满五十，必与五日之御。将御者，齐，漱浣，慎衣服，栉縰笄，总角，拂髦，衿缨綦屦。虽婢妾，衣服饮食必后长者。妻不在，妾御莫敢当夕。

【注释】

①楎（huī）椸（yí）：衣架。楎是横着的衣架，椸是竖着的衣架。
②箧（qiè）笥（sì）：存放衣服的器具。方曰箧，圆曰笥。

【译文】

慎重处理夫妇间的关系是非常重要的，这是所有礼的根本。建造宫室时对于内外应严格加以区别。男子住在外面，女子住在里面。宫殿深邃，重重宫门，门外有士兵看守，后宫有寺人掌管。男不入内，女不出外。男女不用一个衣架。妻子也不敢将自己的衣物悬挂在丈夫的衣架上，不敢将自己的衣物与丈夫的衣物放在一个箱子里，不敢和丈夫在同一间浴室洗澡。如果丈夫不在家，就把丈夫的枕头放入箱内，簟席也收起来，丈夫用的其他器物也要收藏妥当。年少的服侍年长的，卑贱者服侍尊贵者，也都按照这样的礼数。按照夫妇之礼，夫妻到了七十岁之后才可以共处一室，同居共寝，否则就要与妾轮流侍夜。妾即便年老，但是只要没到五十岁，就必须每隔五天轮流侍夜一次。轮到谁侍夜，就要像臣之朝君那样，齐其心志，洁净内外，穿上符合身份的衣物，将头发梳好同时系上香囊，穿好鞋子，恭敬地前往。即便是主人宠爱有加的婢妾，她的衣服和饮食也不敢恃宠乱来，以至于超过身份高于她的女人。不论是君王还是卿大夫、士，如果正妻不在家，那么轮到正妻侍夜的那一夜，妾也不敢前往夫寝代替正妻侍夜，而是将这夜空下，以严妻妾之别。

【原文】

妻将生子，及月辰，居侧室，夫使人日再问之，作①而自问之，妻不敢见，使姆②衣服而对，至于子生，夫复使人日再问之，夫齐则不入侧室之门。子生，男子设弧③于门左，女子设帨④于门右。三日，始负子，男射女否。国君世子生，告于君，接以大牢，宰掌具。三日，卜士负之，吉者宿齐朝服寝门外，诗⑤负之，射人以桑弧蓬矢六。射天地四方，保受乃负之，宰醴负子，赐之束帛，卜士之妻、大夫之妾，使食子。凡接子，择日，冢子则大牢，庶人特豚，士特豕，大夫少牢，国君世子大牢，其非冢子，则皆降一等。

【注释】

①作：指感到胎儿在腹内躁动。

②姆：以妇道教女子的老年女师。

③弧：弓。弓代表武事，是生男的标志。

④帨：佩巾。佩巾代表服侍别人，是生女的标志。

⑤诗：通"持"，承接。

【译文】

妻子到了即将临盆的月份，就要由燕寝搬到侧室待产，在这段时间，丈夫要派人一天两次去问候。到了临产之时，丈夫应前往亲自问候。这时妻子因衣衫不整，不敢露面，就派贴身的女师穿戴整齐回答丈夫。将孩子生下之后，丈夫也要一天两次派人前往问候。如果妻子生产时适逢丈夫斋戒，丈夫就不用去侧室问候。如果生下的是男孩子，就将一张木弓悬挂在侧室门的左边作为标志；如果是女孩子，就将一条佩巾悬挂在侧室门的右边以此作为标志。过了三天之后才可以将新生儿抱出。如果是男孩，就行射礼；如果是女孩，就免了。君王的嫡长子出生，要上报于君王，以太牢之礼迎接嫡长子的诞生，由膳宰之官负责安排。第三天，选一位抱新生儿的士，选中之后士应该在前一天斋戒，穿上朝服，在路寝门外等候，接过新生儿将其抱起。之后，射人用桑木之弓射出六支蓬草之箭，一箭射天，表示将来敬事天神；一箭射地，表示将来敬事地祇；四箭分射东西南北，表示将来威服四方。然后下人接过新生儿将其抱起，膳宰便开始以一献之礼向抱子的士敬酒，并赐给他五匹帛作为酬谢。还要扶士之妻、大夫之妾当中选一个乳汁多的，作为奶娘。只要是举行迎接新生儿诞生的仪式，必须在三天之内选个好的日子。所用的牢具，天子的长子是太牢，庶人的长子和士的长子都是一只小猪，诸侯的长子也是太牢。如果不是长子，牢具的规格都要分别降低一等。

【原文】

异为孺子室于宫中，择于诸母与可者，必求其宽裕慈惠、温良恭敬、慎而寡言者，使为子师，其次为慈母①，其次为保母②，皆居子室，他人无事不往。三月之末，择日翦发为鬌（duǒ）③，男角女羁，否则男左女右。是日也，妻以子见于父，贵人④则为衣服，由命士以下，皆漱浣，男女夙兴，沐浴衣服，具视朔食，夫入门，升自阼阶。立于阼西乡，妻抱子出自房，当楣立东面。姆先，相曰："母某敢用时日祇见孺子。"夫对曰："钦有帅。"父执子之右手，咳而名之。妻对曰："记有成。"遂左还，授师，子师辩告诸妇诸母名，妻遂适寝。夫告宰名，宰辩告诸男名，书曰："某年某月某日某生。"而藏之，宰告闾史，闾史书为二，其一藏诸闾府，其一献诸州史；州史献诸州伯，州伯命藏诸州府。夫入食如养礼。

【注释】

①慈母：负责了解幼儿嗜欲的妾。

②保母：负责使幼儿居处安适的妾。

③鬌（duǒ）：未剪掉的胎发。

④贵人：指卿大夫以上的人士。

【译文】

幼儿出生后，在宫中单独打扫一间房子让其居住，要从君王的众妾和傅母中，挑选出性情宽厚、慈惠、温良、恭敬、谨慎而不喜欢多嘴多舌的，做幼儿的老师，其次做幼儿的慈母，再次做幼儿的保母，奶娘则光管喂奶而已，这些人统统和幼儿同居一室。他人无事，不得前往，以免惊动幼儿。幼儿出生的第三个月之末，要选择一个吉日为幼儿剪发。按照规定不可以剪掉全部胎发，应该留一部分，男的留个"角"，女的留个"羁"，男的留在左边，女的留在右边。这一天，妻子要带着幼儿拜见幼儿之父。如果是大夫以上之家，夫妇都要另制新衣；自命士以下，虽不另制新衣，但是也应将旧衣清洗干净再穿。男女要一早起身，洗头洗澡，穿上礼服。为夫妇准备的膳食，按照每月初一的膳食来准备。丈夫进入正寝的门，从阼阶登堂，站在阼阶上，面朝着西边；妻由侧室来到夫的正寝，升自北阶，抱着幼儿从东房出来，在西阶上当楣而立，面向东。这时，女师站在妻侧稍前，帮助传话说："小儿的母亲某氏，今天将恭敬地携带小儿拜见其父。"丈夫回答说："你要教导小儿恭敬地遵循正道。"父亲拉着小儿的右手，含着笑给小儿取了个名。妻子回答说："我会铭记此名的深刻含义，努力使小儿将来有所成就。"说罢，就转身向左把小儿递给教师。教师将小儿之名遍告诸妇、诸母，命名仪式结束，妻子就走回丈夫的燕寝。丈夫把小儿的名告诉给宰，宰又转告给同姓的父兄子弟，同时在简策上写上"某年某月某日某生"，然后收藏起来。宰又将小儿之名与生辰上报闾史，闾史登记为两份，一份存放到闾府，另一份逐级上报，最后报告给州史。州史又报告给州长，州长则命令存放到州府。丈夫也返回燕寝，与妻子同食，如同平时夫妇供养的常礼一样。

【原文】

世子生，则君沐浴朝服，夫人亦如之，皆立于阼阶西乡，世妇抱子升自西阶，君名之，乃降。嫡子庶子见于外寝，抚其首咳而名之，礼帅初，无辞。凡名子，不以日月，不以国，不以隐疾；大夫、士之子，不敢与世子同名。

【译文】

君王的太子出生，到了三月之末命名之日，君王洗漱完毕穿上朝服，夫人也是如此，都站在阼阶上，面朝西边。幼儿由世妇抱着，升自西阶，站在西阶上，面朝东边。一直等到君王为幼儿起名为止，世妇才抱着幼儿退下。如果是太子的同母弟出生，则由夫人抱着在正寝拜见君王，君王抚摸着幼儿的头，面带笑容为他命名。命名的礼数和太子基本上是一样的，只是没有君王和夫人的对答之词。为儿子取名，不要用日月为名，不要以国名为名，不要以身上的暗疾为名。大夫和士的儿子取名，不可与太子同名。

【原文】

凡父①在，孙见于祖，祖亦名之，礼如子见父，无辞。食子者，三年而出，见于公宫则劬（qú）②。大夫之子有食母③，士之妻自养其子。由命士以上及大夫之子，旬而见。冢子未食而见，必执其右手，嫡子庶子已食而见，必循其首。

【注释】

①父：生子者之父，于幼儿则为祖。

②劬（qú）：此指慰劳。

③食母：乳母。

【译文】

凡是幼儿的祖父健在，到了三月月末之时，都应举行拜见祖父之礼，这时祖父给幼儿取名，拜见的礼数和儿子拜见父亲是一样的。但是唯一不同的是没有相应的应对之词罢了。为君王之子喂奶的士妻或大夫之妾，过了三年之后才可以回家。回家前，君王会接见他们并且加以赏赐，以表慰劳。大夫之子有乳母喂养，士的妻地位卑贱，自己生由自己喂养。由命士以上及大夫之子，一般生下三个月之后可能与父亲相见，但也有十天之后相见的。如果生下的是长子，那是正统，相见之礼就在夫妻进食前举办，父亲还要拉住幼儿的右手；如果幼儿是嫡子、庶子，不是正统，相见之礼就等夫妻进食后在举办，见面的时候只需要抚摸幼儿的头。

【原文】

子能食食，教以右手。能言，男唯女俞①。男鞶革，女鞶丝。六年教之数与方名。七年男女不同席，不共食。八年出入门户及即席饮食，必后长者，始教之让。九年教之数日。十年出就外傅，居宿于外，学书计②，衣不帛襦袴，礼帅初，朝夕学幼仪，请肄简谅③。十有三年学乐，诵诗，舞勺，成童④舞象，学射御。二十而冠，始学礼⑤，可以衣裘帛，舞大夏，惇行孝弟，博学不教，内而不出。三十而有室，始理男事，博学无方⑥，孙友视志。四十始仕，方物出谋发虑，道合则服从，不可则去。五十命为大夫，服官政。七十致事。凡男拜尚左手。女子十年不出，姆教婉娩听从，执麻枲，治丝茧，织纴组紃，学女事以共衣服，观于祭祀，纳酒浆、笾豆、菹醢，礼相助奠。十有五年而笄，二十而嫁；有故，二十三年而嫁。聘则为妻，奔⑦则为妾。凡女拜，尚右手。

【注释】

①唯、俞：皆应答之声。

②书计：识字和算术。书，指六书，即象形、

指事、形声、会意、转注、假借等造字之法。九数，九种计算方法。

③肄简谅：肄：学习。简：书策。今言"课本"。谅：诚信。

④成童：十五以上叫成童。

⑤学礼：学习五礼。五礼，即吉、凶、军、宾、嘉五礼。

⑥方：比照，衡量。

⑦奔：私奔。六礼不备无媒自通。

【译文】

　　幼儿能够自己吃饭，要教他用右手。幼儿会说话了，就要教他们学习答话，男孩用"唯"，女孩用"俞"。男孩身上带的荷包是用皮革做的，寓意长大之后将从事勇武之事；女孩身上带的荷包是用丝帛制成，表示长大将从事女红之事。等到六岁时，要教授他们识数，辨别东南西北四个方向。开始教以男女有别，男孩和女孩吃饭的时候要做不同的位置。等到八岁的时候，出门进门，坐桌吃饭，应让长者为先，让他们知道对待长辈应该尊重。等到九岁时，要教他们知道朔望和会用干支记日。等到十岁，女孩要待在家中，而男孩就要跟随老师学习，住在学馆里，学习识字和算术。这时候穿的衣裤都不用帛来做，防止产生骄奢之心；之前学习的礼数，要遵守不能懈怠。早晚学习洒扫进退的礼节，勤习简策，学习以诚待人。等到十三岁，学习乐器，背诵诗歌，学习舞《勺》。等到十五岁，要学习舞《象》，学习骑射和驾车。等到二十岁，举办加冠之礼，寓意已经长大成人，就应学习五礼。这时穿衣可以是皮制或者帛制的，舞《大夏》之舞。要笃行孝悌，广泛学习各种知识，但是还没有资格去教育别人，要努力地积累德行，但是还没有资格去当别人的老师。等到三十岁，娶妻成家，开始受田服役，要广泛讨教，学无常师，对待朋友要谦虚，与胸有大志的人交往。等到四十岁，开始为官，斟酌再三之后于才出谋划策，如果君臣道合则就职任事，不然就离去。等到五十岁，受命为大夫，参与邦国大事。等到七十岁，年老体衰，就应告老还乡。只要是男子行拜礼，左手放在上面，右手放在下面。女孩子长到十岁就不能像男孩子那样外出，待在家里由女师教授她们委婉的话语，如何打扮才算贞静，如何举动才算儒雅，还要教她们绩麻缲丝，织布织缯，编织丝带等女红之事，以供制作衣服。还要让她们观摩祭祀活动，传递酒浆、笾豆、菹醢等祭品祭器，按照礼节规定帮助长者安放祭品。等到十五岁举行笄礼，表示已经成年。等到二十岁，可以出嫁；如果原因特殊者可以等到二十三岁再出嫁。如果是明媒正娶，六礼齐备，那与丈夫间是平等的；如果是无媒自通，六礼不备，那就是贱妾。女子在行拜礼时右手在上，左手在下。

玉藻

　　玉藻是服饰名，特指古代帝王冕冠前后悬垂的贯以玉珠的五彩丝绳。中国是"衣冠之国"，在中华五千年的文明史中，古代帝王服饰不仅体现王朝的威严，更象征和承载着厚重的传统文化和内涵。本篇主要记载古代帝王诸侯服饰饮食起居方面的一些制度。正文以"天子玉藻"开头，所以本篇名为玉藻。

【原文】

天子玉藻，十有二旒，前后邃延，龙卷①以祭。玄端而朝日于东门之外，听朔于南门之外，闰月则阖门左扉，立于其中。皮弁（biàn）②以日视朝，遂以食③，日中而馂，奏而食。日少牢，朔月大牢；五饮：上水、浆、酒、醴、酏。卒食，玄端而居。动则左史书之，言则右史书之，御瞽几④声之上下。年不顺成，则天子素服，乘素车，食无乐。

【注释】

①龙卷：俗称龙袍，天子的礼服。

②皮弁（biàn）：一种武冠，用白鹿皮制成，形似今天的瓜皮帽。这里是指皮弁服，即配合皮弁所穿的全套服装。

③食，指朝食。古人每日的正食有两顿，日出而朝食，日落而夕食。

④几：犹考察、辨别。

【译文】

天子戴的冕，在冕的前面悬挂着十二条玉串，冕的顶上有一块凸出来的延板。祭天地和宗庙时，天子要头戴这种冕，身穿衮龙之袍。在春分当天，天子则头上戴冕，身穿玄衣缥裳，在国都的东门之外举行迎日之祭。每月初一，天子也要穿戴相同的服饰，以特牲告于明堂，而颁布一月的政令于南门之外。如果是闰月初一，则要将明堂上左边一扇门合上，只开右边一扇，天牲；每月的初一，则有牛羊豕三牲。天子有五种饮料，其中以水为最上等，其次是浆、酒、醴、酏。食毕，更换朝服为玄端，就进入内寝休息。天子的言行分别由右史和左史负责记录；侍候天子的乐工，负责察辨乐声是否异常。这样做的目的就是使天子谨言慎行，及时了解政令的得失。如果年成不好，天子也应该带头身穿素服，乘素车，吃饭时也不奏乐。

【原文】

凡侑食，不尽食；食于人不饱。唯水浆不祭，若祭为已僭卑。君若赐之爵，则越席再拜稽首受，登席祭之，饮卒爵而俟君卒爵，然后授虚爵。君子之饮酒也，受一爵而色洒如①也，二爵而言言②斯③，礼已三爵而油油以退，退则坐取屦，隐辟而后屦，坐左纳右，坐右纳左。凡尊必上玄酒，唯君面尊，唯飨野人皆酒，大夫侧尊用棜，士侧尊用禁。

【注释】

①洒如：肃敬貌。

②言言：和敬貌。

③斯：语助词。

【译文】

　　陪长辈吃饭，不能只顾自己吃。凡是作客吃饭，不能吃的太饱。在地位相等的人家吃饭，所有的食物都应先祭，只有水和浆不祭，因为水和浆并非盛馔，如果也祭，就会有失自己的身份。臣子侍饮于君，君若赐之饮酒，臣子应离开席位，向君王行再拜稽首之礼，恭敬地接过酒杯，之后回到自己的位置，先祭酒，然后干杯。干杯之后，等待君王干杯，然后将空杯交给赞者。君子饮酒，饮第一杯时神色庄重，饮第二杯时神色和气恭敬；臣侍君饮，按礼是三杯为止，喝完第三杯之后，就会恭敬地退下。退下取鞋时双腿跪地，到堂下隐蔽的地方去穿鞋。跪下左腿穿上右脚，跪下右腿穿上左脚。只要是陈设酒樽，盛放玄酒的酒樽要放在上位，这是表示重古。君王宴其臣子，只有君王正对着酒樽，这表示酒是君王赏赐的。只有在招待乡下人时用一般的酒，不用玄酒的礼数。大夫在宴请来客时，酒樽不能正对着主人，而要设于旁侧，放在专用的木盘里，以表示主客共有此酒。士在宴请来客时，酒的设置与大夫同，不同的只是改攒为禁罢了。

【原文】

　　父命呼，唯而不诺，手执业则投之，食在口则吐之，走而不趋。亲老，出不易方，复不过时。亲癠色容不盛，此孝子之疏节也。父没而不能读父之书，手泽存焉尔；母没而杯圈不能饮焉，口泽之气存焉尔。

【译文】

　　父亲呼唤儿子时，儿子要答应"唯"而不可答应"诺"，因为"唯"敬于"诺"，应该放下手中的事情，嘴中吃的东西要立即吐出，

要小跑去不可懈怠。双亲年老了，做儿子的出门不可随意改变去处，说何时回来就要按时归来，免得让父母挂念。父母如果病了，或者气色不好，这就是做儿子的疏忽了。父亲离世后，父亲曾经读过的书籍儿子不忍心翻阅，那是因为上面有他手汗沾润的痕迹。父亲离世后，母亲用过的杯盘儿子不忍心使用，那是因为上面有她口液沾润的痕迹。

【原文】

凡行容惕惕①，庙中齐齐②，朝庭济济翔翔。君子之容舒迟，见所尊者齐遬③。足容重，手容恭，目容端，口容止，声容静，头容直，气容肃，立容德，色容庄，坐如尸，燕居告温温。凡祭，容貌颜色，如见所祭者。丧容累累，色容颠颠④，视容瞿瞿梅梅⑤，言容茧茧，戎容暨暨，言容谔谔（è è）⑥，色容厉肃，视容清明。立容辨，卑毋诎，头颈必中。山立，时行，盛气颠实扬休，玉色。

【注释】

①惕惕：形容行路身正而步快。

②齐齐：恭惠貌。

③齐遬：恭肃貌。遬通"肃"。

④颠颠：忧思貌。

⑤梅梅：犹言昧昧，茫然貌。

⑥谔谔（è è）：直言争辩貌。

【译文】

在道路上行走，身体要直，脚步要轻盈；行走在宗庙中，神情要恭敬在朝廷上行走，神态要严肃庄重。君子在日常中神态要从容淡定，见到了所尊敬的人就要显得恭敬收敛。脚步要稳健，手不会胡乱指画，目不斜视，口不妄动，不乱咳嗽，不乱倾顾，在庄重的场合要屏气敛息，站立时应是俨然有德的气象，面色要庄重。坐要如尸一般的端正。闲居时教导别人，对待臣子态度要温和可亲。所有参加祭祀的人，其面色就好像是真的看见神灵一样，切不可装模作样。孝子在居丧期间，要表现出一副疲惫不堪的状态，满脸愁容，眼神惊愕而又茫然，连说话的都没力气了。身着戎装时就要神态果毅，发号施令，表情严厉，虎虎生威，眼神明察秋毫。在长辈面前，虽然站立时应有自我贬卑的姿态，但是不能太过于谄媚。在日常的站立中要保持端正，如山一般地屹立，当行则行，显得浑身是劲，扬美于外，脸色温润如玉。

大传

"大传"的意思也可理解为"大记"。同一宗族内血缘关系远近的大义。定丧服制度的主要因素是血缘关系的远近。本篇就是从这个角度来阐释丧服的。本篇的内容有祭法、服制和宗法，中心思想是表明先王治天下必从人道始。所谓人道，就是指儒家所说的亲亲之道。

【原文】

礼，不王不禘。王者禘其祖之所自出，以其祖配之。诸侯及其大祖。大夫、士有大事，省于其君，干祫，及其高祖。牧之野，武王之大事也。既事而退，柴于上帝，祈于社，设奠于牧室。遂率天下诸侯，执豆笾，逡奔走；追王大王亶父、王季历、文王昌；不以卑临尊也。上治祖祢，尊尊也；下治子孙，亲亲也；旁治昆弟，合族以食，序以昭缪（mù）①，别之以礼义，人道竭矣。

【注释】

①缪（mù）：通"穆"。

【译文】

依照礼的规定，不是天子就没有资格举行禘祭。天子举行禘祭，是祭祀诞育其始祖天帝的，并且以其始祖配享。诸侯合祭祖先时，可以上及其太祖。而大夫、士的合祭祖先，要比诸侯简省得多，最多可以及其高祖。武王伐纣的关键战役就在于牧野之战，战役取得胜利之后，周武王将胜利的喜乐以焚柴的方式祭告上天，土神，祭告随军而行的祖先神主。接着又率领天下诸侯回到周都，在周人的祖庙里，手捧祭品，忙而不乱地各行其是，追尊亶父、季历、西伯昌为王，为了使后辈的爵位不高于上述祖先，就将上代祖祢的顺序排列好，尊其所当尊；为了亲其所当亲；就将下代子孙的顺序排列好，排列好兄弟等旁系亲属的关系，将同族的人集合在祖庙中聚餐，以父昭子穆的次序排列座次；以礼义区别男女。做人的道理差不多也就这么多了。

【原文】

圣人南面而听天下，所且先者五，民不与焉。一曰治亲，二曰报功，三曰举贤，四曰使能，五曰存爱。五者一得①于天下，民无不足、无不赡者。五者一物纰缪，民莫得其死。圣人南面而治天下，必自人道始矣。立权度量，考文章②，改正朔③，易服色④，殊徽号⑤，异器械⑥，别衣服⑦，此其所得与民变革者也。其不可得变革者则有矣：亲亲也，尊尊也，长长也，男女有别，此其不可得与民变革者也。

【注释】

①一得：皆得。

②文章，谓礼乐制度。

③正朔：谓历法。正，谓岁首。朔，谓月初。

④服色：各个朝代所崇尚的颜色。如夏尚青，殷尚白，周尚赤。

⑤徽号：谓族旗。

⑥器械：谓礼乐之器及兵甲。

⑦衣服：如养老之衣，夏用燕衣，殷用缟衣，周用玄衣。

【译文】

圣人一旦坐上天子宝座而治理天下，有五件事情是非常急迫的，百姓的事还不包括在内。第一件事情就是将所有亲属的顺序排列好，第二件事情报答有功之臣，第三件事情就是选举品行高尚的人，第四件是就是任用贤能的人，第五件是体恤有仁爱之心的人。做到这五件事情，这样，百姓就没有不满，没有不富足的。如果五件事其中有一件事情没有做好，百姓就会吃苦。因此，圣人一旦坐上天子宝座而治理天下，一定要从治亲开始抓起。统一度量衡，制礼作乐，改变历法，改变服色，改变徽号，改换器械，改变服饰，上面所说的这些事情，是可以随着朝代的更换也使百姓跟着改变的。但是，也有不能随着朝代的更迭而随意改变的，那就是同族相亲，尊祖敬宗，幼而敬长，男女有别，这四种是不会因为朝代变了也让百姓随之改变的。

【原文】

同姓从宗，合族属；异姓主名，治际会。名著，而男女有别。其夫属乎父道①者，妻皆母道也；其夫属乎子道者，妻皆妇道也。谓弟之妻"妇"者，是嫂亦可谓之"母"乎？名者人治之大者也，可无慎乎？

【注释】

①道：行辈。

【译文】

同姓男子都共有一个祖宗，共同组成一个昭穆分明的族属。外族女子嫁过来，以其丈夫的昭穆为昭穆，以此确定称呼名分，以便于参加族内的交际和聚会。其名分称呼明确了，男女之别才可以做到。对于嫁到本族的异姓女子来说，如果她的丈夫属于父辈，那么他的妻子就属于母辈；如果她的丈夫属于儿子一辈，那么他的妻子就属于儿媳一辈。如果把弟弟的妻子称作儿媳，而嫂嫂称呼为母亲，这样岂不乱了辈分！所以说名分称呼，是人伦中的大事，难道不应该慎重对待吗？

【原文】

四世而缌，服之穷也；五世袒免，杀同姓也。六世，亲属竭矣。其庶姓别于上，而戚单①于下，昏姻可以通乎？系之以姓而弗别，缀之以食而弗殊，虽百世而昏姻不通者，周道然也。

【注释】

①戚单：戚，亲情。单，尽也。

【译文】

同一高祖的子孙，彼此之间只穿缌麻丧服，这已经是五服的最后一等了。同一高祖之父的子孙，已经出了五服，彼此间，只需袒露左臂、戴免示哀即可，虽然同姓但是血缘已远，所以减少其情谊。同一高祖之祖的子孙，彼此同姓而已，已经没有亲属关系了。这些同姓的人，从高祖以上已经姓氏有别，从玄孙以下已经出了五服，他们之间还可以通婚吗？回答是：这些人都是系在一个老祖宗的正姓之下，在这点来说是没有什么区别的；在合族聚餐的时候，大家都是按照辈分入座的。所以，周代制定的办法是，凡是同姓的人，即便距离祖宗已隔百代，但是他们之间依旧不可以通婚。

【原文】

自仁率亲，等而上之，至于祖；自义率祖，顺而下之，至于祢。是故，人道亲亲也。亲亲故尊祖，尊祖故敬宗，敬宗故收族①，收族故宗庙严，宗庙严故重社稷，重社稷故爱百姓，爱百姓②故刑③罚中，刑罚中故庶民安，庶民安故财用足，财用足故百志成，百志成故礼俗刑，礼俗刑然后乐。诗云："不④显不承，无斁（yì）于人斯。"此之谓也。

【注释】

①收族：合族，团结族人。

②百姓：谓百官。

③刑：通"型"，典范。

④不：通"丕"，大也。

【译文】

从恩情上讲，从父亲开始逐代上推以至于远祖；从道义上讲，从远祖开始逐代下推以至于父庙。由此看来，爱其父母乃是人的天性。爱其父母就必然会尊敬祖先，尊敬祖先就必然会尊敬宗子，尊敬宗子就必然会团结族人，团结族人就必然会宗庙尊严，宗庙尊严就必然会重视社稷，重视社稷就必然会爱护百官，爱护百官就必然会刑罚公正，刑罚公正就必然会百姓安宁，百姓安宁就必然会财用充足，财用充足就必然会万事如意，万事如意就必然会礼俗美好，礼俗美好就会导致普天同乐。《诗经》上说："文王的功德，伟大而令人叹美，人们永远怀念他。"说的就是这个意思。

少仪

本篇主要记述古代士大夫至王侯在日常社会交际的礼仪细节。内容包罗甚广，有相见礼、适葬礼、致赙礼，乃至洒扫、问卜、事君、事长、御车、侍食、饮酒、膳羞等诸礼，与《曲礼》《内则》内容相似。

【原文】

闻①始见君子者辞，曰："某固愿闻名于将命者②。"不得阶主③。适者曰："某固愿见。"罕见曰："闻名。"亟见曰："朝夕。"瞽曰："闻名。"适有丧者曰："比。"童子曰："听事。"适公卿之丧，则曰："听役于司徒。"

【注释】

①闻：闻的主语是本篇作者。

②某固愿闻名于将命者：某，求见者之名。闻名，通达姓名。将命者，出入传话的人，犹今日之传达。

③阶主：谓直接指斥主人。

【译文】

听说古人相见之礼，如果是第一次拜访时，就要说："某某很希望把贱名报告给您。"不能直呼主人的名字求见。如果拜访和自己地位对等的人，就说："某某特地前来拜会。"平时难得见面的，就说："某某很希望将贱名通报给您。"经常见面的，就说："某某常常麻烦您的传达通报。"瞎子求见，其所致辞与平时难得见面者相同。去正在办丧事的人家求见，应说："特来与您的传达一齐效劳。"未成年的孩子则说："特来听候使唤。"到有丧事的公卿之家去求见，应说："特来听候府上总管的差遣。"

【原文】

君将适他，臣如致金玉货贝于君，则曰："致马资于有司"；敌者曰："赠从者。"臣致襚于君，则曰："致废衣于贾①人"；敌者曰："襚。"亲者兄弟不，以襚进。臣为君丧，纳货贝于君，则曰："纳甸②于有司。"赗马入庙门；赙马与其币，大白兵车，不入庙门。赗者既致命，坐委之，摈者举之。主人无亲受也。

【注释】

①贾：熟知物价贵贱而为君王掌管衣物的人。

②甸：谓田野之物。实即采地的收入。

【译文】

君王将到他国出访，臣下如果要向君王赠送金玉货币等物，应该谦让地说："这是一点送给陛下随从的养马费用。"如果是赠给地位相当的人，就应该说："送点微薄的礼品供您的从者使用。"臣下送敛衣给君王，应该说："臣某来给贾人送点废置不用的衣服。"如果是送敛衣于地位相当的人，就应该说："这是特地为死者做的敛衣。"如果是大功以上的亲属赠送敛衣，也就无须客套，直接将敛衣拿进去就可以了。臣下为君王的丧事向君王进献货币，应该说："这是向有关部门进献一点田野之物。"送给死者的马可以进入庙门。送给丧主料理丧事的马和礼品，以及插有大白旗帜的兵车，就不宜进入庙门。赠送丧主礼品的人在吊唁以后，要跪着将礼品放在地上，然后由帮助丧主接待宾客的人从地上拿起来，加以收藏，丧主是不亲自接受的。

【原文】

受立授立，不坐。性之直者则有之矣。始入而辞，曰："辞矣。"即席，曰："可矣。"排阖说屦于户内者，一人而已矣。有尊长在则否。问品味曰："子亟食于某乎？"问道艺曰："子习于某乎？""子善于某乎？"不疑在躬，不度民械，不愿于大家，不訾重器。泛扫曰扫，扫席前曰拚。拚席不以鬣，执箕膺揲（yīng yè）①。不贰问。问卜筮曰："义与？志与？"义则可问，志则否。

【注释】

①膺揲（yīng yè）：亦作"膺揲"。谓以箕舌自向胸前。

【译文】

通常情况下，赠送和接受礼品的人都应该采取立姿，不采取跪姿，这样的话就会方便很多。但是有人生来就比较高大，那就得跪下授受礼物，以避免造成居高临下之势。来客刚刚入门，摈者要提醒主人向来客说："请您先进。"宾主双方都来到席间，摈者就说："请各位落座。"如果坐席是铺设在室内，宾主在推门进去以后，只有地位最尊或年龄最大的一位可以脱鞋于室内席侧，其他人都将鞋脱在室外。如果室内原来已经坐有尊长，最后来的人都应将鞋子脱在室

129

外。如果宾主间询问对方的口味喜好，要说："这样的食物您经常吃吗？"如果询问对方的道艺，要说："对于这一方面的学问您时常研究吗？"或者说："足下是某一方面的专家吧？"不做让别人怀疑自己的事情，不要估量人家器械的多少，对于富贵人家不要心生羡慕，不要乱说人家的贵重物品不好。室内室外都要收拾干净，只打扫席前一片地方叫拚。打扫席前不可使用扫帚，拿畚箕时要把箕舌对住自己的胸口。问卜的时候必须专心致志。在卜筮以前先要扪心自问："我来求卜筮是为了公家正事呢？还是为了一己之利？"如果是为了公家正事，才可以问；为个人的事情不可询问。

【原文】

尊长于己踰等①，不敢问其年。燕见②不将命。遇于道，见则面，不请所之。丧俟事不牷③吊。侍坐弗使，不执琴瑟，不画地，手无容，不翣也。寝则坐而将命。侍射则约矢，侍投则拥矢。胜则洗而以请，客亦如之。不角，不擢马。

【注释】

①踰等：谓爵位或辈分高于自己。

②燕见：在主人闲暇时去拜见。燕，通"宴"，闲也。

③牷：同"特"，单独。

【译文】

对于高于自己的爵位或者长辈，不可询问他们的年龄。在长辈闲暇的时候，前往拜见，可以不用传达通报。在路上遇见长辈，如果与其对视了，就应礼貌地上前问好，没有被看到就作罢。在路上遇见长辈，也不要询问他们去哪儿。去尊长家里吊丧，要等到朝夕哭时，不要独自冒失地闯进去。在陪侍尊长座谈时，如果尊长没有发话，就不要拿起琴瑟弹奏，不要在地上画来画去，不要玩弄手指，不要摇动扇子。如果尊长躺着，卑幼者就应跪着为他传话。在陪侍尊长射箭时，要让尊长先取箭，然后将四只箭取出。在陪侍尊长投壶时，应将四支箭都拿在手中，不可放到地上。在射箭和投壶时，如果是比自己小的人赢了，不能像以往那样让尊长吃罚酒，而要洗好杯子，斟好酒，端到他席前请他喝。如果是主人和来客比赛而来客输了，主人也要以这样的礼数对待来客。请尊长吃罚酒，不可使用吃罚酒的专用杯子。尽管投壶时卑幼者占据优势，但也不能按照擢马规则办事。

【原文】

执君之乘车则坐。仆者右带剑，负良绥，申之面，拖诸幦，以散绥升，执辔然后步。请见不请退。朝廷曰退，燕游曰归，师役曰罢。侍坐于君子，君子欠伸，运笏，泽剑首①，还屦（jù）②，问日之蚤莫③，虽请退可也。事君者量而后入，不入而后量；凡乞假于人，为人从事者亦然。然，故上无怨，而下远罪也。

【注释】

①泽剑首：抚摩剑柄。抚摩时间长了，剑柄上会有汗泽。

②还屦（jù）：尊者脱鞋于户内，鞋在席侧，所以可旋转鞋的方向。

③蚤莫：即"早暮"。

【译文】

在君王还没有上车时，驾车人手执马缰，跪在车中央。驾车的人将佩剑悬挂在右侧，左肩上搭着良绥，绕过背后，从右腋下穿出而至于面前，使其末稍搭在车轼的覆盖物上，准备让君王拉着登车。驾车的人拉着散绥登车，一手执马鞭，一手握马缰，然后试车。卑幼者可以请求进见尊长，但在既见之后不可主动请求退下，等尊长示意之后才可以告退。从朝廷上下来叫作"退"，从宴席上或游玩后回家叫"归"，从军队上、从工地上下来叫"罢"。陪着君子说话，如果看到君子打哈欠，伸懒腰，转动笏板，抚摩剑柄，旋转鞋头的朝向，询问时间的早晚，这都是君子困倦的表示。见到此种情形，应该主动请退。向君王提建议，在考虑好之后再提，不应在提出之后才考虑。问别人借的东西，或者替别人办事，也要这样。唯其这样，才可以既不招致君王怪罪，自己也不会得罪他人。

【原文】

不窥密，不旁狎，不道旧故，不戏色。问国君之子长幼，长，则曰："能从社稷之事矣"；幼，则曰："能御""未能御"。问大夫之子长幼，长，则曰："能从乐人之事矣。"幼，则曰："能正于乐人""未能正于乐人"。问士之子长幼，长，则曰："能耕矣。"幼，则曰："能负薪""未能负薪。"

【译文】

他人的隐私不能随意窥探，不和别人随便套近乎，不会揭别人的短处，不要有嬉笑侮慢的神态。别人问及君王儿子的年龄，如果已经长大，就回答说"已经能够从事国家的政事了"；如果还没有长大，但已是大童，就回答说"已经能够驾驭车马了"；如果尚未成童，就回答说"还不能够驾驭车马"。别人问及大夫儿子的年龄，如果已经长大，就回答说："已经能够从事乐师的事务了"；如果尚未长大，就回答说"能够接受乐师的指正了"；如果尚未成童，就回答说"还不能受乐师的指正呢"。别人问及士的儿子的年龄，如果已经长大，就回答说"已经会耕地了"；如果尚未长大，就回答说"已经会背柴了"；如果尚未成童，就回答说"还不能背柴呢"。

【原文】

执玉执龟筴不趋，堂上不趋，城上不趋。武车不式；介者不拜。妇人吉事，虽有君赐，肃拜①。为尸坐，则不手拜②，肃拜；为丧主则不手拜。葛绖而麻带。取俎进俎不坐。执虚如执盈，入虚如有人。凡祭于室中堂上无跣，燕则有之。未尝③不食新。

【注释】

①肃拜：九拜之一。其法是下跪，低头，双手下垂而不至于地。肃拜是妇女常用之拜。

②手拜：下跪，双手至地，低头至手而拜。妇女以手拜为丧拜。

③尝：将当今的新鲜食品献祭于宗庙。

【译文】

手中拿着玉器和龟甲蓍草，也不能走的太快。在堂上、城上行走时步伐不能太快。在兵车上，不需要凭轼行礼。将士穿着铠甲不行拜之礼。妇女在行吉礼时，即使是拜谢君王之赐，也是用肃拜。在充当祖姑之尸时，虽取坐姿，但不用手拜，而用肃拜。如果为丈夫或长子的丧主，则不行手拜礼，而行稽首礼。妇人在哭完灵以后，头上改戴葛绖，在腰间依然系上麻带。祭祀时，无论是从俎上取肉还是把肉放到俎上，不用下跪。手中拿着空的器皿，要像拿着装满东西的器皿那样小心谨慎。走进没有人的房间，要像进入有人的房间那样恭敬。大凡祭祀，无论在堂上还是在室里，都不用脱鞋；但在燕饮时，升堂之前就要脱鞋。在没有把当令食品先献祭宗庙之前，任何人都不得吃。

【原文】

仆于君子，君子升下则授绥；始乘则式；君子下行，然后还立。乘贰车则式，佐车则否。贰车者，诸侯七乘，上大夫五乘，下大夫三乘。有贰者之乘马服车不齿。观君子之衣服、服剑、乘马，弗贾。

【译文】

为尊长驾车，尊长上下车时，要把登车索递给他，使他有所把持。始乘之时，尊长尚未出来，驾车人要俯首凭轼，敬候尊长上车。尊长下车步行离开之后，驾车人将车转往一旁，下车站着守候。乘贰车要凭轼行礼，乘佐车就不必了。贰车的数量，诸侯是七辆，上大夫是五辆，下大夫是三辆。大夫以上的阶层，对于他们所乘之车及拉车之马，不要随便评论其新旧老幼。观看尊长的衣服、佩剑、驾车之马，不要议论其价值。

【原文】

燕侍食于君子，则先饭①而后已；毋放饭，毋流歠（chuò）；小饭而亟之；数嚏（jiào）②毋为口容。客自彻，辞焉则止。客爵居左，其饮居右；介爵、酢爵、僎爵皆居右。羞③濡鱼者进尾；冬右腴，夏右鳍；祭膴。凡齐④，执之以右，居之于左。赞币自左，诏辞自右。酌尸之仆，如君之仆。其在车则左执辔右受爵，祭左右轨、范乃饮。

【注释】

①先饭：表示为君子尝食。后已：表示劝君子吃饱。

②嚏（jiào）：通"嚼"。

③羞：进献。

④齐：谓盐、梅等调味品。

【译文】

陪同长辈吃饭时，首先要先品尝，在长辈吃完后才停止。不要将剩余的饭又重新放回食器，喝汤时不要太大口以至于汤都流出嘴外。吃饭时要小口，但要迅速咽下。咀嚼要快，不要满嘴都是饭，弄得腮帮子都鼓起来。饭后，来客想自己收拾餐具，主人应该及时劝阻，来客也就住手。举行乡饮酒礼时，主人酬宾的爵，宾接过以后不饮，将爵放在席前的左边，主人献给介的爵，宾回敬主人的爵，主人献给僎的爵，这都是必饮之爵，都放在各自席前的右边。平常吃鱼，上的如果是烧好并且鱼上还铺上鱼汁，那就将鱼尾放在前面。冬天上鱼时让鱼腹在右，夏天上鱼时让鱼脊在右，这样就可以用右手去取食物。祭祀的时候，要用肵。只要是使用盐、梅等调味品，要用右手拿着，将调制好的羹饭放在左手上。摈者在代表君王授人礼品时，要从君王的左边出；在为君王传达命令时，要从君王的右边出。给为尸驾车的人酌酒，其礼数与给君驾车的人酌酒相同。如果驾车人在车上，就会用左手抓住缰绳，接酒杯时用右手，先用酒祭车轴两头和车轼前面，然后自饮。

【原文】

凡羞有俎者，则于俎内祭。君子不食圂腴。小子走而不趋①，举爵则坐祭立饮。凡洗必盥。牛羊之肺，离而不提心②。凡羞有湆者，不以齐。为君子择葱薤，则绝其本末。羞首者，进喙祭耳。尊者以酌者之左为上尊。尊壶者面其鼻。饮酒者、机者、醮者，有折俎不坐。未步爵，不尝羞。牛与羊鱼之腥，聂③而切之为脍；麋鹿为菹，野豕为轩，皆聂而不切；麇为辟鸡，兔为宛脾，皆聂而切之。切葱若薤，实之醯以柔之。其有折俎者，取祭肺，反之，不坐；燔亦如之。尸则坐。

【注释】

①趋：趋跄。指步趋中节。

②离而不提心：割切中央部分。离，割切。提，割断。心，指中央部分。

③聂：把肉切成薄片。

【译文】

只要是上菜，如果用俎盛，就在俎内祭之。君子不吃猪犬的肠胃。弟子辈参与宴会，只能匆忙奔走而供役使，不能要求他们的步伐合礼中节；若举杯喝酒，可以和尊长一样跪着祭酒，但饮时却要起立。在洗杯子之前要先洗手。牛羊的肺，切时将中间的部分留下，等到吃时再用手撕开，以便祭而后食。只要带有汤汁的菜肴，就可以不再往里面在添加任何调料。为君子择葱、薤时，就将不可以吃的根须和枯叶都摘去。只要是上牲头，要把牲嘴对着尊者；尊者以牲耳来祭。陈设酒樽的人，要以斟酒人的左边为上尊之位。陈设酒壶的人，让壶嘴朝着外面。平常饮酒、洗头之后饮酒、向始冠者敬酒，在折俎未被撤下之前不敢落座。没有举行行酒礼，不吃菜肴。生的牛肉、羊肉、鱼肉，切成薄片以后再加细切就成为脍。麋肉、鹿肉切得较粗，叫作菹；野猪肉切得也比较粗，叫作轩；切成薄片之后就不会再细切。麛肉切得较细，叫作辟鸡；兔肉切得较细，那叫宛脾；切成薄片之后在细切。葱和薤都要切碎，和肉拌在一起浸到醋里，使肉变软除去腥气。如果有折俎，宾客就从折俎中取肺而祭，祭毕再放回俎内，取祭与放回时都不坐。取炙肉祭与放回时也不坐。做这些事情时，尸可以坐。

【原文】

衣服在躬，而不知其名为罔。其未有烛而有后至者，则以在者告。道瞽亦然。凡饮酒为献主者，执烛抱燋（jiāo）①，客作而辞，然后以授人。执烛不让，不辞，不歌。洗盥执食饮者勿气，有问焉，则辟咡②而对。

【注释】

①燋（jiāo）：尚未点燃之烛（火把）。

②辟咡：交谈时侧着头，以免口气冲着对方，以表示尊重。

【译文】

穿在自己身上的衣服，有关衣服的只是自己都说不出个所以然，这便是无知。如果天色已晚，还未点灯，这时又有人来参加集会，主人就应向后来的人介绍在座的人。作盲人向导时也是这样。只要是饮酒时为主人者，见天色已晚，就要一手拿着点燃的火把，一手拿着还未点燃的火把，展现出自己的好客之心。看到这种情况客人应该起身表示感谢，主人再将已经点燃的火把和还未点燃的火把交给下人。晚上的宴会主人也不会有太多的讲究。不需要太过于谦让和互相辞谢，不必交替而歌。给长辈倒水洗脚、洗手和取食物的时候不要让自己的口气直冲长辈和食物。如果长辈问起，幼者要侧着头回答，以免口气冲及长者。

【原文】

为人祭曰致福；为己祭而致膳于君子曰膳；祔练曰告。凡膳告于君子，主人展之，以授使者于阼阶之南，南面再拜稽首送；反命，主人又再拜稽首。其礼：大牢则以牛左肩、臂臑、折九个，少牢则以羊左肩七个，特豕则以豕左肩五个。国家靡敝，则车不雕几，甲不组縢①，食器不刻镂，君子不履丝屦，马不常秣。

【注释】

①縢：边饰。

【译文】

代人主持祭祀，祭祀完毕后把胙肉赠与他人的时候，应说："把祭祀之福送给您。"主持自家祭祀，祭毕将胙肉送人时，要说："送点好吃的请品尝。"如果是举行祔、练之祭，祭毕送胙肉时，要说："我刚刚举行了祔、练之祭，特来禀告。"凡是送胙肉给君王，主人都会亲自检查，在阼阶南面交给使者，面朝南方行跪拜之礼以送使者出发；使者完成使命回来的时候，主人就会面朝南方行跪拜之礼，对于使者带回的君命表示接受。致送胙肉的礼数是：如果是太牢而祭，那就送牛的左肩、臂、臑三个部位，每个部位折为三段，共九段；如果是少牢而祭，那就送羊的左肩，折为七段；如果是用一只猪而祭，那就送猪的左肩并折为五段。国家财政紧张时，车子就不要雕刻花纹，铠甲也不用组带边饰，食器也不用刻镂，有身份的人也不要穿丝鞋，马也不需要经常喂谷物。

学 记

　　有学者认为，《学记》是战国后期思孟学派的作品，它对我国先秦时期的教育和教学第一次从理论上作了总结。《学记》是中国古代也是世界上最早的一篇专门论述教育、教学的论著。《学记》从教与学这两条线索出发，论述了教学的原则、方法、作为老师的条件、尊师的必要性、学习的方法、教与学的关系以及教学相长的基本规律，今天的人可资借鉴之处很多。

【原文】

发虑宪①，求善良，足以谀②闻，不足以动众；就贤体远，足以动众，未足以化民。君子如欲化民成俗，其必由学乎！玉不琢，不成器；人不学，不知道。是故古之王者建国民，教学为先。《兑命》③曰："念终始典④于学。"其此之谓乎！

【注释】

①虑宪：虑与宪是同义词，都是思虑之义。

②谀：小。

③《兑命》：即《说命》，《尚书》篇名。

④典：经常。

【译文】

执政者发布政令，选举贤能的人来辅佐自己，这样可以得到赞誉，但不能够耸动群众的听闻；接近贤能的人，亲近和自己疏远的人，可以耸动群众的听闻，但起不到教化百姓的作用。想要教化百姓形成好的风俗，君子就应该要重视设学施教啊！玉不琢，就难以成为一件很好的器物；人不加以学习，也就不会明白这个道理。因此，古代君主治国，执政，首先要设学施教。《尚书·兑命》篇中说："始终要以设学施教为主"，说的正是这个道理。

【原文】

虽有佳肴，弗食不知其旨也；虽有至道，弗学不知其善也。是故学然后知不足，教然后知困。知不足然后能自反也，知困然后能自强也。故曰：教学相长也。《兑命》曰："学学①半。"其此之谓乎！

【注释】

①学学：即"教学"。

【译文】

就算美味佳肴再可口，不品尝它的美味是不会知道的；就算有高深的道理，不去领会学习也不会了解它的好处。因此，只有不断学习才知道自己有什么地方是不足的，通过教人才能感到困惑。知道自己的不足之处，才能够严格要求自己；感到疑惑后才会孜孜不倦地去钻研。所以说，教与学是相辅相成的。《兑命》篇说："教与学是一个事情的两个方面"，说的就是这个道理。

【原文】

古之教者，家有塾，党①有庠，术②有序，国有学。比年入学，中年考校。一年视离经辨志；三年视敬业乐群；五年视博习亲师；七年视论学取友，谓之小成。九年知类通达，强立而不反，谓之大成，夫然后足以化民易俗，近者说服而远者怀之，此大学之道也。《记》曰："蛾③子时术④之。"其此之谓乎！

【注释】

①党：五百家为一党。党的学校叫庠。

②术：通"遂"。一万二千五百家为遂。遂的学校叫序。

③蛾：同"蚁"。

④术：学习。

【译文】

古代设学施教，每二十五家的"闾"设有学校叫"塾"，每一"党"有自己的学校叫"庠"，每一"术"有自己的学校叫"序"，在天子或诸侯的国都设立有大学。学校每年会招收学生，隔一年会对学生进行考查。在入学第一年会考查学生断句分章等基本阅读能力，第三年考查学生是否专心学习和亲近同学，第五年考查学生是否博学和亲近老师，第七年考查学生讨论学业是非和识别朋友的能力，这一阶段学习合格叫"小成"。第九年学生能举一反三推论事理，并有坚强的信念，不违背老师的教诲，这一阶段达到这样的学习标准"大成"。只有这样，才能教化百姓，移风易俗，才能让周边的人诚服，远方来的人也会诚心归顺，这就是大学教人的宗旨。古书上说："求学的人应效法小蚂蚁衔土不息而成土堆的精神，孜孜不倦地学习，可以由小成到大成。"说的就是这个意思！

【原文】

大学始教，皮弁①祭菜，示敬道也。《宵雅》肄三②，官其始也。入学鼓箧，孙③其业也。夏楚④二物，收其威也。未卜禘不视学，游其志也。时观而弗语，存其心也。幼者听而弗问，学不躐等也。此七者，教之大伦也。《记》曰："凡学，官先事，士先志。"其此之谓乎！

【注释】

①皮弁：谓穿皮弁服。皮弁服是士的祭服。

②三：指《诗经·小雅》中的《鹿鸣》《四牡》《皇皇者华》三篇。

③孙：通"逊"，恭顺。

④夏楚：夏，通"榎"，木名，即楸树。可制教鞭，用以体罚学生。楚，荆条。

【译文】

大学开学时，天子或官吏穿着礼服，备有祭菜来祭祀先哲，表示尊师重道，学生要吟诵三篇叙述君臣和睦的诗分别为《诗经·小雅》中的《鹿鸣》《四牡》《皇皇者华》，让他们在开学之前有急迫想要做官的心理；要学生按鼓声开箱取出学习用品，让他们认真对待自己的学业；同时展示戒尺，以维持整齐严肃的秩序；学生春季入学，教官没有夏祭不去考查学生，让学生能够有充足的时间安排自己的学习计划。学习过程中老师不要告诉他们什么，应该在一旁留心观察，以便让他们用心思考；年长的学生向老师请教，年龄小的学生要认真听讲，不要插问，因为学习应循序渐进，不能越级。施教顺序的大纲就是以上所说的这七点。古书上说："在教学活动中，首先老师要尽职尽责，读书人要先立志"，说的就是这个意思啊！

【原文】

大学之教也，时①教必有正业，退息必有居学。不学操缦（màn）②，不能安弦；不学博依③，不能安诗；不学杂服，不能安礼。不兴其艺，不能乐学。故君子之于学也，藏焉修焉，息焉游焉。夫然，故安其学而亲其师，乐其友而信其道，是以虽离师辅④而不反也。《兑命》曰"敬孙务时敏，厥修乃来"，其此之谓乎！

【注释】

①时：谓按时序安排课程。

②操缦（màn）：郑注云"杂弄"，盖谓以一些非正统的小调做指法练习。

③依：譬喻。

④辅：朋友。

【译文】

大学的教育活动，按时令进行，各有正式课业；休息时也有课余作业。在课余时间不学习杂乐，课内就很难将琴弹好；在课余时间不学习设譬取意，课内就很难将诗文学好；在课余时间不学习服饰弁冕知识，课内就很难将礼仪学习好。可见，不学习各种杂艺，就不可能乐于对待所学的正课。因此，君子对待学习，课内受业要学好正课；休息在家也要将各种杂艺学好。只有这样才能安心学习，亲近师长，团结同学，并深信所学之道。即便离开老师和同学，也不会违背所学的道理。《兑命》篇中说"只有专心致志谦逊恭敬，时刻保持一颗好学之心，才能够在学业上有所收获和成就"，说的就是这个道理啊！

【原文】

今之教者，呻其占毕①，多其讯②言，及③于数进，而不顾其安，使人不由其诚，教人不尽其材，其施之也悖，其求之也佛④。夫然，故隐⑤其学而疾其师，苦其难而不知其益也。虽终其业，其去之必速，教之不刑，其此之由乎！

【注释】

①占：通"笘"，竹简。毕：竹简。

②讯：通"谇"，告诉。

③及：通"汲"，追求。

④佛：通"拂"，违戾，违背。

⑤隐：厌恶。

【译文】

现如今的老师，仅仅依照朗读课文，大量灌输，只知道赶进度，对于学生的接受能够不管不顾，导致他们无法静下心来好好学习。教人不能因材施教，学生的才能得不到充分施展。教学的方法违背了教学的原则，没有根据学生的实际情况提出要求。如此一来，学生对于学习就会产生反感，并怨恨他的老师，苦于学业的艰难，不懂得学习有趣的地方。虽然学习结业，学的知识很快就会忘得一干二净，教学的目的也就没有达到，其原因就在这里啊！

【原文】

大学之法：禁于未发之谓豫①；当其可之谓时；不陵节而施之谓孙；相观而善之谓摩。此四者，教之所由兴也。发然后禁，则扦格②而不胜；时过然后学，则勤苦而难成；杂施而不孙，则坏乱而不修；独学而无友，则孤陋而寡闻；燕朋逆其师，燕辟③废其学。此六者，教之所由废也。君子既知教之所由兴，又知教之所由废，然后可以为人师也。故君子之教，喻也。道④而弗牵，强⑤而弗抑，开而弗达。道而弗牵则和，强而弗抑则易，开而弗达则思。和、易以思，可谓善喻矣。

【注释】

①豫：预防。

②扦格：互相抵触。

③燕辟：谈不正经的话。辟，偏邪。

④道：通"导"，引导。

⑤强：劝勉。

【译文】

大学施教的方法：学生在发生错误之前就加以防止，叫作预防；在适当的时候在加以教育叫作及时；不超越受教育者的才能和年龄特征而进行教育，叫作合乎顺序；互相取长补短，叫作观摩。以上四点，是教学成功的经验。出现了错误再去加以禁止，这样就会很难攻破；失去了学习的机会，之后再去找补救的方法，即使再怎么努力，成功也是很困难的事情；施教者杂乱无章而不按规律办事，打乱了条理，就不可收拾；自己一个人冥思苦想，不和他人讨论，就会学识浅薄，见闻不广；与不正派的朋友来往，必然会违逆老师的教导；从事一些不正经的交谈，荒废学业。以上六点是教学失败的原因。君子不但懂得教学成功的经验，而且懂得教学失败的原因，就可以当好教师了。所以说教师对学生施教最重要的在于启发诱导，对学生诱导而不牵拉，劝勉而不强制，为其提供学习的途径，但是不会直接告诉学生答案。教师对学生诱导而不牵拉，则师生融洽；劝勉而不强制，学生才能感到学习容易；启发而不包办，学生才会认真钻研思考。能做到师生融洽，使学生感到学习容易，并能独立思考，可以说是做到了善于启发诱导了。

【原文】

学者有四失，教者必知之。人之学也，或失则多，或失则寡，或失则易，或失则止。此四者，心之莫同也。知其心然后能救其失也。教也者，长善而救其失者也。善歌者，使人继其声；善教者，使人继其志。其言也，约而达，微而臧，罕譬而喻，可谓继志矣。

【译文】

学生在学习上常会犯的有四种过失，作为施教者是必须要了解的：人们学习失败的原因，或者是因为贪多，或者是由于知识面太窄，或者是态度轻率，或者是畏难中止。以上这四点，是由于学生不同的心理才引起的。作为老师应该了解每一位受教者的心理特点。只有这样才能帮助学生克服不足。教育的作用，就是使受教育者能发挥其优点并克服其缺点。会唱歌的人，不仅声音动听，还可以让他人情不自禁地跟着哼唱；会教人的人，不仅教授人知识，还会诱导学生跟着他学习。教师授课，言简意赅，全面而精练，不需要举太多的例子，但是能够充分说明问题。只有这样，才能够达到让学生跟着他自学的目的。

【原文】

君子知至学之难易而知其美恶，然后能博喻，能博喻然后能为师，能为师然后能为长，能为长然后能为君。故师也者，所以学为君也，是故择师不可不慎也。《记》曰"三王四代①唯其师"。其此之谓乎！凡学之道：严②师为难。师严然后道尊，道尊然后民知敬学。是故君之所不臣于其臣者二：当其为尸③，则弗臣也；当其为师，则弗臣也。大学之礼，虽诏于天子无北面，所以尊师也。

【注释】

①三王四代：夏、商、周为三王，再加上虞就是四代。

②严：尊敬。

③尸：古代祭祖时代替死者受祭的人。

【译文】

君要根据学生在学习时的难易程度。看出学生资质的好与差，然后能做到因地制宜，对学生进行多方面的启发诱导。只有这样，才能当好教师。能当好教师才能做官长，能做官长才能当人君。所以说，当教师的，就是教统治权术的人。由于这个原因，在选择老师的时候千万不可小觑。古书上有云"古代君主将选择教师作为最重要的任务"，说的就是这个道理啊！在教育工作中，做到尊师重道是非常不容易的。只有做到尊重老师才能重视他传授的知识。高高在上的君王能尊师重道，百姓才能专心求学。所以君王不以臣子相待的臣子有两种人：一是正在代表死者受祭祀的人，不以臣子相待；二是教师，不以臣子相待。按照礼法，天子在召见这两种人的时候，可以将朝见君王的礼节免去，为的就是尊师重道。

【原文】

善学者，师逸而功倍，又从而庸①之。不善学者，师勤而功半，又从而怨之。善问者如攻坚木，先其易者，后其节目②，及其久也，相说以解。不善问者反此。善待问者如撞钟，叩之以小者则小鸣，叩之以大者则大鸣，待其从容，然后尽其声。不善答问者反此。此皆进学之道也。

【注释】

①庸：功劳。

②节目：树木枝干交接处的疙疙瘩瘩部分。

【译文】

找到学习方法的人，不仅不会让老师操心而且学习效果还很好，并对老师心存感激；不会学习的人，尽管老师很勤苦但是效果往往差强人意，最后还会埋怨老师。会提问的人，像木工砍木头先从容易的地方着手再砍坚硬的节疤一样。先将容易的问题问完再问难的，这样问题就会容易解决；不会提问题的人却恰恰相反。对于提问者的问题会给出有比较有针对性地答案像撞钟一样，用力小，钟声则小，用力大，钟声则大，从容地响，等他人将问题问完之后再作答；不会回答问题的恰巧与此相反。上面所说道的这些，讲的都是教学的方法。

【原文】

记问之学，不足以为人师，必也其听语乎！力不能问，然后语之，语之而不知，虽舍之可也。良冶之子，必学为裘；良弓之子，必学为箕；始驾马者反之，车在马前。君子察于此三者，可以有志于学矣。

【译文】

死记硬背一些零碎的知识，是成为不了一位优秀的老师的，要有渊博的知识，并可以随时解答学生所提出的疑惑。学生如果没有提出问题，最后诱导他从某一方面开始研究；告知以后，还是理解不了，就不要继续往下说。若要学到父亲高超的手艺，高明的冶金匠的儿子，一定要先去学缝皮袄；高明的弓匠的儿子，一定要先去学编撮箕；学拉车的小马，要放在车后跟着走。君子懂得了先易后难、由浅入深、不断练习、循序渐进才能成功，就可以立志于学了。

【原文】

古之学者，比物丑①类，鼓无当于五声②，五声弗得不和；水无当于五色③，五色弗得不章；学无当于五官④，五官弗得不治；师无当于五服⑤，五服弗得不亲。君子曰：大德不官，大道不器，大信不约，大时不齐。察于此四者，可以有志于学矣。三王之祭川也，皆先河而后海，或源也，或委也，此之谓务本！

【注释】

①丑：通"俦"，齐。

②五声：宫、商、角、徵、羽。

③五色：青、赤、黄、白、黑。

④五官：《曲礼下》说："天子之五官，曰司徒、司马、司空、司士、司寇"，此为泛指。

⑤五服：斩衰、齐衰、大功、小功、缌麻。此处泛指人伦关系。

【译文】

在古代，求学的人将同一类事务进行比较，举一反三。鼓音五音中的任何一音都不等同，五声中没有鼓点是不和谐的；水不等同于五色，但五色没有水调和，就不能鲜明悦目；学习不等同于五官，但五官不经过学习训练就不会发生好的功能；老师不等同于五服之亲，但没有教师的教导，人们不可能懂得五服的亲密关系。君子说，德行很高的人，不限于只担任某种官职；普遍的规律，不仅仅适用于某一种事物；有大信义的人，用不着他发誓后才信任他；天有四季变化，无须划一，也会守时。懂得这四个方面的知识，就可以领会到做事求学也要抓住根本的道理了。古代的三王祭祀江河的时候，都是先祭河然后再祭海，这是因为河是水的根本，而海是水的归宿。这才叫抓住了本源！

乐 记

　　本篇是儒家对音乐理论的论述，相传为孔子弟子公孙尼子所写，主要论述了音乐的产生、音乐的社会用途以及音乐与礼、与人的德行、情性的关系，还涉及音乐对人的思想和感情的影响等方面。文章全面、深入地对音乐进行论述，是中国古代音乐理论史上一篇非常重要的文献。《乐记》作为先秦儒学的美学思想的集大成者，其丰富的美学思想，对古典音乐的发展有着深远的影响，而且在世界音乐思想史上也占有非常重要的地位。

【原文】

凡音之起，由人心生也。人心之动，物使之然也。感于物而动，故形于声；声相应，故生变；变成方，谓之音；比①音而乐之，及干戚羽旄，谓之乐也。乐者，音之所由生也，其本在人心之感于物也。是故其哀心感者，其声噍以杀②；其乐心感者，其声啴③以缓；其喜心感者，其声发以散；其怒心感者，其声粗以厉；其敬心感者，其声直以廉④；其爱心感者，其声和以柔。六者非性也，感于物而后动，是故先王慎所以感之者。故礼以道其志，乐以和其声，政以一其行，刑以防其奸。礼乐刑政，其极一也，所以同民心而出治道也。

【注释】

①比：随着、顺着。

②噍：通"焦"，急。杀：衰减。噍以杀就是促急而迅速减弱的意思。

③啴：宽舒。啴以缓就是宽缓的意思。

④廉：不苟微细。直以廉是边、角分明，绝无邪曲的意思。

【译文】

所有音乐的起始是从人心产生的，而人心的变动往往是外部事物造成的。心有感于外部事物才会有所改变，由声表现出来；声与声相应和，才发生变化；按照一定的方法、规律进行变化，这就叫作音；随着音的节奏用乐器演奏之，再加上干戚羽旄以舞之，就叫作音乐了。所以说乐是由音产生的，而从根本讲是人心有感于物造成的。因此，被外部事物所感而生哀痛心情时，其声急促而且由高到低，由强到弱；心生欢乐时，其声舒慢而宽缓；心生喜悦时，其声发扬而且轻散；心生愤怒时，其声粗猛严厉；心生敬意时，其声正直清亮；心生爱意时，其声柔和动听。以上六种情况，不关性情，任谁都会如此，是感于物而发生的变化，所以先王对外物的影响非常慎重。因此说礼用以诱导人的意志，音乐用以调和人的声音，政用来统一人的行动，刑用来防止人们违法乱纪。礼乐刑政，其终极目的是相同的，都是为了齐同民心而使出现天下大治的世道啊。

【原文】

凡音者，生人心者也。情动于中，故形于声，声成文谓之音。是故治世之音安以乐，其政和；乱世之音怨以怒，其政乖①；亡国之音哀以思，其民困。声音之道，与政通矣。宫为君，商为臣，角为民，徵为事，羽为物。五者不乱，则无怙懘（chì）②之音矣。宫乱则荒，其君骄；商乱则陂③，其臣坏；角乱则忧，其民怨；徵乱则哀，其事勤；羽乱则危，其财匮。五者皆乱，迭相陵，谓之慢。如此则国之灭亡无日矣。郑卫之音，乱世之音也，比于慢矣。桑间濮上之音，亡国之音也，其政散，其民流，诬上行私而不可止也。

【注释】

①乖：背戾，不和谐。

②怗懘（chì）：蔽败。

③陂：倾斜、不平正。

【译文】

所有的音都是在人心中生成的。感情在心里冲动往往会表现为声，片片段段的声组合变化为有一定结构的整体称为音。所以世道太平时的音中充满安适与欢乐，其政治必平和；乱世时候的音里充满了怨恨与愤怒，其政治必是倒行逆施的；灭亡及濒于灭亡的国家其音充满哀和愁思，百姓困苦无望。声音的道理，是与政治相通的。五声中宫为君，商为臣，角为民，徵为事，羽为物。君、臣、民、事、物五这五种井然有序，就不会有敝败不和的音声。宫声乱则五声废弃，其君王必骄纵废政；商声乱则五声跳掷不谐调，其臣官事不理；角声乱五音谱成的乐曲基调忧愁，百姓必多怨愤；徵音乱则曲多哀伤，其国多事；羽声乱曲调倾危难唱，其国财用匮乏。五声全部不准确，就是迭相侵陵，称为慢。这样国家的灭亡也就没有多少日子了。郑国、卫国的音声，是乱世之音，可与慢音相比拟；桑间濮上的音声，是亡国之音，其国的政治散漫，百姓流荡，臣子诬其君，在下位者不尊长上，公法废弃，私情流行而不可纠正。

【原文】

凡音者，生于人心者也；乐者，通于伦理者也。是故知声而不知音者，禽兽是也；知音而不知乐者，众庶是也。唯君子为能知乐。是故审声以知音，审音以知乐，审乐以知政，而治道备矣。是故不知声者不可与言音，不知音者不可与言乐，知乐则几①于礼矣。礼乐皆得，谓之有德。德者得也。是故乐之隆，非极音也；食飨②之礼，非致味也。清庙之瑟，朱弦而疏越，一倡而三叹，有遗音者矣。大飨之礼，尚玄酒而俎腥③鱼，大羹不和，有遗味者矣。是故先王之制礼乐也，非以极口腹耳目之欲也，将以教民平好恶而反人道之正也。

【注释】

①几：近。

②食飨：食通"饲"。飨通"享"。凡以酒食待客均称为食飨。

③俎腥：俎，盛肉食的木盘。腥，肉未熟为腥。

【译文】

所有的音是在人心中产生的；乐是与伦理相通的。所以单知声而不知音的，是禽兽；知音而不知乐的，是普通百姓。唯有君子才懂得乐。所以详细审察声以了解音，审察音以了解乐，审察乐以了解政治情况，治理天下的方法也就完备了。因此不懂得声的不足以与他谈论音，不懂得音的不足以与他谈论乐，懂得乐就近于明礼了。礼乐的精义都能得之于心，称为有德，德就是得的意思。所以说大乐的隆盛，不在于极尽音声的规模；宴享礼的隆盛，不在于肴馔的丰盛。周庙太乐中用的瑟，外表是朱红色弦，下有两个通气的小孔，一点儿都不起眼；演奏时一人唱三人和，形式单调简单，然而于乐声之外寓意无穷。大飨的礼仪中崇尚玄酒，以生鱼为俎实，大羹用味道单一的咸肉汤，不具五味，然而，在实际的滋味之外另有滋味。所以说先王制定礼乐的目的，不是为了满足口腹耳目的嗜欲，而是要以此教训百姓，使百姓有正确的好恶之心，从而归于人道的正路上来。

【原文】

人生而静，天之性也；感于物而动，性之欲①也。物至知知，然后好恶形焉。好恶无节于内，知②诱于外，不能反躬，天理灭矣。夫物之感人无穷，而人之好恶无节，则是物至而人化物也。人化物也者，灭天理而穷人欲者也。于是有悖逆诈伪之心，有淫泆作乱之事。是故强者胁弱，众者暴寡，知者诈愚，勇者苦怯，疾病不养，老幼孤独不得其所，此大乱之道也。是故先王之制礼乐，人为之节：衰麻③哭泣，所以节丧纪也；钟鼓干戚，所以和安乐也；婚姻冠笄，所以别男女也；射乡食飨，所以正交接也。礼节民心，乐和民声，政以行之，刑以防之。礼乐刑政四达而不悖，则王道备矣。

【注释】

①欲：欲求。

②知：指由于外物至而产生的感觉。

③衰麻：丧服，此处指有关衰麻的礼仪制度。

【译文】

人生来喜欢安静，这是人的一种天性；感知外物以后发生情感的变化，是天性产生的欲求。外物来到身边后被心智感知，然后形成好恶之情。好恶之情不节制于内，外物感知后产生的诱惑作用于外，天理就要泯灭了。外物给人的感受无穷无尽，而人的好恶之情没有节制，人就被身边的事物同化了。人被外物同化，就会灭绝天理而穷尽人欲。于是才有狂悖、逆乱、欺诈、作假的念头，有荒淫、佚乐、犯上作乱的事。因此，强大者胁迫弱小，众多者施强暴于寡少，聪慧多智的欺诈愚昧无知，勇悍的使怯懦者困苦，疾病者不得养，老人、幼童、孤儿、寡母不得安乐，这些是导致天下大乱的因素。所以，先王制礼作乐，都是对人的行为加以节制：以衰麻哭泣的礼仪制度，节制丧葬；钟鼓干戚等乐制，调和安乐；婚姻冠笄的制度，区别男女大防；乡射、大射、乡饮酒及其他宴客享食的礼节制度，端正人际间的交往关系。用礼节制民心，用乐调和民气，以政治推行之，刑罚防范之。礼乐刑政四者都能发达而不相悖乱，帝王之术也就完备了。

【原文】

乐者为同，礼者为异。同则相亲，异则相敬。乐胜则流①，礼胜则离。合情饰貌者，礼乐之事也。礼义立，则贵贱等矣；乐文同，则上下和矣；好恶著，则贤不肖②别矣；刑禁暴，爵举贤，则政均矣。仁以爱之，义以正之，如此则民治行矣。乐由中出，礼自外作。乐由中出，故静；礼自外作，故文。大乐必易，大礼必简。乐至则无怨，礼至则不争。揖让而治天下者，礼乐之谓也。暴民不作，诸侯宾服，兵革不试，五刑不用，百姓无患，天子不怒，如此则乐达矣。合父子之亲，明长幼之序，以敬四海之内。天子如此，则礼行矣。

【注释】

①流：流移不定，这里是庄重的反义词。

②不肖：愚，不妥。

【译文】

乐的特性是要求一样，礼的特征是求

不一样。同使人们互相亲爱，异则使人互相尊敬。乐事太过不加节制，会使人之间的尊卑界限混淆、流移不定；礼事太过不加节制，则使人们之间离心离德。和合人情，使相亲爱；整饬行为、外貌，使尊卑有序，这便是礼乐的功用了。礼的精义得以实现，就贵贱有等；乐事得以统一，则上下和合，无有争斗；人们好恶分明，贤与不贤自然区分开来；用刑罚禁止强暴，以爵赏推举贤能，就会政事均平。以仁心爱人，以义心纠正他们的过失，这样就会天下大治了。乐是人心中产生的，礼则是外加于人的。正因为乐自心出，所以它有静的特征；礼自外加于人身，其特征则是注重形式、外表。因而大乐的曲调、器具必甚简易，大礼必甚俭朴。乐事做得好了人心无怨，礼事做得好了则人无所争。所谓揖让而治天下，指的就是以礼乐治天下。强暴之民不起而作乱，诸候对天子恭敬臣服，甲兵不起，刑罚不用，百姓没有忧患，天子没有怨怒，这样乐事就发达了。调合父子之间的亲情，申明长幼之间的次序，使四海之内互相敬爱。天子只要做到这些，礼的事就发达了。

【原文】

大乐与天地同和，大礼与天地同节①。和，故百物不失；节，故祀天祭地。明则有礼乐，幽则有鬼神，如此则四海之内合敬同爱矣。礼者，殊事合敬者也；乐者，异文合爱者也。礼乐之情同，故明王以相沿也。故事与时并，名与功偕。故钟鼓管磬羽籥干戚，乐之器也；屈伸俯仰缀兆舒疾，乐之文也。簠（fǔ）簋（guǐ）俎豆制度文章，礼之器也；升降上下周旋裼袭，礼之文也。故知礼乐之情者能作，识礼乐之文者能述。作者之谓圣，述者之谓明。明圣者，述作之谓也。乐者，天地之和也；礼者，天地之序也。和，故百物皆化；序，故群物皆别。乐由天作，礼以地制。过制则乱，过作则暴。明于天地，然后能兴礼乐也。论伦无患，乐之情也；欣喜欢爱，乐之官也。中正无邪②，礼之质也；庄敬恭顺，礼之制也。若夫礼乐之施于金石③，越于声音，用于宗庙社稷，事于山川鬼神，则此所与民同也。

【注释】

①节：就是节其贵贱，使贵贱高下有等的意思。

②邪：邪曲，不正当，不正派。

③施于金石：用、加。金石：金指金属制成的乐器，如钟等；石指石类物质制成的乐器，如磬等。金石相合泛指一切乐器。

【译文】

大乐与天地同样地和合万物，大礼与天地同样地节制万物，和合才使诸物生长不失；节制才有了祭祀天地的不同仪式。人间有礼乐，阴司有神灵，以此二者教民，就能做到普天之下互相敬爱了。所谓礼，是要在各种场合下都做到互相尊敬；所谓乐，则是不论采用何种形式都体现同样的爱心。礼乐这种合敬合爱之情永远相同，是从古代贤明帝王一代代因袭下来。使得礼乐之事与时代相符，盛名与功德相符。所以钟鼓管磬羽龠干戚，只是乐所用器具；屈伸俯仰聚散舒疾，是乐的表现形式。而簠簋俎豆制度文章，是礼所用器具；升阶降阶、上堂下堂，环绕转身、袒露外衣、掩住外衣，都是礼的表现形式。知礼乐之情的才能制礼作乐，识得礼乐表现形式的只能记述修习先王所作不能自制。能自制作的称为圣，记述修习先王制作的称为明。谓明谓圣，就是能述能作的意思。乐是模仿天地的和谐产生的；礼是模仿天地的有序性产生的。和谐，才能使百物都化育生长；有序，才使群物都有区别。乐是按照天作成，礼是仿照地所制。所制过分了就会由于贵贱不分而生祸乱，所作过分则会因上下不和而生强暴。明白了天地的这些性质，然后才能制礼作乐。言与实和合不悖，是乐的主旨；欣喜欢爱，是乐的事迹。而中正无邪曲，是礼的实质，庄严敬顺则是礼的形制。至于礼乐加于金石，度为乐曲，用于祭祀宗庙社稷和山川神灵的形式，天子与众民都是一样的。

【原文】

王者功成作乐，治定制礼。其功大者其乐备，其治辨①者其礼具。干戚之舞，非备乐也；孰亨而祀，非达礼也。五帝殊时，不相沿乐；三王异世，不相袭礼。乐极则忧，礼粗则偏矣。及夫敦乐②而无忧，礼备而不偏者，其唯大圣乎？天高地下，万物散殊，而礼制行③也；流而不息，合同而化，而乐兴也。春作夏长，仁也；秋敛冬藏，义也。仁近于乐，义近于礼。乐者敦和，率④神而从天；礼者别宜，居鬼而从地。故圣人作乐以应天，作礼以配地。礼乐明备，天地官矣。

【注释】

①辨：通"遍"，普遍、宽广之意。

②敦乐：敦厚之乐。

③行：实行，亦可作产生解释。

④率：遵循、顺服。有敬义。

【译文】

帝王大功告成了就制作乐，文治成就了就制定礼，功业大的所制乐更加完备，文治广的所作礼制也更为具体。像舞动干戚那样的武乐，只歌颂武功，就不是完备的乐；礼重文，所以祭重气不重味，用烹熟的食物祭祀不是盛大的礼。五帝在位不同时，所作乐不相沿袭；三王不同世，也各自有礼，互不相同。乐太过则废事，后必有忧患，礼太简则不易周全，往往有偏漏。至于乐敦厚而无有忧患，礼完备又没有偏漏的，岂不是唯有大圣人才能如此吗？天空高远，地面低下，万物分散又各不相同，仿照这些实行了礼制；万物流动，变化不息，相同者合，不同者化，仿照这些兴起了乐。春天生，夏天长，化育万物，这就是仁；秋天收敛，冬天贮藏，敛藏决断，这就是义。乐能陶化万物，与仁相近；礼主决断，所以义与礼相近。乐使人际关系敦厚和睦，尊神而服从于天；礼能分别宜贵宜贱，敬鬼而服从于地。所以圣人作乐以与天相应，制礼与地相应。礼乐详明而完备，天地也就各得其职了。

【原文】

天尊地卑，君臣定矣。卑高已陈①，贵贱位矣。动静有常，小大殊矣。方以类聚，物以群分，则性命不同矣。在天成象，在地成形，如此则礼者天地之别也。地气上齐②，天气下降，阴阳相摩，天地相荡，鼓之以雷霆，奋之以风雨，动之以四时，暖之以日月，而百化兴焉，如此则乐者天地之和也。化不时则不生，男女无辨则乱升，天地之情也。及夫礼乐之极乎天而蟠乎地，行乎阴阳而通乎鬼神，穷高极远而测深厚。乐著大始而礼居成物。著不息者天也，著不动者地也。

一动一静者，天地之间也。故圣人曰"礼乐云"。

乐
记

【注释】

①陈：陈列、布陈。

②齐：通"跻"，升也。

【译文】

天尊贵、地卑贱，君臣像天地，其地位高下就确定了。山泽高卑不同，布列在那里。公卿像山泽，其地位就有了贵贱之分。或动或静，各有常行，大者静，小者动，万物的大小就可以区别了。法术性行等无形体者以类相聚，世间万物有形体者以群相分，群类有不同，其性命长短也不相同。万物在天者显光亮，在地者成形体，如此说，礼就是天地间万物的界限和区别。地上的气上升，天上的气下降，地气为阴，天气为阳，所以阴阳之气相促迫，天地之气相激荡，以雷霆相鼓动，以风雨相润泽，于是万物奋迅而出，并随四时而变动，再以日月的光泽相温暖，就变化生长起来了。如此说，乐就是天地万物间的和合和谐调。化育不时万物就不能产生，男女没有分别就会产生祸乱，这是天地的情趣或意志。并且礼乐充斥于天地之间，连阴阳神灵也与礼乐之事相关，高远至于日月星三辰，深厚如山川，礼乐都能穷尽其情。乐产生于万物始生的太始时期，而礼则产生于万物形成以后。生而不停息者是天，生而不动者是地。有动有静，是天地间的万物。礼乐像天地，所以圣人才有以上关于礼乐的种种论述。

【原文】

乐也者，施也；礼也者，报也。乐，乐其所自生；而礼，反其所自始。乐章德，礼报情反始也。所谓大辂者，天子之车也；龙旗九旒，天子之旌也；青黑缘者，天子之宝龟也；从之以牛羊之群，则所以赠诸侯也。乐也者，情之不可变者也；礼也者，理之不可易者也。乐统同，礼辨异，礼乐之说管乎人情矣。穷本知变，乐之情也；著诚去伪，礼之经也。礼乐偩天地之情，达神明之德，降兴上下之神，而凝是精粗之体，领父子君臣之节。是故大人举礼乐，则天地将为昭焉。天地䜣合，阴阳相得，煦妪覆育万物，然后草木茂，区萌达，羽翼奋，角觡生，蛰虫昭苏，羽者妪伏，毛者孕鬻（yù）①，胎生者不殰（dú）而卵生者不殈②，则乐之道归焉耳。

【注释】

①鬻（yù）：通"育"，生。

②殰（dú）：胎未生而死。殈：卵裂。

【译文】

乐的性质是施予；礼的性质是报答。乐的目的是为自己心中所生的情感而表示欢乐；而礼的目的是要追思其始祖的功绩加以祭祀。乐的作用是张扬功德，礼却是要反映自身得民心的情况，并追思其原因。礼主报，试看诸侯所有的那种称为大路的金玉车子，原是天子之车；绘有龙纹饰有九旒的旗子，原是天子之旗；青黑须髯，用于占卜的宝龟，原是天子之龟；还附带有成群的牛羊，所有这些都是天子回报来朝诸侯的礼品。乐歌颂的是人情中永恒不变的主题；礼表现的则是世事中不可移易的道理。乐在于表现人情中的共性部分，礼则是要区别人们之间的不同，礼乐相合就贯穿人情的终始了。深得本源，又能随时而变，是乐的内容特征；彰明诚实，去除诈伪，是礼的精义所在。礼乐相合就能顺从天地的诚实之情，通达神明变化的美德，以感召上下神祇，成就一切事物，统领父子君臣的大节。所以，在上位的贤君明臣若能按礼乐行事，天地将为此而变得光明。至于使天地之气欣然和合，阴阳相从不悖，熏陶母育万物，然后使草木茂盛，种子萌发，飞鸟奋飞，走兽生长，蛰虫复苏，披羽的孵化，带毛的生育，胎生者不死胎，卵生者不破卵。乐的全部功能就在于此了。

【原文】

乐者，非谓黄钟大吕弦歌干扬也，乐之末节也，故童者舞之；铺筵席，陈尊俎，列笾豆，以升降为礼者，礼之末节也，故有司掌之。乐师辨①乎声诗，故北面而弦；宗祝辨乎宗庙之礼，故后尸；商祝辨乎丧礼，故后主人②。是故德成而上，艺成而下；行成而先，事成而后。是故先王有上有下，有先有后，然后可以有制于天下也。

【注释】

①辨：明悉、详审。

②主人：礼仪的主办者为主人，观礼者为宾客。

【译文】

乐，不是指黄钟大吕和弦歌舞蹈，这只是乐的末节，所以只命童子奏舞也就够了；布置筵席，陈列樽俎笾豆，进退拜揖，这些所谓的礼，也只是礼的末节，命典礼的职役掌管也就够了。乐师熟习声诗，只让他在下首演奏；宗祝熟习宗庙祭礼，地位却在尸的后面；商祝熟习葬礼，地位也在主人后面。所以说是品德成就的居上位，技艺成就的居下位；功行成就的在前，职任琐事的在后。因此先王使有上下先后的分别，然后才制礼作乐，颁行于天下。

【原文】

凡奸声感人而逆气应之，逆气成象①而淫乐兴焉。正声感人而顺气应之，顺气成象而和乐兴焉。倡和有应，回邪曲直各归其分，而万物之理，各以类相动也。是故君子反情②以和其志，比类以成其行。奸声乱色不留聪明，淫乐慝礼不接心术，惰慢邪辟之气不设于身体，使耳目鼻口心知百体皆由顺正，以行其义。然后发以声音，而文以琴瑟，动以干戚，饰以羽旄，从以箫管，奋至德之光，动四气之和，以著万物之理。是故清明象天，广大象地，终始象四时，周还象风雨。五色成文而不乱，八风从律而不奸，百度③得数而有常；小大相成，终始相生，倡和清浊，迭相为经。故乐行而伦清，耳目聪明，血气和平，移风易俗，天下皆宁。故曰"乐者乐也"。君子乐得其道，小人乐得其欲。以道制欲，则乐而不乱；以欲忘道，则惑而不乐。是故君子反情以和其志，广乐以成其教，乐行而民乡方④，可以观德矣。

【注释】

①成象：造成影响，产生具体的表现。

②反情：约束其情欲，不任其流荡。

③百度：百刻，即一昼夜的时间长度。

④乡方：乡，通"向"。方，道。乡方就是心向道德。

【译文】

人的气质都有顺、逆两个方面，所感不同有不同表现。受奸邪不正派的乐声所感，逆气就反映出来，逆气造成恶果，又促使淫声邪乐产生。受正派的乐声所感，顺气就反映出来，顺气造成影响，又促使和顺的乐声产生出来。奸正与逆顺相互唱和呼应，使正邪曲直各得其所，而世间万物的道理也都与此一般，是同类互相感应的。所以居上位的君子才约束情性，和顺心志，比拟善类以造就自己美善的德行情操。务使不正当的声色不入心田，以免迷惑自己的耳目聪明；淫乐秽礼不与心术相接触，怠惰、轻慢、邪辟的气质不加于身体，使耳、目、口、鼻、心知等身体的所有部分都按照"顺""正"二字的原则，执行各自的官能功用。然后以如此美善的身体、气质发为声音，再以琴瑟之声加以文饰美化，以干戚谐调其动作，以羽旄装饰其仪容，用箫管伴奏，奋发神明至极恩德的光耀，以推动四时阴阳和顺之气，阐明万物生发的道理。因而这种音乐歌声朗朗，音色像天空一样清明；钟鼓铿锵，气魄像地一样广大；五音终始相接，如四时一样的循环不止；舞姿婆娑，进退往复如风雨一般地周旋。以致与它相配的五色也错综成文而不乱，八风随月律而至没有失误，昼夜得百刻之数，没有或长或短的差失，大小月相间而成岁，万物变化终始相生，清浊相应，迭为主次。所以乐得以施行，就能使人伦分明，不相混淆；耳聪目明，不为恶声恶色所乱；血气平和，强暴止息；风俗移易，归于淳朴，天下皆得乐，享安宁。所以说"乐就是欢乐的意思"。居上位的君子为从乐中得到正天下的道理而欢乐，士庶人等为从乐中满足了自己的私欲而欢乐。若以道德节制私欲，就能得到真正的欢乐而不会以乐乱性；若因私欲遗忘了道德，就会因真性惑乱而得不到真正的快乐。因此君子约束情性以使心志和顺，推广乐治以促成其教化。乐得以施行而百姓心向道德，就可由此以观察人君的品德了。

【原文】

君子曰：礼乐不可斯须去身。致乐以治心，则易、直、子、谅之心油然生矣。易、直、子、谅之心生则乐，乐则安，安则久，久则天，天则神。天则不言而信，神则不怒而威。致乐，以治心者也。致礼以治躬则庄敬，庄敬则严威。心中斯须不和不乐，而鄙诈之心入之矣；外貌斯须不庄不敬，而易慢之心入之矣。故乐也者，动于内者也；礼也者，动于外者也。乐极和，礼极顺。内和而外顺，则民瞻其颜色而弗与争也，望其容貌而民不生易慢焉。故德辉动乎内而民莫不承听，理发诸外而民莫不承顺[1]。故曰："致礼乐之道，举而错[2]之天下无难矣。"

【注释】

①承顺：承奉与顺从。

②错：错置，引申为施于。

【译文】

君子说：礼乐片刻不可以离身。追求用乐治理人心，和易、正直、亲爱、诚信的心地就会油然而生。和易、正直、亲爱、诚信的心地产生就会感到快乐，心中快乐身体就会安宁，安宁则乐寿，长寿就会使人像对天一样的信从，信极生畏，就会如奉神灵。以乐治心，就能如天一样不言不语，民自信从；就能如神一样从不发怒，民自敬畏。制乐是用来治理人心的；治礼则是用来治身的。治身则容貌庄重恭敬，庄重恭敬则生威严。心中片刻不和不乐，卑鄙欺诈之心就会乘虚而入；外貌片刻不庄不敬，轻慢简易之心就会乘虚而入。所以乐是对内心起作用的；礼是对外貌起作用的。乐极平和，礼极恭顺。心中平和而又外貌恭顺，百姓瞻见其容颜面色就不会与他竞争，望见他的容貌就不会生简易怠慢之心。乐产生的品德的光耀在心中起作用，百姓无不承奉听从；礼产生的容貌举止的从容人理在外表起作用，百姓无不承奉顺从，所以说"懂得礼乐的道理，把它举而用之于天下，不会遇到难事"。

【原文】

魏文侯问于子夏曰："吾端冕而听古乐则唯恐卧，听郑卫之音则不知倦。敢问古乐之如彼，何也？新乐之如此，何也？"子夏对曰："今夫古乐，进旅退旅，和正以广，弦匏笙簧，会守拊鼓，始奏以文，复乱以武，治乱以相，讯疾①以雅。君子于是语，于是道古，修身及家，平均天下。此古乐之发也。今夫新乐，进俯退俯，奸声以滥，溺而不止，及优②侏儒，獶（yōu）③杂子女，不知父子。乐终不可以语，不可以道古。此新乐之发也。今君之所问者乐也，所好者音也。夫乐者与音，相近而不同。"

【注释】

①讯疾：即迅疾，言舞者动作轻捷。

②优：俳优，即逗人笑乐的艺人，古时身份极为低贱。

③獶（yōu）：同"猱"，猕猴。

【译文】

魏文侯问子夏说："我身服衮冕，恭恭敬敬地听古乐，却唯恐睡着了觉，听郑卫之音就不知道疲倦。请问古乐那样令人昏昏欲睡，原因何在？新乐这样令人乐不知疲，又是为何？"子夏回答说："如今的古乐，齐进齐退，整齐划一，乐声谐和、雅正，而且气势宽广，弦匏笙簧一应管弦乐器都听拊鼓节制，以擂鼓开始，以鸣金铙结束，将终以相理其节奏，舞姿迅捷且又雅而不俗。君子由这些特征称说古乐，谈论制乐时所含深意，近与自己

修身、理家、平治天下的事相联系。这是古乐所起作用。如今的新乐，进退曲折，或俯或仰，但求变幻，不求整齐，乐声淫邪，沉溺不反，并有俳优侏儒，侧身其间，男女无别，不知有父子尊卑，如猕猴摩聚。乐终之后无余味可寻，又不与古事相连，这是新乐的作用。现在您所问的是乐，所喜好的却是音。乐与音虽然相近，其实不同。"

【原文】

宾牟贾侍坐于孔子，孔子与之言，及乐，曰："夫《武》之备戒之已久，何也？"对曰："病不得其众也。""咏叹之，淫液之①，何也？"对曰："恐不逮事也。""发扬蹈厉之已蚤，何也？"对曰："及时事也。"《武》坐致右宪左，何也？"对曰："非《武》坐也。""声淫及商，何也？"对曰："非《武》音也。"子曰："若非《武》音，则何音也？"对曰："有司失其传也。若非有司失其传，则武王之志荒矣。"子曰："唯丘之闻诸苌弘，亦若吾子之言是也。"宾牟贾起，免席而请曰："夫《武》之备戒之已久，则既闻命矣。敢问迟之迟而又久，何也？"

【注释】

①淫液：与"淫逸"同，反复致意，如同流连忘返。

【译文】

宾牟贾陪孔子坐，孔子与他闲聊，说到乐，孔子问道："《武》乐开始时击鼓警众，与别的乐相比，持续时间长，这有什么含意？"宾牟贾答道："表示武王伐纣之初，担心得不到众诸侯的拥护，迟迟不肯发动。""其歌声反复咏叹，曼声长吟，是什么意思？"答道："那是心有疑虑，生怕事不成功的缘故。""《武》舞一开始便手舞足蹈，气势威猛，是什么意思？"答说："表示时至则动，当机立断，不要错过了时机。"《武》舞做的动作与他舞不同，是右腿单膝着地，那是什么意思？"答道："这不是《武》舞原有的动作。""歌声表现出有贪图商王政权的不正当目的，这是什么原因？"答道："这不是《武》舞原有的曲调。"孔子说："不是《武》舞原有的曲调，那是什么曲调？"答道："掌管《武》乐的机构已失传了。若非如此，就表示武王作乐时，心志已经荒耄昏愦了。"孔子道："对，对。我曾听苌弘说过，他也是这个意思。"宾牟贾起身，立于坐席之下，请问道："《武》乐击鼓警众，迟迟不肯开始，我所知仅限于此，承蒙您所说，苌弘也这样解释，应该就是这个意思了。但我不明白的是，稍迟些就是了，为何竟拖得那样久？"

【原文】

乐也者，动于内者也；礼也者，动于外者也。故礼主其减，乐主其盈。礼减而进，以进为文；乐盈而反，以反为文。礼减而不进则销，乐盈而不反则放。故礼有报而乐有反。礼得其报则乐，乐得其反则安；礼之报，乐之反，其义一也。夫乐者乐也，人情之所不能免也。乐必发于声音，形于动静，人之道也。声音动静，性术之变，尽于此矣。故人不能无乐，乐不能无形。形而不为道，不能无乱。先王耻其乱，故制《雅》《颂》之声以道之，使其声足乐而不流，使其文足论而不息，使其曲直、繁省、廉肉、节奏，足以感动人之善心而已矣，不使放心邪气得接焉，是先王立乐之方也。是故乐在宗庙之中，君臣上下同听之，则莫不和敬。在族长乡里之中，长幼同听之，则莫不和顺。在闺门之内，父子兄弟同听之，则莫不和亲。故乐者，审一以定和，比物以饰节，节奏合以成文，所以合和父子君臣，附亲万民也，是先王立乐之方也。故听其《雅》《颂》之声，志意得广焉。执其干戚，习其俯仰诎伸，容貌得庄焉。行其缀兆，要其节奏，行列得正焉，进退得齐焉。故乐者天地之齐，中和之纪，人情之所不能免也。夫乐者，先王之所以饰喜也，军旅鈇钺者，先王所以饰怒也。故先王之喜怒，皆得其侪焉。喜则天下和之，怒则暴乱者畏之。先王之道，礼乐可谓盛矣。

【译文】

音乐是发动于人的内心的，礼仪是发动于人的外表的。所以，礼主张消减欲望，乐主张盈满情怀。礼消减而前进，以前进为文德；乐盈满而返回，以返回为文德。礼消减而不前进则会销毁，乐盈满而不返回则会放纵。所以，礼有回报而乐有反情。礼得到回报则乐，乐得其反情则安详。礼的回报，乐的反情，其义理是一样的。乐，即是快乐的情感的抒发，是人情所不可避免的天生的情感的表露。所以人不能没有乐。欢乐必然要借声音来表达，借动作来表现，这是人之常情。声音和动作表现人们内心思想情感的变化，全部表现无遗。所以，人不能没有欢乐，欢乐不能不表现出来，表现得不合规范，就不能不混乱。先前的君王憎恶邪乱，所以创制了《雅》和《颂》的乐歌来加以引导。使乐歌足以令人快乐而不放纵，使乐歌的文词足以明晰而不隐晦，使乐歌的曲折、平直、繁杂、简洁、细微、洪亮和节奏足以激发人们的向善之心，不让放纵邪恶的念头来影响人心。这就是前代君主作乐的宗旨。因此，在宗庙里演奏先王之乐，君臣上下一同聆听，没有谁不附和恭敬；在族长乡里演奏音乐、年长的和年幼的人一同聆听，没有谁不和谐顺从；在家门之内演奏音乐，父子兄弟一同聆听，没有谁不和睦亲近。所以，作乐要先确定基调宫音以协调众音，用各种乐器演奏以表现节奏，节奏和谐而形成整个乐章，用它来协调君臣父子的关系，使民众相亲相随。这就是前代君王作乐的宗旨。所以，听到《雅》《颂》的乐歌，会使人心胸开阔；拿着盾戚等舞具，学习俯、仰、屈、伸等舞蹈动作，会使人仪态变得庄重；按一定的行列和区域行动，配合着音乐的节奏。行列就会整齐了，进退也协调统一。所以，乐表现了天地间的协同一致，是中正谐和的纲纪，是人的性情必不可少的。音乐，先代圣王用它来表达喜乐，军队铁钺，先代圣王用来表达愤怒。所以，先代圣王的喜怒，都能够得以表现于其同类。喜则天下人附和他，怒则暴乱者畏惧他。先代圣王的大道，礼乐可以说是盛大了。

祭法

本篇记述祭祀的礼法，主要记载了虞、夏、商、周四个朝代所举行的禘、郊、祖、宗等祭祀的祭法。需要注意的是，我国古代历史上，世人通称夏、商、周三代，某些古籍却称虞、夏、商、周四代。

【原文】

祭法：有虞氏禘黄帝而郊喾，祖颛顼而宗尧。夏后氏亦禘黄帝而郊鲧，祖颛顼而宗禹。殷人禘喾而郊冥，祖契而宗汤。周人禘喾而郊稷，祖文王而宗武王。燔柴于泰坛，祭天也；瘗埋于泰折，祭地也；用骍犊。埋少牢于泰昭，祭时也；相近于坎坛，祭寒暑也。王宫①，祭日也；夜明②，祭月也；幽宗③，祭星也；雩（yú）宗④，祭水旱也；四坎坛，祭四方也。山林、川谷、丘陵，能出云为风雨，见怪物，皆曰神。有天下者，祭百神。诸侯在其地则祭之，亡其地则不祭。大凡生于天地之间者，皆曰命。其万物死，皆曰折；人死，曰鬼。此五代之所不变也。七代之所更立者：禘、郊、宗、祖，其余不变也。

【注释】

①王宫：祭日之坛名，即日坛。

②夜明：祭月之坛名，即月坛。

③幽宗：星坛。

④雩（yú）宗：水旱坛。

【译文】

祭祀的规定：有虞氏稀祭时以黄帝配享，郊祭时以帝喾配享，宗庙之祭以颛顼为祖，以帝尧为宗。夏后氏禘祭时也以黄帝配享，郊祭时以鲧配享，宗泰折挖坑掩埋祭品，这是祭地之礼。祭天和祭地，都用赤色牛犊作牺牲。把少牢埋到泰昭坛上，这是祭四时之礼。在坑里或在坛上攘祈，这是祭寒暑之神。日坛是祭日之所，月坛是祭月之所，星坛是祭星之所，水旱坛是祭水旱之神之所。东西南北四方的坎和坛，是祭四方之神之所。一切山林、川谷、丘陵，只要它能吞云吐雾，兴风作雨，出现异常现象，就把它叫作神。天子应遍祭天下的名山大川；诸侯只祭自己境内的名山大川，如果丧失了国土，也就不用祭了。总的说来，凡是生活在天地之间的东西都叫作有生命。其中，万物之死都叫"折"，人死则叫"鬼"。这是五代以来都没有什么改变的。七代以来有所变化的只是禘祭、郊祭、宗祭、祖祭的对象有所不同，其他方面并没有什么改变。

【原文】

天下有王，分地建国，置都立邑，设庙祧坛墠而祭之，乃为亲疏多少之数。是故王立七庙，一坛一墠，曰考庙，曰王考庙，曰皇考庙，曰显考庙，曰祖考①庙，皆月祭之。远庙为祧，有二祧②，享尝③乃止。去祧为坛，去坛为墠。坛墠，有祷焉祭之，无祷乃止。去墠曰鬼。诸侯立五庙，一坛一墠。曰考庙，曰王考庙，曰皇考庙，皆月祭之；显考庙，祖考庙，享尝乃止。去祖为坛，去坛为墠。坛墠，有祷焉祭之，无祷乃止。去墠为鬼。大夫立三庙、二坛，曰考庙，曰王考庙，曰皇考庙，享尝乃止。显考祖考无庙，有祷焉，为坛祭之。去坛为鬼。嫡士二庙一坛，曰考庙，曰王考庙，享尝乃止。显考无庙，有祷焉，为坛祭之。去坛为鬼。官师④一庙，曰考庙。王考无庙而祭之，去王考为鬼。庶士、庶人无庙，死曰鬼。

【注释】

①考：父。王考：祖父。皇考：曾祖。显考：高祖。祖考：始祖。

②二祧：高祖之父和高祖之祖。

③享尝：四时的祭祀。规格低于月祭。

④官师：指诸侯的中士、下士。

【译文】

普天之下只有一个天子，于是分九州之地，建诸侯之国，为公卿设都，为大夫置邑，还普遍设立庙、祧、坛、墠来祭祀祖先，并按照关系的远近来决定祭祀的次数和规格。所以天子设立七庙和一坛一墠：即父庙、祖父庙、曾祖庙、高祖庙、始祖庙，以上五庙皆每月祭祀一次；高祖以上的远祖之庙叫作祧，天子有两个祧，只是每季祭祀一次；祧中的远祖迁出，则在坛上祭祀；坛上的远祖迁出，则在墠上祭祀；对于迁到坛墠上的远祖神主，只是在有所祈祷时才加以祭祀，无所祈祷就不祭祀；从墠上迁出的远祖叫作鬼，除非遇上禘祭，通常就不祭了。诸侯设立五庙和一坛一墠：即父庙、祖父庙、曾祖庙，以上三庙每月祭祀一次；其高祖庙、始祖庙，每季祭祀一次；从始祖庙中迁出的神主在坛上祭祀，从坛上迁出的远祖神主在墠上祭祀；对于迁到坛墠上的远祖神主，有所祈祷就祭祀，否则就不祭祀；从墠上迁出的远祖叫作鬼，除非遇上禘祭，通常是不祭的。大夫设立三庙二坛：即父庙、祖父

庙、曾祖庙，此三庙每季祭祀一次；大夫的高祖、始祖无庙，如果有事向他们祈祷，就在坛上祭之；从坛上迁出的远祖叫作鬼。嫡士设立二庙一坛：即父庙、祖父庙，此二庙每季祭祀一次；其曾祖无庙，如果有事向曾祖祈祷，就在坛上祭之；从坛上迁出的曾祖以上的远祖叫作鬼。官师只立一庙，即父庙；其祖父无庙，如果要祭，就在父庙祭之；祖父以上的祖先去世了叫作鬼。普通的士和庶人没有资格立庙，他们的父祖去世了就叫作鬼。

【原文】

夫圣王之制祭祀也：法施于民则祀之，以死勤事则祀之，以劳定国则祀之，能御大菑则祀之，能捍大患则祀之。是故厉山氏之有天下也，其子曰农，能殖百谷；夏之衰也，周弃继之，故祀以为稷。共工氏之霸九州也，其子曰后土，能平九州，故祀以为社。帝喾能序星辰以著众；尧能赏均刑法以义终；舜勤众事而野死。鲧鄣鸿水而殛死，禹能修鲧之功。黄帝正名百物以明民共财，颛顼能修之。契为司徒而民成；冥勤其官而水死。汤以宽治民而除其虐；文王以文治，武王以武功，去民之菑。此皆有功烈于民者也。及夫日月星辰，民所瞻仰也；山林川谷丘陵，民所取财用也。非此族也，不在祀典。

【译文】

圣王制定祭祀的原则：凡是被百姓树立为榜样的就祭祀，凡是因公殉职的就祭祀，凡是为安邦定国建有功劳的就祭祀，凡是能为大众防止灾害的就祭祀，凡是能救民于水火的就祭祀。所以当厉山氏统治天下的时候，他有一个儿子叫农，能够指导人民种植百谷；到了夏代衰亡之时，周人的始祖弃能够继承农的未竟之业，所以被后人奉为稷神来祭祀。当共工氏称霸九州的时候，他有一个儿子叫后土，能够区划九州的风土，使人民各得其所，所以被人当作社神来祭祀。帝喾能根据星辰的运行划定四时，使人民的劳动与休息各有定时；帝尧能尽量使刑法公正，为民表率；帝舜为操劳国事而死于他乡；鲧治理洪水，大功未成而被杀死；夏禹能完成父亲未竟之业；黄帝能给各种事物都取个合适的名称，使人民贵贱有别，都可取用山泽的物产；颛顼能进一步完善黄帝的事业；契作为司徒在教化人民方面成绩卓著；冥恪尽职守，死在他的工作岗位上；商汤能对待人民宽厚，除暴安良；文王以其文治，武王以其武功，为人民除去纣这个祸害。上述诸人，都是为人民建功立业的人，所以被人们当作神来祭祀。此外还有日，月、星辰之神，人民赖以区分四时，安排农事；还有山林、川谷、丘陵之神，人民赖以取得各种生产生活资料。不属于此类情况的，就不会被人们当作神灵来祭祀了。

祭义

　　祭祀是我国古代礼典的一部分，是儒家礼仪中主要部分，礼有五经，莫重于祭，是以事神致福。"祭祀"也意为敬神、求神和祭拜祖先。行礼，表示崇敬并求保佑。本篇主要阐述祭祀之礼的意义，另外还有一些关于养老、孝悌的记述。

【原文】

祭不欲数，数则烦，烦则不敬。祭不欲疏，疏则怠，怠则忘。是故君子合诸天道：春禘秋尝。霜露既降，君子履之，必有悽怆之心，非其寒之谓也。春，雨露既濡，君子履之，必有怵惕之心，如将见之。乐以迎来，哀以送往，故禘有乐而尝无乐。

【译文】

祭祀的次数不能太频繁，太频繁就会使人感到厌烦，有厌烦之心就是对神不敬。祭祀的次数也不能太稀少，太稀少就会使人怠惰，有怠惰之心就会导致忘掉祖先。所以君子按照天的运行规律，春天举行禘祭，秋天举行尝祭。秋天来了，霜露覆盖大地，君子脚踏霜露，一定会有凄凉之感。这倒不是由于天气的寒冷，而是触景生情，想起了死去的亲人；春天来了，雨露滋润大地，君子脚踏雨露，一定会怵然动心，希望能像春回大地那样重见死去的亲人。人们以快乐的心情迎接亲人的归来，以悲哀的心情送别亲人的离去，所以禘祭奏乐而尝祭无乐。

【原文】

君子生则敬养，死则敬享，思终身弗辱也。君子有终身之丧，忌日之谓也。忌日不用，非不祥也。言夫日，志有所至，而不敢尽其私也。唯圣人为能飨帝，孝子为能飨亲。飨者，乡也。乡之，然后能飨焉。是故孝子临尸而不怍。君牵牲，夫人奠盎。君献尸，夫人荐豆。卿大夫相君，命妇相夫人。齐齐①乎其敬也，愉愉乎其忠也，勿勿诸其欲其飨之也。

【注释】

①齐齐：读作"斋斋"，恭敬严肃貌。

【译文】

君子对于父母，在他们活着时要尽心奉养，在他们去世后要虔诚祭享，终身牢记不做有辱父母的事。君子有一辈子的丧事，这句话是针对忌日来讲的。每逢忌日这一天，什么事也不做，这并不是说这一天做事不吉利，而是说这一天全部心思都在想念父母，根本就谈不上做其他事。祭飨上帝是件难做的事，只有圣人才能做到。祭飨双亲是件难做的事，只有孝子才能做到。祭飨的"飨"字，本来就是"向"的意思。只有孝子诚心向往双亲，然后双亲才会接受祭飨。所以孝子在尸的面前总是和颜悦色。诸侯祭祀时，君王亲自把牺牲牵入太庙，夫人献上盎齐之酒；君王亲自以牲血献给扮尸的人，夫人也献上豆笾；卿大夫们协助君王，卿大夫之妻协助夫人。严肃而又恭敬，和悦而又诚心，简直是迫不及待地想要被祭的神灵来享用祭品。

【原文】

郊之祭也，丧者不敢哭，凶服者不敢入国门，敬之至也。祭之日，君牵牲，穆答君，卿大夫序从。既入庙门，丽①于碑，卿大夫袒，而毛牛尚耳，鸾刀②以刲，取膟膋，乃退。爓祭，祭腥而退，敬之至也。郊之祭，大报天而主日，配以月。夏后氏祭其闇，殷人祭其阳，周人祭日，以朝及闇。祭日于坛，祭月于坎，以别幽明，以制上下。祭日于东，祭月于西，以别外内，以端其位。日出于东，月生于西。阴阳长短，终始相巡，以致天下之和。

【注释】

①丽：犹系也，拴也。

②鸾刀：祭祀时分割牲体之刀。

【译文】

天子南郊祭天，这是最最重要的吉祭，谁家死了人也不敢哭，披麻戴孝的人也不敢进入国都城门，对天的恭敬真是到极点了。举行宗庙之祭时，君王亲自牵引牲牲，嗣子在旁协助，卿大夫按照班序紧随其后。进入庙门以后，就把牲牲拴在庭中的石碑上，卿大夫袒露左臂宰牛，先取牛耳上的毛献祭，然后用鸾刀分割牲体，取出血和肠间脂肪献祭，乃退。接着还要用半生不熟的肉献祭，还要用生肉献祭，祭毕退下，也真是恭敬到极点了。南郊祭天，是为了报答上天诸神，以日神为主，以月神为配享。夏人尚黑，在黄昏时祭天。殷人尚白，在中午时分祭天。周人尚文，从早上一直祭到黄昏。祭日神是在坛上，祭月神是在坎内，以此区别幽暗和光明，以此划分上下。祭日于东方，祭月于西方，以此区别内外，端正其位。因为旭日出于东方，新月生于西方。日月一阴一阳，昼夜或长或短，终始相接，循环往复，以致天下和谐。

【原文】

天下之礼，致反始也，致鬼神也，致和用也，致义也，致让也。致反始，以厚其本也；致鬼神，以尊上也；致物用，以立民纪也。致义，则上下不悖逆矣。致让，以去争也。合此五者，以治天下之礼也。虽有奇邪，而不治者则微矣。

【译文】

天下的礼有这么五项作用：一是让人们缅怀初始，二是让人们不忘祖宗，三是开发资源以便利用，四是树立道义，五是提倡谦让。缅怀初始，意在使人饮水思源而不忘其本。不忘祖宗，意在使人知道尊上。开发资源以便利用，意在使人民的生活有保障。树立道义，意在理顺君君臣臣、父父子子的关系。提倡谦让，意在消除争讼。把这五项作用合起来，就构成了治理天下的无所不包的礼，即使还有些坏人坏事不能治住，其数量也微乎其微。

【原文】

宰我曰："吾闻鬼神之名，不知其所谓。"子曰："气①也者，神之盛也；魄也者，鬼之盛也；合鬼与神，教之至也。众生必死，死必归土：此之谓鬼。骨肉毙②于下，阴为野土；其气发扬于上，为昭明，焄蒿③，凄怆，此百物之精也，神之著也。因物之精，制为之极，明命鬼神，以为黔首则。百众以畏，万民以服。"圣人以是为未足也，筑为宫室，设为宗祧（tiāo）④，以别亲疏远迩，教民反古复始，不忘其所由生也。众之服自此，故听且速也。

【注释】

①气：魂，灵魂。与下文之"魄"对文。魂与魄都是精气、精神，区别在于魂可以游离人体之外，魄则依附人体而存在。

②毙：腐烂败坏之意。

③焄蒿：焄，同"薰"，指气味。蒿，气味蒸出貌。

④宗祧（tiāo）：宗庙和祧庙。近祖的神主在宗庙，远祖的神主居祧庙。

【译文】

宰我说："我听到人们常说鬼呀神呀的，就是不知其含义。"孔子回答说："气是神的旺盛，魄是鬼的旺盛。既祭鬼，又祭神，这便达到了圣人以神道设教的完满境界。一切活着的东西都要死去，死后其体魄必然归土，这就叫鬼。体魄腐烂于地下，化为野土；而其灵魂则发扬于上，成为看得见的光明，闻得到的气味，感受得到的凄酸，这是一切生物都具有的可以意会而难以言传的精灵，也是神的存在的显示。圣人就根据万物的这种精灵，给它们取了个至高无上的名字，曰鬼曰神，作为黎民百姓遵守的法则，于是黎民百姓都害怕神灵，服从神灵。圣人以为光这样做还不够，于是又建造宫室，设立宗庙和祧庙，用来区别亲疏远近，教导人们追怀远古，回归初始，不忘自身的来源。大众信服这种教导，很快就听从了。

【原文】

二端既立，报以二礼。建设朝事，燔燎膻芗，见以萧光，以报气也。此教众反始也。荐黍稷，羞肝肺首心，见间以侠①瓶，加以郁鬯，以报魄也。教民相爱，上下用情，礼之至也。君子反古复始，不忘其所由生也，是以致其敬，发其情，竭力从事，以报其亲，不敢弗尽也。是故昔者天子为藉千亩，冕而朱纮，躬秉耒。诸侯为藉百亩，冕而青纮，躬秉耒，以事天地、山川、社稷、先古，以为醴酪齐盛，于是乎取之，敬之至也。

【注释】

①侠：通"夹"，双也。

【译文】

既然设立了鬼和神这两个名称，就相应地报以两种不同的祭礼。一是朝事之礼，即把牲血和肠间脂肪放在萧蒿上焚烧，升起的烟，既有芳香之气，还杂有萧蒿之气。这是用气味来报答气，也就是神的。这种质朴尚古的祭祀可以提醒人们追怀初始。一是进献熟食之礼，即献以黍稷，又献以牲的肝、肺、首、心。加上两冠瓶酒，再加上郁鬯香酒。这是用熟食来报答魄，也就是鬼的。这种进献熟食之祭可以起到教民相爱的作用。对上有报神之祭，对下有报鬼之祭，从礼数上来讲可以说两头都照顾到了。君子缅怀父母以至于远祖，不忘掉自己是从哪里来的，所以对他们是有多少敬意就拿出多少敬意，有多厚的感情就拿出多厚的感情，在祭祀活动中竭心尽力以报答自己的亲人，不敢有丝毫的保留。所以从前天子有藉田千亩，到了春耕的时候，要戴上系有红色帽带的礼帽，亲执犁把而耕；诸侯也有藉田百亩，到了春耕的时候，要戴上系有青色帽带的礼帽，亲执犁柄而耕。藉田所得的收入，用来祭祀天地、山川、社稷和先祖。醴酪黍稷等祭品，就是来自藉田的收入。这是多么虔诚的祭祀啊！

【原文】

古者天子、诸侯必有养兽之官，及岁时，齐戒沐浴而躬朝之。牺牲祭牲，必于是取之，敬之至也。君召牛，纳而视之，择其毛而卜之，吉，然后养之。君皮弁素积，朔月、月半，君巡牲，所以致力，孝之至也。古者天子、诸侯必有公桑、蚕室，近川而为之。筑宫仞有三尺，棘墙而外闭之。及大昕①之朝，君皮弁素积，卜三宫之夫人、世妇之吉者，使入蚕于蚕室，奉种浴于川；桑于公桑，风戾以食之。岁既单②矣，世妇卒蚕，奉茧以示于君，遂献茧于夫人。夫人曰："此所以为君服与？"遂副袆而受之，因少牢以礼之。古之献茧者，其率用此与！及良日，夫人缫，三盆手，遂布于三宫夫人、世妇之吉者使缫；遂朱绿之，玄黄之，以为黼黻（fǔ fú）③文章。服既成，君服以祀先王先公，敬之至也。

【注释】

①大昕：季春三月初一的早上。

②单：通"殚"，尽。

③黼黻（fǔ fú）：泛指礼服上所绣的华美花纹。比喻文章。

【译文】

古时候天子和诸侯都专门设有养兽之官，每年到了一定的时候，天子和诸侯都要在斋戒沐浴之后前往巡视，因为符合要求的祭牲一定要从其中挑选，这是对祭祀极其虔敬的表现。在祭前三月，君王派人把牛牵来，亲自察看，挑选毛色纯一体无损伤的牛加以占卜，如果得到吉兆，然后就把此牛敬养起来。到了每月的初一、十五，君王还要穿上皮弁礼服，亲自察看被养之牛。在这上面下这样大的力气，也是极其孝顺的表现。古时候天子和诸侯还都设有公家的桑园和养蚕的宫室，临着河边建造，以便漂洗蚕种。养蚕的宫室有一丈高，其周围种上荆棘当墙，门反锁着。到了季春三月初一的早上，君王身穿皮弁服，通过占卜选择后宫中符合吉兆的夫人和世妇，让她们到蚕室去养蚕。她们捧着蚕种到河里漂洗，到公家的桑园里采摘桑叶，让风吹干桑叶上的露水，然后用来喂蚕。等到春季已尽，世妇们养蚕的事情也就结束了，于是捧着收获的蚕茧请君王过目，然后就献茧于夫人。夫人就说："这是用来给君王做衣服的吧！"就身着礼服而接收了下来，并且用少牢之礼慰劳献茧的世妇。古代献茧的礼节，大概都是这样吧？等到黄道吉日，夫人就开始缫丝。先由夫人把手伸入泡蚕茧的盆中三次，每次抽出一个丝头，然后就把蚕茧分给符合吉兆的夫人和世妇，让她们缫丝。此后，还要把丝分别染成红色、绿色、黑色、黄色，制成绘有各种图案的礼服。礼服做成以后，君王穿上礼服祭祀先王先公，真是虔敬到极点了。

【原文】

曾子曰："孝有三：大孝尊亲，其次弗辱，其下能养。"公明仪问于曾子曰："夫子可以为孝乎？"曾子曰："是何言与！是何言与！君子之所为孝者：先意承志，谕父母于道。参，直养者也，安能为孝乎？"

【译文】

曾子说："孝有三等。第一等的孝是能光父耀母，第二等的孝是不玷辱父母的令名，第三等的孝是能够赡养父母。"曾子的学生公明仪向曾子问道："老师您可以说是做到了'孝'字吧？"曾子答道："这是哪儿的话！这是哪儿的话！君子所谓的孝，是不等父母有所表示就把父母想办的事办了，同时又能使父母放心自己的所作所为都是合乎正道的。我只不过是能赡养父母罢了，怎能说是做到了'孝'字呢！"

【原文】

曾子曰："身也者，父母之遗体也。行父母之遗体，敢不敬乎？居处不庄，非孝也；事君不忠，非孝也；莅官不敬，非孝也；朋友不信，非孝也；战陈无勇，非孝也。五者不遂，灾及于亲，敢不敬乎？亨孰膻芗，尝而荐之，非孝也，养也。君子之所谓孝也者，国人称愿然曰：'幸哉有子如此！'所谓孝也已。众之本教曰孝，其行曰养。养，可能也，敬为难；敬，可能也，安为难；安，可能也，卒为难。父母既没，慎行其身，不遗父母恶名，可谓能终矣。仁者，仁此者也；礼者，履此者也；义者，宜此者也；信者，信此者也；强者，强此者也。乐自顺此生，刑自反此作。"

【译文】

曾子说："自己的身体，乃是父母的遗体。以父母的遗体来做事，敢不小心翼翼吗？日常起居不端重，就是不孝；为君主做事不忠诚，就是不孝；面对工作而儿戏，就是不孝；对朋友说话不算数，就是不孝；临阵作战不勇敢，就是不孝。这五个方面做不到，表面上看是自身受到惩罚，实际上是殃及父母的遗体，由此看来，敢不小心翼翼吗？用佳肴美味，岁时祭祀，这不能算作是孝，只能算作是养。君子所谓的孝，是全国的人都称美喝彩地说：'有这样儿子的爹娘真是有福气呀！'这才是所谓的孝啊。各种品德的根本叫作孝，表现于行为则叫作养。养就算是可以做到，但尊敬就难了；尊敬就算是可以做到，但毫无勉强之意就难了；毫无勉强就算是可以做到，而在父母去世之后还能坚持不改就难了。父母去世以后，还能够小心翼翼地行事，不连累父母被人诟骂，这才叫终身行孝。所谓仁，就是要仁在孝上；所谓礼，就是要履行孝字；所谓义，就是要适宜于孝的事才做；所谓信，就是要诚信在孝上；所谓努力，就是要努力在孝字上做文章。欢乐是由于顺着孝道办事而产生的，刑罚是由于违背孝道办事而导致的。"

【原文】

曾子曰："夫孝，置①之而塞乎天地，溥②之而横乎四海，施诸后世而无朝夕，推而放诸东海而准，推而放诸西海而准，推而放诸南海而准，推而放诸北海而准。

《诗》云：'自西自东，自南自北，无思^③不服。'此之谓也。"

【注释】

①置：通"植"，树立。

②溥：作"敷"，散布。

③思：助词，无义。

【译文】

曾子说："孝作为一种美德，竖起来可以顶天立地，平着放可以覆盖四海，传到后代也被人们永远奉行，不受地域的限制，推广到东海是准则，推广到西海是准则，推广到南海是准则，推广到北海也是准则。《诗经》上说：'从西到东，从南到北，没有人不遵从。'说的就是这种情况。"

【原文】

曾子曰："树木以时伐焉，禽兽以时杀焉。夫子曰：'断一树，杀一兽，不以其时，非孝也。'孝有三：小孝用力，中孝用劳^①，大孝不匮。思慈爱忘劳，可谓用力矣。尊仁安义，可谓用劳矣。博施备物，可谓不匮矣。父母爱之，嘉而弗忘；父母恶之，惧而无怨；父母有过，谏而不逆；父母既没，必求仁者之粟以祀之。此之谓礼终。"

【注释】

①劳：功劳，建功立业。

【译文】

曾子说："树木要在适当的时候砍伐，禽兽要在适当的时候捕杀。孔子说：'哪怕是砍伐一棵树木，哪怕是捕杀一只禽兽，只要砍伐、捕杀的不是时候，就是不孝。'孝有三等：小孝只要出力即可，中孝则要求建功立业，大孝则要求要什么有什么。思念父母的养育之恩而忘掉疲劳，可以说是出力了。躬行仁义，可以说是建功立业了。广泛地施惠于人，人们纷纷携带礼品参加自家的祭祀，可以说是要什么有什么了。父母喜爱自己，自己就高兴地永记在心。父母不喜欢自己，自己就戒惧反省，但无一句怨言。父母有了过失，自己可以婉言规劝，但不可和他们顶撞。父母去世，就是穷到借仁人的粮米才能进行祭祀的地步，也不向恶人乞求，这才叫终身行孝。"

【原文】

乐正子春下堂而伤其足，数月不出，犹有忧色。门弟子曰："夫子之足瘳^①矣，数月不出，犹有忧色，何也？"乐正子春曰："善如尔之问也！善如尔之问也！吾闻诸曾子，曾子闻诸夫子曰：'天之所生，地之所养，无人为大。'父母全而生之，子全而归之，可谓孝矣。不亏其体，不辱其身，可谓全矣。故君子顷步而弗敢忘孝也。今予忘孝之道，予是以有忧色也。壹举足而不敢忘父母，壹出言而不敢忘父母。壹举足而不敢忘父母，是故道而不径，舟而不游，不敢以先父母之遗体行殆。壹出言而不敢忘父母，是故恶言不出于口，忿言不反于身。不辱其身，不羞其亲，可谓孝矣。"

【注释】

①瘳：痊愈。

【译文】

乐正子春下堂时，不小心扭伤了脚，好几个月不出门，还面带忧色。他的弟子对此不解，就问道："老师的脚伤已经好了，好几个月不出门，还面带忧色，这是为什么呢？"乐正子春说："你问的太好了！你问的太好了！我听曾子说过，而曾子也是从孔子那儿听到：'天之所生，地之所养，没有比人更高贵的。'父母完整地把自己生了下来，做儿子的也要把身体完整地还给父母，这才叫作孝。不使身体受到损伤，不使名声受到污辱，这才叫作完整。所以君子抬腿动脚都不敢忘掉孝道。现在我扭伤了脚，是忘掉孝道的表现，所以我才面有忧色啊。每抬一次脚都不敢忘掉父母，每说一句话都不敢忘掉父母。因为每抬一次脚都不敢忘掉父母，所以走路的时候光走大道而不走邪径，过河的时候要乘船而渡而不游泳而渡，不敢拿已故父母的遗体冒险。因为每说一句话都不敢忘掉父母，所以伤害他人的话不出于口，别人的辱骂也绝不会摊到自己身上。不让自己的身体受辱，也就等于不让自己的父母受辱，做到这一点，可以称得上孝了。"

【原文】

昔者，有虞氏贵德而尚齿，夏后氏贵爵而尚齿，殷人贵富而尚齿，周人贵亲而尚齿。虞夏殷周，天下之盛王也，未有遗年者。年之贵乎天下久矣，次乎事亲也。是故朝廷同爵则尚齿。七十杖于朝，君问则席。八十不俟朝，君问则就之，而弟达乎朝廷矣。行，肩而不并，不错则随。见老者，则车徒辟；斑白者不以其任行乎道路，而弟达乎道路矣。居乡以齿，而老穷不遗，强不犯弱，众不暴寡，而弟达乎州巷①矣。古之道，五十不为甸徒②，颁禽隆诸长者，而弟达乎蒐狩矣。军旅什伍，同爵则尚齿，而弟达乎军旅矣。孝弟发诸朝廷，行乎道路，至乎州巷，放乎蒐狩，修乎军旅，众以义死之，而弗敢犯也。

【注释】

①州巷：犹言乡间、乡里。

②甸徒：田猎时的走卒。

【译文】

从前虞舜之时，虽然尊重有德之人，但也不忘尊重年长之人；夏代虽然重年长之人；周代虽然尊重有亲属关系的人，但也不忘尊重年长之人。虞、夏、殷、周四代，是人们公认的盛世，他们都没有忘记对年长者的尊重。由此看来，年龄被人们看重由来已久，其重要性仅次于孝道。因此，在朝廷上，彼此官爵相同，则年长者居上位；年龄到了七十岁，可以拄着拐杖上朝，君王如果有所咨询，就要在堂上为他铺席以便落座；到了八十岁不但可以扶杖上朝，而且可以在行过朝见礼后就打道回府，君王如果有所咨询，就要亲自到他府上求教。这样，悌道就通行于朝廷了。在道路上行走，不能和年长者并肩，年长者如果是兄辈的年龄，就斜错在他身后走；年长者如果是父辈的年龄，就紧随在他身后走。无论是乘车的还是步行的，遇到年长者都要让路。看见头发花白的老人挑着担子行路，年轻人就要为他代劳。这样一来，悌道就通行于道路了。在乡里居住，凡事都讲究个长幼，即使贫穷的老人也不遗弃，年轻人不可恃强凌弱，以众欺寡。这样一来，悌道就通行于乡里了。按照古代的规矩，年龄到了五十岁就可以不参加田猎活动了，而在分配猎获物的时候还要让年长者多得点。这样一来，悌道就通行于田猎了。在军队里边，宫爵相同则以年长者居上。这样一来，悌道就通行于军旅了。孝悌之道，从朝廷开始，通行于道路，通行于乡里，通行于田猎，通行于军旅，大家都抱着宁可为孝悌而死的信念，没有人敢违背它。

【原文】

祀乎明堂，所以教诸侯之孝也；食三老五更于大学，所以教诸侯之弟也。祀先贤于西学，所以教诸侯之德也；耕藉，所以教诸侯之养也；朝觐，所以教诸侯之臣也。五者，天下之大教也。食三老五更于大学，天子袒而割牲，执酱而馈，执爵而酳，冕而总干，所以教诸侯之弟也。是故乡里有齿，而老穷不遗，强不犯弱，众不暴寡，此由大学来者也。天子设四学，当入学，而大子齿。

【译文】

周代的天子在明堂祭祀文王以配上帝，就是为了教育诸侯懂得孝道；在太学里宴请三老、五更，就是为了教育诸侯懂得悌道；在西学里祭祀前代的贤人，就是为了教育诸侯培养品德；天子亲耕籍田，就是为了教育诸侯用自己的劳动果实祭祀祖先；安排诸侯定期朝见天子，就是为了教育诸侯如何恪尽臣职。以上五项，是天下最重要的教育。在太学中宴请三老、五更，天子袒开衣襟亲自切割牲肉，捧着酱请他们吃，端起酒请他们漱口，还头戴礼帽，手执盾牌，为他们起舞助兴。这是为了向诸侯示范如何尊老养老。于是乡里的居民也都能做到尊重老人，连那些贫穷的老人也不被遗漏。年轻人不恃强凌弱，不以众欺寡，这都是由于天子在太学尊老养老而形成的好风气。天子设置四学，到了年龄入学，就是太子也要和同学们按年龄大小论礼。

【原文】

天子巡守，诸侯待于竟。天子先见百年者。八十、九十者东行，西行者弗敢过；西行，东行者弗敢过。欲言政者，君就之可也。壹命齿于乡里，再命齿于族，三命不齿；族有七十者，弗敢先。七十者，不有大故不入朝；若有大故而入，君必与之揖让，而后及爵者。

【译文】

天子巡守时，诸侯要在自己的国境上恭候迎接。进入诸侯国内，要先会见百岁老人。八九十的老人走在路的左边，走在右边的人也不敢超过他们；如果他们走在路的右边，走在左边的人也不敢超过他们。他们有政见要讲，君王要登门听取。得到天子一命封爵的，还要和乡亲们按年龄大小分先后；得到二命封爵的，只要和族人按年龄大小分先后即可；得到三命封爵的，就不需与他人比较年龄大小，可以径居上位；但如果遇到有七十岁以上的族人，就不敢位居其上。七十岁以上的老人，没有重大的事情不必入朝；如果有重大事情入朝，君王一定要先和他施礼，然后才和卿大夫施礼。

【原文】

天子有善，让德于天；诸侯有善，归诸天子；卿大夫有善，荐于诸侯；士、庶人有善，本诸父母，存诸长老；禄爵庆赏，成诸宗庙；所以示顺也。昔者，圣人建阴阳天地之情①，立以为《易》。易抱龟南面，天子卷冕北面，虽有明知之心，必进断其志焉。示不敢专，以尊天也。善则称人，过则称己。教不伐以尊贤也。

【注释】

①情：指明显可见的吉凶。

【译文】

天子有了成绩，应该归功于天。诸侯有了成绩，应该归功于天子。卿大夫有

175

了成绩，应该归功于诸侯。士、庶人有了成绩，应该归功于父母，归功于长辈。遇到加官晋爵喜庆受赏之事，则应设祭告成于祖宗，以表示这是祖宗积德所致，子孙不过是托庇受荫而已。从前，圣人根据阴阳变化所显示的吉凶之兆，归纳为《易》。掌卜筮的官员抱着用来占卜的龟南面而立，天子戴着礼帽穿着龙袍北面而立，尽管天子已经胸有成竹，也一定要通过占卜做出最后的决断，这表示对天意的尊重。有成绩要归功他人，有过失则应归咎于己，这是教人不自夸，教人尊重贤人。

【原文】

孝子将祭祀，必有齐庄①之心以虑事，以具服物，以修宫室，以治百事。及祭之日，颜色必温，行必恐，如惧不及爱然。其奠之也，容貌必温，身必诎，如语焉而未之然。宿者②皆出，其立卑静以正，如将弗见然。及祭之后，陶陶遂遂③，如将复入然。是故悫善不违身，耳目不违心，思虑不违亲。结诸心，形诸色，而术④省之，孝子之志也。建国之神位，右社稷，而左宗庙。

【注释】

①齐庄：恭敬。

②宿者：助祭的宾客。宿是斋戒，助祭者也要在祭前斋戒。

③陶陶遂遂：神情恍惚而意犹未尽之貌。

④术：通"述"，此指追忆。

【译文】

孝子将要举行祭祀，一定要怀着毕恭毕敬的心情来安排祭事，准备祭服祭品，整修宫室，处理好各项事务。等到祭祀那一天，脸色必须温和，而走路却带着紧张，就好像害怕赶不上看到自己的亲人的样子。孝子在献上祭品时，要和颜悦色，身体前屈，就好像给亲人说话而等待回答的样子。助祭的宾客都陆续退出时，孝子还默默地躬身站在那里，好像视若不见的样子。等到祭祀结束，孝子还沉浸在对亲人的思念之中，神情恍惚，好像亲人还要进来的样子。所以，诚心诚意的态度一直表现在孝子身上，耳之所闻与目之所见都和心中思念的一致，心中思念的则无时无刻不是亲人。内心怀着思亲的情结，在外貌上也有所流露，反复地回忆和自省，这就是孝子的心态啊。建立国都中祭祀的神位，社神稷神的庙在王宫路门外的右边，列祖列宗的庙在王宫路门外的左边。

祭 统

　　"祭统"的意思就是：祭祀最根本的在于内心的敬畏和虔诚。祭祀先祖，这并不是迷信神灵，而是出于饮水思源的孝心。祭祀过程中的种种仪节，无不体现着孝心。在今天看来，是对先祖的感恩行动。

【原文】

凡治人之道，莫急于礼。礼有五经①，莫重于祭。夫祭者，非物自外至者也，自中出生于心也。心怵而奉之以礼，是故唯贤者能尽祭之义。

【注释】

①五经：指吉礼、凶礼、宾礼、军礼、嘉礼五礼。

【译文】

在管理百姓的种种方法之中，没有比礼更重要的了。礼有吉、凶、宾、军、嘉五种，其中最重要的便是祭礼。祭礼，并不是外界有什么东西强迫你这么做，而是发自内心深处的自觉行动。春夏秋冬，时序推移，人们感物伤时，触景生情，不由地就会想起死去的亲人，这种感情的表达就是祭之以礼。所以只有贤者才能完全理解祭礼的意义。

【原文】

贤者之祭也，必受其福。非世所谓福也。福者，备也；备者，百顺之名也。无所不顺者，谓之备。言内尽于己，而外顺于道也。忠臣以事其君，孝子以事其亲，其本一也。上则顺于鬼神，外则顺于君长，内则以孝于亲。如此之谓备。唯贤者能备，能备然后能祭。是故贤者之祭也，致其诚信与其忠敬，奉之以物，道之以礼，安之以乐，参之以时。明荐之而已矣，不求其为。此孝子之心也。祭者，所以追养继孝也。孝者，畜也。顺于道不逆于伦，是之谓畜。是故孝子之事亲也，有三道焉：生则养，没则丧，丧毕则祭。养则观其顺也，丧则观其哀也，祭则观其敬而时也。尽此三道者，孝子之行也。

【译文】

贤者的祭祀，一定会得到鬼神所赐的福，但这个福，不是世俗所说的福。贤者的福，是备的意思。而备字怎讲呢？是一切事情都顺着理办的意思。无所不顺，这就叫备。其意思是说，对自己，按着良知行事；对外界，按着道理行事。忠臣服侍君王，孝子服侍双亲，其忠其孝都来源于一个顺字。对上则顺着神灵，对外则顺着君长，对内则顺着双亲，这样做了才叫作备。只有贤者才能做到备，能做到备才能必然得到鬼神赐福的祭。所以贤者的祭祀，不过是竭尽自己的诚信与忠敬，奉献祭品，行其典礼，和之以音乐，稽之以季节，洁净地荐献而已，并不存心要神保佑赐福。这才是孝子举行祭祀时的心情。孝子的祭祀，是用来完成对父母生前应尽而未尽的供养和孝道，所谓孝，就是这种供养和孝道的积蓄。将顺字贯穿于父母的生前和身后，这才叫作孝的积蓄。所以孝子服侍父母不外乎三件事：头一件是生前好好供养，第二件是身后依礼服丧，第三件是服丧期满要按时祭祀。在供养这件事上可以看出做儿子的是否孝顺，在服丧这件事上可以看出他是否哀伤，在祭祀这件事上可以看出他是否虔敬和按时。这三件事都做得很好，才配称作孝子的行为。

【原文】

及时将祭，君子乃齐。齐之为言齐也。齐不齐以致齐者也。是故君子非有大事也，非有恭敬也，则不齐。不齐则于物无防也，嗜欲无止也。及其将齐也，防其邪物，讫①其嗜欲，耳不听乐。故记曰："齐者不乐"，言不敢散其志也。心不苟虑，必依于道；手足不苟动，必依于礼。是故君子之齐也，专致其精明之德也。故散齐七日以定之，致齐三日以齐之。定之之谓齐。齐者精明之至也，然后可以交于神明也。是故先期旬有一日，宫宰宿②夫人，夫人亦散齐七日，致齐三日。君致齐于外，夫人致齐于内，然后会于大庙。君纯冕立于阼，夫人副袆立于东房。君执圭瓒祼尸，大宗执璋瓒亚祼。及迎牲，君执纼，卿大夫从，士执刍。宗妇执盎从，夫人荐涗水。君执鸾刀羞哜（jì）③，夫人荐豆，此之谓夫妇亲之。

【注释】

①讫：防止。

②宿：通"肃"，郑重告诫之意。

③羞唷（jì）：用牙齿唷一点尝尝。

【译文】

到了将要举行祭祀的时候，君子就要斋戒。斋戒也可以说是整齐的意思，就是把身上和心里不整齐的东西整理一下以求达到整齐。所以君子不是从事于祭祀，在不需要恭敬的场合，就不斋戒。不斋戒就做事没有禁忌，嗜欲也没有限制。但到了要斋戒的时候，禁忌之事就不能做，嗜欲也要加以限制，耳不听音乐。所以古书上说："斋戒的人不举乐。"就是说斋戒的时候不敢分散心思。心无杂念，所思所想必然合乎正道；手足不乱动，抬手动脚必然合乎规矩。所以君子的斋戒，其目的就在于达到身心的纯洁。为此，先散斋七天收敛一下心志，然后再致斋三天加以整理。把心志收敛住了就叫作斋戒。斋戒是高度的身心纯洁，然后才可以和神明打交道。所以，在祭祀前十一天，宫宰要郑重地告诫夫人，于是夫人开始斋戒，先散斋七天，接着再致斋三天。君王在国君的正寝致齐，夫人在夫人的正寝致齐，到祭祀那天才会合于太庙。君王身着礼服头戴礼帽站在阼阶，夫人头戴首饰身穿礼服站在东房。君王手执圭瓒在尸前行裸礼，大宗伯手执璋瓒在尸前再行裸礼。到了迎牲入庙时，君王亲自牵着牛鼻绳，大夫紧跟在牲后，士抱着禾秆。宗妇捧着盎齐随在夫人身后，献上沆水。君王亲执鸾刀切取牲肺献给尸品尝，夫人则献上馈食之豆。这就叫作夫妇一道亲自主持祭祀。

【原文】

及入舞，君执干戚就舞位，君为东上，冕而总干，率其群臣，以乐皇尸。是故天子之祭也，与天下乐之；诸侯之祭也，与竟内乐之。冕而总干，率其群臣，以乐皇尸，此与竟内乐之之义也。

【译文】

祭祀进行到乐舞这一项目时，君王手执干戚站到舞位上，君王站在靠东边的上位，头戴礼帽，手执盾牌，率其群臣起舞，以博得皇尸的欢心。因此，天子的祭祀，是与天下臣民同乐；诸侯的祭祀，是与境内臣民同乐。诸侯头戴礼帽，手执盾牌，率其群臣起舞，以博得皇尸的欢心，这便是与境内臣民同乐的表现。

【原文】

夫祭有三重焉：献之属莫重于裸，声莫重于升歌，舞莫重于《武宿夜》，此周道也。凡三道者，所以假于外而以增君子之志也，故与志进退；志轻则亦轻，志重则亦重。轻其志而求外之重也，虽圣人弗能得也。是故君子之祭也，必身自尽也，所以明重也。道之以礼，以奉三重，而荐诸皇尸，此圣人之道也。

祭统

【译文】

在祭祀过程中有三个非常最重要的项目：在奉献祭品活动中，没有比裸礼更重要的了；在歌唱演奏活动中，没有比登堂歌唱《清庙》更重要的了；在舞蹈活动中，没有比《武宿夜》之舞更重要的了。这是周代的规矩。这三个最重要的节目，都是用来借助于外部的动作以增强君子虔诚的内心。所以二者的关系是密切相关的，内心轻忽则外部动作也不带劲，内心端庄则外部动作也随之端庄。内心轻忽而希望达到外部动作的端庄，即使是圣人也做不到。所以君子的祭祀，一定要自己竭尽诚心，这样才能使外部动作也端庄起来。遵循礼的要求，把三个最重要的节目做好而博得皇尸的欢心，这才是圣人的祭祀之道。

【原文】

夫祭有馂（jùn）①。馂者祭之末也，不可不知也。是故古之人有言曰："善终者如始。"馂其是已。是故古之君子曰："尸亦馂鬼神之余也，惠术也，可以观政矣。"是故尸谡，君与卿四人馂。君起，大夫六人馂；臣馂君之余也。大夫起，士八人馂；贱馂贵之余也。士起，各执其具以出，陈于堂下，百官②进，彻之，下馂上之余也。凡馂之道，每变以众，所以别贵贱之等，而兴施惠之象也。是故以四簋黍见其修于庙中也。庙中者，竟内之象也。祭者，泽之大者也。是故上有大泽则惠必及下，顾上先下后耳。非上积重而下有冻馂之民也。是故上有大泽，则民夫人待于下流，知惠之必将至也，由馂见之矣。故曰："可以观政矣。"

【注释】

①馂（jùn）：吃剩余的食物。这里指祭祀结束后大家分享神灵用过的祭品。
②百官：指祭祀时各种当差的人。

【译文】

祭礼中有馂这回事。虽然馂是祭祀末尾的事，但也不可不了解其意义。所以古人这样说过："好的结束要像好的开始一样，馂这件事大概是最能说明这一点了。"所以古代的君子说："尸虽然尊贵，但他也吃神灵吃剩的东西。馂也是一种施惠之道，从中可以观察出政治意义来。"所以尸食毕起身离席，就由君王和卿四人吃尸剩下的祭品；君王吃罢起身，就由大夫六人吃君王吃剩的祭品，这叫作臣吃君之剩余；大夫吃罢起身，就由士八人吃剩下的，这叫作贱者吃贵者剩下的；士吃罢起身，各人端着盛有剩余祭品的食具出来，陈列在堂下，由各种当差的吃剩下的，吃毕撤掉，这叫作底下人吃在上位者之剩余。综观馂的全过程，每变一次馂的人数就随之增多，这是要表明人有贵贱之分，而施惠的对象却越来越多。所以用四盘祭品就可以表现出恩惠遍施于庙中。而庙中，乃是整个国境内的缩影。祭礼中的馂，是一种大的恩泽。所以上面有大的恩泽，就一定要惠及下面，只不过上面的先得到而下面的后得到而已，并不是把上面的都撑死而把下面的都饿死。所以上面有大的恩泽，民众就会都在下面等待，相信恩泽也必定会落到他们头上。这一切都是从馂这件事上反映出来的，所以说："可以从中观察出政治意义来。"

【原文】

夫祭之为物大矣，其兴物备矣。顺以备者也，其教之本与？是故君子之教也，外则教之以尊其君长，内则教之以孝于其亲。是故明君在上，则诸臣服从；崇事宗庙社稷，则子孙顺孝。尽其道，端其义，而教生焉。是故君子之事君也，必身行之，所不安于上，则不以使下；所恶于下，则不以事上；非诸人，行诸己，非教之道也。是故君子之教也，必由其本，顺之至也，祭其是与？故曰："祭者，教之本也已。"

【译文】

祭祀作为一件事情可以说是够大的了，祭祀时荐献的供品够完备了。孝顺的心再加上完备的祭品，这大概也就是教化的根本吧！所以君子的施行教化，在社会上就教育人们尊敬君长，在家庭里就教育他们孝顺双亲。所以至明的君主在上，则大小臣工服从；尊敬地祭祀宗庙社稷，则子孙孝顺。竭尽祭祀之礼，端正祭祀之义，这就需要教化了。所以君子服侍君王，一定要身体力行。自己感到上面有什么地方做得不对，就不要再让下面这样去做；自己厌恶下面的某些做法，就不要再这样去应付上面。不让人家

182

去做，而自己却明知故犯，这不是教育的方法。所以君子的施行教化，一定要从根本抓起，提纲挈领，这样的办法大概非祭祀莫属吧！这就无怪乎人们说：祭祀是教化的根本。

【原文】

夫鼎有铭，铭者，自名也。自名以称扬其先祖之美，而明著之后世者也。为先祖者，莫不有美焉，莫不有恶焉，铭之义，称美而不称恶，此孝子孝孙之心也。唯贤者能之。铭者，论譔其先祖之有德善，功烈勋劳庆赏声名列于天下，而酌之祭器；自成其名焉，以祀其先祖者也。显扬先祖，所以崇孝也。身比焉，顺也。明示后世，教也。夫铭者，壹称而上下皆得焉耳矣。是故君子之观于铭也，既美其所称，又美其所为。为之者，明足以见之，仁足以与之，知足以利之，可谓贤矣。贤而勿伐，可谓恭矣。

【译文】

作为祭器的鼎，其上经常铸有铭文。所谓铭文，就是首先称扬先祖之功德而后再附己名于其下，自己附名于下以称扬先祖的美德，并使之明显地传于后世。那作为先祖的人，没有一个没有优点，也没有一个没有缺点。而铭文的要求，是只赞美其优点而掩盖其缺点。这种孝子孝孙的用心，只有贤者才能办到。制作铭文，就是要论述自己先祖的美德、功业、勋劳、受到的褒奖和荣誉，公布于天下，而斟酌其要点而刻之于祭器，同时附上自己的名字，用来祭祀其先祖。赞扬先祖，表示自己的孝敬；自己附名其下，表示自己要效法他们；明示后世，表示对子孙后代的教育。由此看来，制作铭文真是一举三得的事。所以君子在观看铭文时，既赞美铭文中称道的祖先美德，又赞美铭文制作这件事本身。制作铭文的人，其明察足以看到祖宗的美德，其仁爱足以使他能果断地决定此事，其智慧足以使他和他的子孙从这件事上得到好处，真可以说是聪明透顶了。聪明透顶而又不自夸，真可以算是谦恭了。

【原文】

昔者，周公旦有勋劳于天下。周公既没，成王、康王追念周公之所以勋劳者，而欲尊鲁，故赐之以重祭。外祭，则郊社是也；内祭，则大尝禘是也。夫大尝禘，升歌《清庙》，下而管《象》；朱干玉戚，以舞《大武》；八佾①，以舞《大夏》；此天子之乐也。康周公，故以赐鲁也。子孙纂之，至于今不废，所以明周公之德而又以重其国也。

【注释】

①八佾：古时乐舞的行列。八人为一列，八佾则八八六十四人。按礼，天子八佾，诸侯只能六佾。

【译文】

从前周公为周代天下的巩固，建立了不朽的功勋。周公去世以后，周成王，周康王追念周公的不朽功勋，而打算在诸侯之中格外尊重鲁国，所以特赐鲁国可以提高其祭祀规格，具体地说，就是在郊外可以祭天，在太庙里可以禘祭周公。以禘礼祭周公时，乐工登堂所唱的《清庙》，管乐队在堂下演奏的《象》，舞者手执红色盾牌和玉做的斧钺所跳的《大武》之舞，还有由八列舞队所跳的《大夏》之舞，这些统统都是天子才能使用的乐舞。为了褒奖周公，所以把这一套天子乐舞赐给了鲁国。周公的子孙继承了这一套东西，直到今天还在使用，就是为了颂扬周公之德，同时又提高了鲁国在诸侯国中的地位。

经解

《经解》从正反两方面对五经教化进行扼要点评，通过譬喻的方式申论礼教要旨，切中要害，耐人寻味。孔颖达以为篇首的"孔子曰"统辖全篇，失之拘泥，而且也不必认为一定是孔子所说。

【原文】

孔子曰："入其国,其教可知也。其为人也,温柔敦厚,《诗》教也;疏通知远,《书》教也;广博易良,《乐》教也;洁静精微,《易》教也;恭俭庄敬,《礼》教也;属辞比事,《春秋》教也。故《诗》之失,愚;《书》之失,诬;《乐》之失,奢;《易》之失,贼;《礼》之失,烦;《春秋》之失,乱。其为人也,温柔敦厚而不愚,则深于《诗》者也;疏通知远而不诬,则深于《书》者也;广博易良而不奢,则深于《乐》者也;洁静精微而不贼,则深于《易》者也;恭俭庄敬而不烦,则深于《礼》者也;属辞比事而不乱,则深于《春秋》者也。"

【译文】

孔子说："来到一个国家,就要看看这个国家的风俗,这样就能知道这个国家的教化怎么样了。那里的人们如果是温和柔顺、朴实忠厚,那就是《诗》教的结果;如果知晓远古的事情,那就是《书》教的结果;如果是心胸广阔坦荡,那就是《乐》教的结果;如果是清洁沉静、洞察细微,那就是《易》教的结果;如果是端庄恭敬,那就是《礼》教的结果;如果是善于辞令和铺叙,那就是《春秋》教的结果。学者如果学《诗》学过了头,就会愚蠢;如果学《书》学过了头,就会狂妄;如果学《乐》学过了头,就会过分;如果学《易》学过了头,就会迷信;如果学《礼》学过了头,就会烦琐;如果学《春秋》学过了头,就会犯上作乱。作为一个国民,如果温和柔顺、朴实忠厚而不愚蠢,那就是真正把《诗》学好了;如果通晓远古之事而不狂妄,那就是真正把《书》学好了;如果心胸广阔坦荡而不过分,那就是真正把《乐》学好了;如果清洁沉静、洞察细微而不迷信,那就是真正把《易》学好了;如果端庄恭敬而不烦琐,那就是真正把《礼》学好了;如果善于辞令和铺叙而不犯上作乱,那就是真正把《春秋》学好了。"

【原文】

天子者,与天地参[1],故德配天地,兼利万物;与日月并明,明照四海而不遗微小。其在朝廷则道仁圣礼义之序,燕处则听雅、颂之音;行步则有环佩之声;升车则有鸾和之音。居处有礼,进退有度,百官得其宜,万事得其序。《诗》云:"淑人君子,其仪不忒。其仪不忒,正是四国。"此之谓也。发号出令而民说,谓之和;上下相亲,谓之仁;民不求其所欲而得之,谓之信;除去天地之害,谓之义。义与信,和与仁,霸王之器也。有治民之意而无其器,则不成。

【注释】

①参：通"叁"。

【译文】

所谓天子，天排位第一，地是第二，天子就是第三。因此天子的道德可以和天地相提并论，他的福泽普及万物，他的明亮堪同日月，普照大地而不会漏了任何一个角落。在朝廷上，他开口说话就一定会说仁圣礼义这类事情；退朝过后，就会听和平中正的音乐；走路时，身上佩戴的玉佩有节奏地发出响声；登车之时，车上的鸾发出悦耳的声响。升朝与退朝，都都按照礼法来办事；走路与登车，都是有一定规矩的；百官各得其所，所有的事情都井然有序。《诗经》上说："我们君主是个贤能的君主，他的言行从来都不会不合乎礼法，因此成为四国好的榜样。"说的就是这种情况。天子发号施令能够得到百姓的拥护，这叫作"和"；上下相亲相爱，这叫作"仁"；民众想要的东西不需要说就可以得到，这叫作"信"；为百姓消除天灾人祸，这叫作"义"。义与信，和与仁，是称霸称王的工具。有称霸称王的志以处室家则父子亲、兄弟和，以处乡里则长幼有序。孔子曰："安上治民，莫善于礼。"此之谓也。

【原文】

故朝觐之礼，所以明君臣之义也；聘问之礼，所以使诸侯相尊敬也；丧祭之礼，所以明臣子之恩也；乡饮酒之礼，所以明长幼之序也；昏姻之礼，所以明男女之别也。夫礼，禁乱之所由生，犹坊止水之所自来也。故以旧坊为无所用而坏之者，必有水败；以旧礼为无所用而去之者，必有乱患。故昏姻之礼废，则夫妇之道苦，而淫辟之罪多矣；乡饮酒之礼废，则长幼之序失，而争斗之狱繁矣；丧祭之礼废，则臣子之恩薄，而倍死忘生者众矣；聘觐之礼废，则君臣之位失，

诸侯之行恶，而倍畔侵陵之败起矣。故礼之教化也微，其止邪也于未形，使人日徙善远罪而不自知也，是以先王隆之也。《易》曰："君子慎始。差若豪厘，缪以千里①。"此之谓也。

【注释】

①豪：通"毫"。缪：通"谬"。

【译文】

朝觐之礼的制定，是为了表明君臣之间的名分的；聘问之礼的制定，是为了让诸侯间互相尊敬；丧祭之礼的制定，是为了让臣子不忘记君亲之恩的；乡饮酒之礼的制定，是为了说明尊老敬长的道理的；男婚女嫁之礼的制定，是用来表明男女有别。礼，可以用来消除祸乱的根源，就好比河堤是能够预防河水泛滥。因此，认为之前的预防没有得到任何效果因而肆意破坏，一定会酿成水灾；觉得老一辈的礼法没用因此而将其废弃，那么就可能会导致天下大乱。所以说，如果废弃男婚女嫁之礼，夫妇间的关系就会遭到破坏，伤风败俗、淫乱苟合的事情就会盛行；废弃乡饮酒之礼，就会导致人们没老没少，相互争斗的官司就会变多；废弃丧祭之礼，这样臣子就会忘记君王的恩泽，而背叛死者、忘祖的人就会变多；废弃朝觐、聘问之礼，这样君臣间的名分就会丧失，诸侯的行为恶劣，而背叛君主、相互侵犯战争就会变多。因此，礼的教化作用是从看不见的地方开始的，它禁止邪恶是在邪恶处于萌芽状态时就开始了，它让人们能够在不知不觉无形之中地弃恶扬善，所以先王对于礼法是十分重视的。《易》上说："君子对事情如何开始是非常重视的。即便刚开始会出现很小的错误，其结果却会酿成极大的祸害。"说的就是这个道理。

仲尼燕居

　　本篇以《仲尼燕居》为名，当是摘取篇首四字。本篇讲述孔子退朝闲居，子张、子贡、子游三弟子侍侧，孔子为其说礼事。名曰"仲尼燕居"，是夸赞孔子诲人不倦之意：夫子燕居而能与弟子谈论礼。儒生以为其事可法，所以著录以传于世。

【原文】

仲尼燕居，子张、子贡、子游侍，纵言至于礼。子曰："居！女三人者，吾语女礼，使女以礼周流无不遍也。"子贡越席而对曰："敢问何如？"子曰："敬而不中礼，谓之野；恭而不中礼，谓之给；勇而不中礼，谓之逆。"子曰："给夺慈仁。"子曰："师，尔过；而商也不及。子产犹众人之母也，能食之不能教也。"子贡越席而对曰："敢问将何以为此中者也？"子曰："礼乎礼！夫礼所以制中也。"

【译文】

孔子在家闲坐，子张、子贡、子游在一旁侍立，在闲谈的时候说起了礼。孔子说："你们三个人都坐下，我来和你们说说礼是什么，以便你们可以随时运用它，处处普及。"子贡马上离开坐席回答说："老师请问您所要说的礼是什么样子的呢？"孔子回答说："虽然内心恭敬但却不合乎礼的要求，那叫粗野；只有表面上看起来比较恭顺是不合乎礼的要求的，那叫作花言巧语；虽然勇敢但是没有达到礼的要求，那叫乱来。"孔子又补充说道："花言巧语仅仅只是让人产生一种仁慈的假象。"孔子又说："师，你做事往往过火，而商却往往做得不够。子产好像是百姓的慈母，他能让百姓吃饱，但是却不知如何教育他们。"子贡又马上离开坐席回答说："到底要怎样做才刚好合适呢？"孔子说："只有礼呀！礼就是用来掌握火候使人做到恰到好处的。"

【原文】

子贡退，言游进曰："敢问礼也者，领恶而全好者与？"子曰："然。""然则何如？"子曰："郊社之义，所以仁鬼神也；尝禘之礼，所以仁昭穆也；馈奠之礼，所以仁死丧也；射乡之礼，所以仁乡党也；食飨之礼，所以仁宾客也。"

【译文】

子贡退下来，子游又上前问道："请问礼的作用是不是就在于治理丑恶而保护善美？"孔子说："是的。"子游又接着问："究竟怎样治理丑恶保护善美呢？"孔子回答说："郊天祭地之礼，就是表明对神灵的仁爱；秋尝夏禘之礼，就是表明对祖先的仁爱；馈食祭奠之礼，就是表明对死者的仁爱；乡射、乡饮酒之礼，就是表明对乡党的仁爱；招待宾客的食飨之礼，就是表明对宾客的仁爱。"

【原文】

子曰："礼者何也？即事之治也。君子有其事，必有其治。治国而无礼，譬犹瞽之无相与？伥伥①乎其何之？譬如终夜有求于幽室之中，非烛何见？若无礼则手足无所错，耳目无所加，进退揖让无所制。是故以之居处，长幼失其别；闺门三族失其和；朝廷官爵失其序；田猎戎事失其策；军旅武功失其制；宫室失其度；量鼎失其象；味失其时；乐失其节；车失其式；鬼神失其飨；丧纪失其哀；辨说失其党；官失其体；政事失其施；加于身而错于前，凡众之动失其宜。如此，则无以祖洽于众也。"

【注释】

①伥伥：茫然失措的样子。

【译文】

孔子说："什么是礼呢？礼就是做事的办法。君子一定有要做的事，那就必定要有做事的办法。治理国家而没有礼，那就好比是瞎子走路，没有别人的帮助，糊里糊涂的不知道该往什么地方走；就好比在黑暗的室中寻找什么东西，没有火把能看见什么呢？如果缺乏礼，就会手脚不知该往哪儿放，耳朵不知道听什么，眼睛也不知道该往什么地方看，在公众场合下进退就全都乱套了。如此一来，在平日里长辈晚辈也就没有什么不同了，家庭内部三代人也失去了和睦，朝廷上的官爵也乱了套，田猎和军事训练也一点没有计划，作战打仗也没有了规矩，五味和四时胡乱搭配，乐曲乱吹一通，制造车辆也不符合规矩，祭祀神灵的规格错乱，丧事办得不像丧事，解释问题离题千里，百官的职守混乱，政令得不到推行。只要是加在身上的和摆在眼前的，所有的举动都会不合时宜。这样一来，就会无法领导和团结天下的百姓了。"

【原文】

子曰："慎听之！女三人者，吾语女：礼犹有九焉，大飨有四焉。苟知此矣，虽在畎亩①之中事之，圣人已。两君相见，揖让而入门，入门而县兴；揖让而升堂，升堂而乐阕。下管《象》、《武》，《夏》籥序兴。陈其荐俎，序其礼乐，备其百官。如此而后，君子知仁焉。行中规，还中矩，和鸾中《采齐》，客出以《雍》，彻以《振羽》。是故君子无物而不在礼矣。入门而金作，示情也。升歌《清庙》，示德也。下而管象，示事也。是故古之君子，不必亲相与言也，以礼乐相示而已。"

【注释】

①畎亩：田间，田野。畎是田间水沟。

【译文】

孔子说："你们三个人仔细听好了！我告诉你们，除了上面讲的礼以外，礼还

仲尼燕居

191

有九个重要的节目，而大飨之礼占了其中的四个。如果有人知道这些，即使是个种地的农民，只要依礼而行，也可以说是圣人了。两国君王相见，宾主互相揖让而先后进入大门。进入大门以后，马上钟鼓齐鸣。宾主互相行礼之后而升堂，升堂以后，一献礼毕，钟鼓之声停止。这时堂下的管乐奏起《象》这首乐曲，而《大武》之舞、《大夏》之舞，一个接着一个地相继跳起。于是陈列美味佳肴，安排应有的礼仪和乐曲，执事人等一个不缺。这样做了以后，来客就不难看出主人待客的深情厚谊了。此外，走路笔直，合乎曲尺的要求；旋转的弧度，合乎圆规的要求；车上的铃声，合着《采齐》乐曲的节奏；来客出门的时候，奏起《雍》这首送别曲；撤席之时，奏起《振羽》这首结束曲。所以，君子做事，没有一件不合乎礼的要求。来客刚一进门就钟鼓齐鸣，这是表示欢迎之情。歌工升堂合唱《清庙》之诗，这是表现文王的崇高德行；管乐队在堂下奏起《象》这首乐曲，这是表现武王的伟大功业。所以古代的君子要互相沟通感情，根本就用不着说话，只要通过行礼奏乐就可以表达意思了。"

【原文】

子曰："礼也者，理也；乐也者，节也。君子无理不动，无节不作。不能《诗》，于礼缪；不能乐，于礼素；薄于德，于礼虚。"子曰："制度在礼，文为在礼，行之其在人乎！"子贡越席而对曰："敢问夔其穷与？"子曰："古之人与？古之人也。达于礼而不达于乐，谓之素；达于乐而不达于礼，谓之偏。夫夔，达于乐而不达于礼，是以传于此名也，古之人也。"

【译文】

孔子说："礼就是道理；所谓乐，就是在言行上有节制。不讲道理的事君子不做，没有节制的事君子也不做。如果不能赋《诗》言志，在礼节上就会出现差错；能行礼而不能用乐来配合，礼就显得单调呆板。如果品德浅薄，即使行礼也只是一个空架子。"孔子又说："各种制度是由礼来规定的，各种文饰行为也是由礼来规定的，但要实行起来，却是非人不可呀！"子贡又离席发言说："请问夔这个人是不是只懂得乐而对礼却一窍不通呀？"孔子回答说："你问的是古代的那个夔吗？须知古代的人是把精于礼而不精于乐的人叫作素，把精于乐而不精于礼的人叫作偏。夔这个人只不过是在乐的方面的造诣比在礼的方面的造诣高一些罢了，所以只传下来一个精通音乐的名声，那是根据古人的标准来说的。"

【原文】

子张问政，子曰："师乎！前，吾语女乎？君子明于礼乐，举而错之而已。"子张复问。子曰："师，尔以为必铺几筵，升降酌献酬酢，然后谓之礼乎？尔以为必行缀（zhuì）兆①。兴羽籥，作钟鼓，然后谓之乐乎？言而履之，礼也。行而乐之，乐也。君子力此二者以南面而立②，夫是以天下太平也。诸侯朝，万物服体，而百官莫敢不承事矣。礼之所兴，众之所治也；礼之所废，众之所乱也。目巧之室，则有奥阼，席则有上下，车则有左右，行则有随，立则有序，古之义也。室而无奥阼，则乱于堂室也。席而无上下，则乱于席上也。车而无左右，则乱于车也。行而无随，则乱于涂也。立而无序，则乱于位也。昔圣帝明王诸侯，辨贵贱、长幼、远近、男女、外内，莫敢相逾越，皆由此涂出也。"三子者，既得闻此言也于夫子，昭然若发矇矣。

【注释】

①缀（zhuì）兆：舞时表示行列位置的标志叫作缀，舞时进退的范围叫作兆。
②南面而立：垂拱无为之意。形容做事容易。

【译文】

子张问到如何从政。孔子说："师啊，你往前边来，听我给你说！君子从政，不过是首先自己在礼乐方面精通，然后再拿来付诸实行罢了。"子张似乎没有听懂孔子的意思，就又接着发问。孔子于是继续说道："师，你以为只有铺设几筵，升堂下堂，献酒进馔，举杯酬酢，这样做了才算是礼吗？你以为只有在缀兆上扭来扭去，挥动羽籥，敲钟击鼓，这样做了才算是乐吗？其实，说到就能做到，这就是礼；做起来又使人感到快乐，这就是乐。君子只要在这两点上狠下功夫，不需要多么费劲，天下就会太太平平的。于是诸侯都来朝拜，万物各得其所，百官无不恪尽职守。礼得到了重视，这就是百姓们为什么得到了治理；礼被扔到了一边，这就是百姓们为什么作乱。举例来说，屋室有室奥和台阶之分，坐席有上下之分，乘车有左右之分，行路有先后之分，站立要各就其位。自古以来就是如此。如果屋室没有室奥和台阶之分，堂与室就混乱了；如果席位没有上下之分，座位就混乱了；如果乘车没有左右之分，车上的位置就混乱了；如果行路不分先后，道路就混乱了；如果站立没有顺序，谁的位置在哪里也就混乱了。从前圣明的帝王和诸侯，分别贵贱、长幼、远近、男女、内外的界限，使他们不敢互相逾越，用的都是这个办法啊！"三个学生听了孔子这一番高论，心中豁然开朗，好像瞎子重见光明一样。

孔 子 闲 居

　　以《孔子闲居》为篇名，是摘取篇首四个字的缘故。这一篇讲孔子诲人不倦。本篇所引用的《诗》，与今天我们所见到的《毛诗》有很大差异，从中可以窥见汉代《诗经》的一些内容。本篇对礼的论述，不似《论语》那么简单，但仍能体现儒家的实践精神。

【原文】

孔子闲居，子夏侍。子夏曰："敢问《诗》云：'凯弟君子，民之父母'，何如斯可谓民之父母矣？"孔子曰："夫民之父母乎，必达于礼乐之原，以致五至，而行三无，以横于天下。四方有败，必先知之。此之谓民之父母矣。"

【译文】

孔子在家里休息，子夏在他的旁边站着。子夏问道："请问《诗》上所说的'平易近人的君王，就好比百姓的父母'，怎样做才可以被叫作'百姓的父母'呢？"孔子回答说："说到'百姓的父母'嘛，他必须通晓礼乐的本源，不仅要达到'五至'，还要做到'三无'，并用来普及于天下；不管任何地方出现了灾祸，他一定能够最早知道。做到了这些，才称得上是'百姓的父母'啊！"

【原文】

子夏曰："民之父母，既得而闻之矣；敢问何谓'五至'？"孔子曰："志之所至，诗亦至焉。诗之所至，礼亦至焉。礼之所至，乐亦至焉。乐之所至，哀亦至焉。哀乐相生。是故正明目而视之，不可得而见也；倾耳而听之，不可得而闻也；志气塞乎天地，此之谓五至。"

【译文】

子夏说："什么叫'百姓的父母'，我已经领教了，再请问什么叫'五至'？"孔子对他说："既有爱民之心惠及百姓，就会有爱民的诗歌惠及百姓；既有爱民的诗歌惠及百姓，就会有爱民的礼惠及百姓；既有爱民的礼惠及百姓，就会有爱民的乐惠及百姓；既有爱民的乐惠及百姓，就会有哀民不幸之心

惠及百姓。哀与乐是相生相成的。这种道理，睁大眼睛来看，你无法看得到；竖起耳朵来听，你无法听得到；但君王的这种思想却在天地之间充盈。这就叫作'五至'。"

【原文】

子夏曰："五至既得而闻之矣，敢问何谓三无？"孔子曰："无声之乐，无体之礼，无服之丧，此之谓三无。"子夏曰："三无既得略而闻之矣，敢问何诗近之？"孔子曰："'夙夜其命宥密①'，无声之乐也。'威仪逮逮②，不可选也'，无体之礼也。'凡民有丧，匍匐救之'，无服之丧也。"

【注释】

①宥密：宥，仁厚；密，宁静。谓心存仁厚，性情宁静。

②逮逮：安详貌。

【译文】

子夏说："什么是'五至'，我已经明白了。再请问什么叫作'三无？'"孔子回答说："没有声音的音乐，不讲形式的礼仪，缺少丧服的服丧，这就叫作'三无'。"子夏说："什么是'三无'大体上已经懂了。再请问什么诗最近乎'三无'的含义？"孔子回答说："'日夜谋政，志在安邦'，这句诗最接近没有声音的音乐；'仪态安详，无可挑别'，这句诗最接近没有形式的礼仪；'看到他人有灾难，千方百计去支援'，这句诗最接近没有丧服的服丧。"

【原文】

子夏曰："言则大矣！美矣！盛矣！言尽于此而已乎？"孔子曰："何为其然也。君子之服之也，犹有五起焉。"

子夏曰："何如？"

孔子曰："无声之乐，气志不违；无体之礼，威仪迟迟；无服之丧，内恕孔①悲。无声之乐，气志既得；无体之礼，威仪翼翼；无服之丧，施及四国。无声之乐，气志既从；无体之礼，上下和同；无服之丧，以畜万邦。无声之乐，日闻四方；无体之礼，日就月将；无服之丧，纯德孔明。无声之乐，气志既起；无体之礼，施②及四海；无服之丧，施于孙子。"

【注释】

①孔：很，非常。

②施：蔓延，延及。

【译文】

子夏说："您这番话太伟大了，太美妙了，太有哲理了！是不是话说到这里就算到头了呢？"孔子说："怎么会呢？君子在实行'三无'的时候，还有'五起'呢。"子夏说："'五起'怎么讲？"孔子说："第一，没有声音的音乐，百姓不违背君王的心愿；没有形式的礼仪，君王的态度从容不迫；没有丧服的服丧，设身处地同样非常悲伤。第二，没有声音的音乐，心愿已经满足；没有形式的礼仪，态度恭恭敬敬；没有丧服的服丧，爱心延及四方各国。第三，没有声音的音乐，上下心愿交融；没有形式的礼仪，上下和睦齐同；没有丧服的服丧，使万国之民竞相孝养。第四，没有声音的音乐，四方闻者日益增多；没有形式的礼仪，一天胜似一天，一月强过一月；没有丧服的服丧，使纯粹的品德日益光明。第五，没有声音的音乐，使响应之心纷纷而起；没有形式的礼仪，普及四海；没有丧服的服丧，传及后世子孙。"

【原文】

子夏曰："三王之德，参于天地，敢问何如斯可谓参于天地矣？"孔子曰："奉三无私以劳天下。"子夏曰："敢问何谓三无私？"孔子曰："天无私覆，地无私载，日月无私照。奉斯三者以劳天下，此之谓三无私。其在《诗》曰：'帝命不违，至于汤齐。汤降不迟，圣敬日齐。昭假迟迟，上帝是祇。帝命式于九围①。'是汤之德也。天有四时，春秋冬夏，风雨霜露，无非教也。地载神气，神气风霆，风霆流形，庶物露生，无非教也。清明在躬，气志如神，嗜欲将至，有开必先。天降时雨，山川出云。其在《诗》曰：'嵩高惟岳，峻极于天。惟岳降神，生甫及申。惟申及甫，惟周之翰。四国于蕃，四方于宣。'此文武之德也。三代之王也，必先令闻，《诗》云：'明明天子，令闻不已。'三代之德也。'弛②其文德，协此四国。'大王之德也。"子夏蹶然③而起，负墙而立曰："弟子敢不承乎？"

【注释】

①九围：九州之界也。此谓九州。

②弛：通"施"。

③蹶然：一跃而起的样子。

【译文】

子夏问道："夏禹、商汤、文王的德行，与天地并列而为三。请问怎样才可以称作是与天地并列而为三呢？"孔子答道："要遵奉'三无私'的精神，以恩德招揽天下百姓。"子夏接着问道："什么叫'三无私'呢？"孔子答道："就是像天那样无私地覆盖万物，像地那样无私地承载万物，像日月那样无私地照耀万物。按照这三条来招揽天下百姓，就叫'三无私'。这个意思在《诗经》里也有所反映：'奉行天命不敢违，至于成汤登君位。降下政教不迟缓，聪明谨慎日向上。明德长久照下民，恭恭敬敬畏上帝，帝命九州效法汤。'这就是商汤的德行。天有四季，春生夏长，秋收冬藏，既有刮风下雨，也有下露降霜。这些都是天所显示的教化，人君应当奉行以为政教。大地承载着神妙之气，风雷鼓荡，万物萌芽生长。这些都是地所显示的教化，人君应当奉行以为政教。圣人自身的德行极其清明，他的气志微妙如神。在他行将称王天下的时候，神灵有所预知，一定要为他生下贤能的辅佐之臣。就好像天降及时雨，又好像山川飘出祥云。有《诗》为证：'五岳居中是嵩山，巍巍高耸入云天。中岳嵩山降神灵，生下甫侯和申伯。只有甫侯和申伯，才是周朝栋梁臣。诸侯靠他作屏障，宣扬盛德遍四方。'这就是文王、武王的德行。夏、商、周三代称王，在其称王之前就已经有了美好的名声。《诗》上说：

'勤勉不倦的天子，美好名声千古传。'这就是三代圣王的德行。《诗》上又说：'太王施其文德，团结四方各国。'这就是太王的德行。"子夏听到这里，一跃而起，倚墙而立，说："弟子敢不接受老师的这番教诲吗！"

坊 记

　　坊是"防范、防止"的意思。这一篇是写防备人们做种种错事、种种坏事的道理，而这些道理，有不少在《六经》里面已经包涵了。通篇文字都托之于孔子之口，重点强调礼的规范作用，强调用礼来规范人们的失礼行为。本篇为了取得震慑的效果，往往夸大其词，我们读的时候，把这看成是一种修辞手法就可以了。

【原文】

子言之："君子之道，辟则坊与？坊民之所不足者也。大为之坊，民犹逾之。故君子礼以坊德，刑以坊淫，命以坊欲。"子云："小人贫斯约，富斯骄；约斯盗，骄斯乱。礼者，因人之情而为之节文，以为民坊者也。故圣人之制富贵也使民富不足以骄，贫不至于约，贵不慊于上，故乱益亡。"子云："贫而好乐，富而好礼，众而以宁者，天下其几矣！《诗》云：'民之贪乱，宁为荼毒。'故制：国不过千乘，都城不过百雉①，家富不过百乘。以此坊民，诸侯犹有畔者。"

【注释】

①雉：高一丈长三丈为一雉。

【译文】

孔子说："君子的治民之道，打个比方来说，就好像防止河水漫溢堤防吧！它是为了防止百姓出现过失。虽然周密地为之设防，百姓中还是有人犯规。所以君子用礼来防止品德上的过失，用刑来防止邪恶的行为，用教令来防止贪婪的欲望。"孔子说："小人贫则穷困，富则骄横；穷困了就会去偷盗，骄横了就会去乱来。所谓礼，就是顺应人的这种情况而为之制定控制的标准，以作为防止百姓越轨的堤防。所以，圣人制定出了一套富贵贫贱的标准，使富起来的百姓不足以骄横，贫下去的百姓不至于穷困，取得一定社会地位的人不至于对上级不满，所以犯上作乱的事就日趋减少。"孔子说："贫穷而能乐天知命，富贵而能彬彬有礼，家族人多势众而能安守本分，普天之下能做到的人可以说是寥寥无几。《诗经》上就说：'有些百姓贪心作乱，心安理得地去残害他人。'所以做出规定，诸侯的兵车不得超过千乘，国都的城墙不得超过百雉，卿大夫之家的兵车不得超过百乘。用这种办法来防备百姓，但是诸侯还是有叛乱的。"

【原文】

子云："夫礼者，所以章疑别微，以为民坊者也。故贵贱有等，衣服有别，朝廷有位，则民有所让。"子云："天无二日，土无二王，家无二主，尊无二上，示民有君臣之别也。《春秋》不称楚越之王丧，礼，君不称天，大夫不称君，恐民之惑也。《诗》云：'相彼盍旦①，尚犹患之。'"子云："君不与同姓同车，与异姓同车不同服，示民不嫌也。以此坊民，民犹得同姓以弑其君。"

【注释】

①盍旦：夜鸣求旦之鸟。因为它混淆白天和黑夜，求其所不当求，所以用来

比喻僭越犯上的人。

【译文】

孔子说："礼这个东西，是用来去掉疑惑、辨别隐微，从而防范百姓越轨的。所以人的贵贱有等级，衣服的色彩、图案有差别，朝廷上有固定的班位，这样一来，老百姓就知道谁该让谁了。"孔子说："天上没有两个太阳，一国没有两个国王，一家没有两个家长，最高的权威只有一个，这是要向百姓显示有君臣之别。楚、越之君僭号称王，其君王死，《春秋》贬之，不书其葬；按照礼的规定，诸侯不得像天子那样称天，大夫不得像诸侯那样称君。这就是担心百姓对上下级关系产生迷惑。《诗经》上说：'你看那盘旦鸟儿的鸣叫，人们尚且讨厌它！'更何况对那些僭越犯上的人呢！"孔子说："君王不与同姓的人同车，与异姓的人可以同车，但不可穿相同的服装，这是要让臣民避嫌。用这种方法来防范，臣民中还有同姓弑其君的。"

【原文】

子云："君子辞贵不辞贱，辞富不辞贫，则乱益亡。故君子与其使食浮于人也，宁使人浮于食。"子云："觞酒豆肉让而受恶，民犹犯齿；衽席之上让而坐下，民犹犯贵；朝廷之位让而就贱，民犹犯君。《诗》云：'民之无良，相怨一方；受爵不让，至于己斯亡。'"子云："君子贵人而贱己，先人而后己，则民作让。故称人之君曰君，自称其君曰寡君。"

【译文】

孔子说："君子推辞高贵而不推辞卑贱，推辞富有而不推辞贫穷，大家都这样做，作乱的事情就会日趋消亡。所以君子与其让俸禄超过才能，不如让才能超过俸禄。"孔子说："一盅酒，一盘肉，让来让去，君子才接受那不好的一份，就这样还有人僭越长者。筵席之上，让来让去，君子才坐在下首，就这样还有人僭越尊者。朝廷上的班位，让来让去，君子才立于贱位，就这样还有人僭越君上。《诗经》上说：'如今人们心不良，遇事只知怨对方；接受官爵不谦让，事关自己道理忘。'"孔子说："君子尊重别人而贬抑自己，先人而后己，这样一来在百姓中就会兴起谦让的风气。所以称呼别人的君王叫国君，称呼自己的君王叫寡君。"

【原文】

子云："利禄，先死者而后生者，则民不偝；先亡者而后存者，则民可以托。《诗》云：'先君之思，以畜寡人。'以此坊民，民犹偝死而号无告。"子云："有国家者，贵人而贱禄，则民兴让；尚技而贱车，则民兴艺。故君子约言，小人先言。"子云："上酌民言，则下天上施；上不酌民言，则犯也；下不天上施，则乱也。故君子信让以莅百姓，则民之报礼重。《诗》云：'先民有言，询于刍荛。'"

【译文】

孔子说："利益和荣誉，应该先给死者，后给生者，这样一来，百姓就不会背弃死者；先给在国外为国事奔走的人，后给留在国内的人，这样一来，老百姓就感到君王可以信任。《诗经》上说：'你应该思念死去的先君，赡养我这未亡人。'用这种方法防范百姓，百姓还有背弃死者，而死者的家属却哭告无门的。"孔子说："有国有家的诸侯大夫，如果重视人才而不吝惜颁赏爵禄，百姓就会兴起谦让的风气；如果重视技艺而不吝惜颁赏车马，百姓就会乐意学习技艺。所以君子说得少而做得多，而小人则好说空话而少于实事。"孔子说："在上位的人如果能够听取百姓的意见，那么百姓就把上边的政令看作是上天的施惠一般；如果不能听取百姓的意见，就会导致百姓的犯上；百姓不把上边的政令看作是上天的施惠一般，就会作乱。所以，君子用诚信谦让来对待百姓，百姓就会以重礼相报。《诗经》上这样说过：'前辈有这样的教导，就是对于打柴的人也要不耻下问。'"

【原文】

子云："善则称人，过则称己，则民不争；善则称人，过则称己，则怨益亡。《诗》云：'尔卜尔筮，履无咎言。'"子云："善则称人，过则称己，则民让善。《诗》云：'考卜，惟王，度是镐京；惟龟正之，武王成之。'"子云："善则称君，过则称己，则民作忠。《君陈》曰：'尔有嘉谋嘉猷，入告尔君于内，女乃顺之于外，曰：此谋此猷，惟我君之德。於乎！是惟良显哉！'"子云："善则称亲，过则称己，则民作孝。《大誓》曰：'予克纣，非予武，惟朕文考无罪；纣克予，非朕文考有罪，惟予小子无良。'"

【译文】

孔子说："有成绩就归功他人，有错误则归咎自己，这样一来百姓就不你争我夺。有成绩就归功他人，有错误则归咎自己，这样一来百姓间的怨恨就会日趋消亡。《诗经》上说：'你曾占卜，你曾算卦，卦象上并没有什么坏话。'"孔子说："有成绩就归功他人，有错误则归咎自己，老百姓就会互相推让。《诗经》上说：'武王占卜问神灵，可否建都在镐京。龟兆显示大大吉，武王终于建成之。'"孔子说："有成绩就归功君王，有错误则归咎自己，这样百姓就会兴起忠君之风。《尚书·君陈》上说：'你有好主意，好办法，先进去启奏君王。得到俯允之后，你再拿到外边去实行，并且宣布说：'这个好主意，这个好办法，全靠君王领导得好。呜呼！只有善良的君王才会如此光明伟大。'"孔子说："有成绩就归功双亲，有错误则归咎自己，这样百姓就会兴起孝顺父母之风。《尚书·太誓》上说：'如果我打败了殷纣，那也不是因为我的武功，而是因为我的父亲本来就没有错；如果殷纣打败了我，那也不是因为我的父亲有错，而是因为我这个做儿子的不肖。'"

【原文】

子云："君子弛①其亲之过，而敬其美。"《论语》曰："三年无改于父之道，可谓孝矣。"高宗云："三年其惟不言，言乃讙。"子云："从命不忿，微谏不倦，劳②而不怨，可谓孝矣。《诗》云：'孝子不匮。'"子云："睦于父母之党，可谓孝矣。故君子因睦以合族。《诗》云：'此令③兄弟，绰绰④有裕⑤；不令兄弟，交相为瘉。'"

【注释】

①弛：弃忘。

②劳：忧虑，操心。

③令：善，好。

④绰绰：宽容的样子。

⑤有裕：气量宽大的样子。

【译文】

孔子说："君子不把父母的过错记恨在心，但对于父母的美德却要牢记在怀。"《论语》上说："三年不改变父亲生前的主张，可以说是孝子了。"《尚书》上说："高宗守丧三年，一句话都不讲；可是等到守丧期满一开口讲话，就非常受人拥护。"孔子说："听从父母的教导毫不懈怠，含蓄地规劝父母不知疲倦，为父母担忧而毫无怨言，这样的儿子可以称得上孝顺了。《诗经》上说：'孝子对父母的孝心是无穷无尽的。'孔子说："能够与父母的亲人也和睦相处，才可以称作孝。所以君子经常招待族人聚餐以加强团结。《诗经》上说：'兄弟关系良好，彼此融洽无间；兄弟关系恶劣，彼此互相指责。'"

【原文】

子云："父子不同位，以厚敬也。《书》云：'厥辟不辟，忝（tiǎn）①厥祖。'"子云："父母在，不称老，言孝不言慈；闺门之内，戏而不叹。君子以此坊民，民犹薄于孝而厚于慈。"子云："长民者，朝廷敬老，则民作孝。"子云："祭祀之有尸②也，宗庙之有主也，示民有事也。修宗庙，敬祀事，教民追孝也。以此坊民，民犹忘其亲。"

【注释】

①忝（tiǎn）：辱没。

②尸：代替死者受祭的活人。

【译文】

孔子说："父亲与儿子，不能处在尊卑相同的位置上，以此来强调对父亲的敬重。《尚书》上说：'做君王的不像个做君王的样子，那就是辱没他的先祖。'"孔子说："父母健在，做儿子的不敢自称老。平常要多讲究对父母如何孝顺，不要讲究做父母的应该怎样心疼自己。家门之内，只可引逗父母高兴，不可在父母面前唉声叹气。君子用这些礼节来规范百姓，百姓还有讲究孝道的少，企求父母慈爱的多。"孔子说："身为天子、诸侯，如果能够在朝廷上做到敬老，那么百姓就会兴起孝顺之风。"孔子说："祭祀时候有尸，宗庙中设立神主，这是向人们指出应该尊奉的对象。修建宗庙，恭恭敬敬地进行祭祀，这是教育百姓不要忘掉死去的亲人。用这种办法来教育百姓，百姓还有忘掉亲人的。"

【原文】

子云："敬则用祭器。故君子不以菲废礼，不以美没礼。故食礼①：主人亲馈，则客祭；主人不亲馈，则客不祭。故君子苟无礼，虽美不食焉。《易》曰：'东邻杀牛，不如西邻之禴祭，实受其福。'《诗》云：'既醉以酒，既饱以德。'以此示民，民犹争利而忘义。"

【注释】

①食礼：以食为主，有牲无酒的筵席。

【译文】

孔子说："为了表示对宾客的尊敬，就可以用祭器来款待客人。所以，君子不因家道贫穷而废除礼，也不因家道殷实而超过礼。所以食礼规定，主人亲自给来客布菜，来客就祭；主人不亲自给来客布菜，来客就不祭。所以，君子如果遇到无理的接待，即使是佳肴美味也不去吃。《易经》上说：'殷纣国中的杀牛之祭，还不如文王国中的杀猪之祭，能够真正地得到神的保佑。'《诗经》上说：'君子的设宴待客，不但要让把酒喝好，而且要充分展示美德。'用这种办法来教育百姓，百姓还有争利而忘义的。"

【原文】

子云："七日戒，三日齐，承一人焉以为尸，过之者趋走，以教敬也。醴酒在室，醴酒在堂，澄酒在下，示民不淫也。尸饮三，众宾饮一，示民有上下也。因其酒肉，聚其宗族，以教民睦也。故堂上观乎室，堂下观乎上。《诗》云：'礼仪卒①度，笑语卒获②。'"

【注释】

①卒：完全。

②获：恰到好处。

【译文】

孔子说："君王在祭祀的前十天内，头七天散斋，后三天致斋；又奉事一人以为尸，士大夫遇到他都要回避。这是教导人们要对神恭敬。醴酒放在室内，醍酒放在堂上，澄酒放在堂下，味薄的放在上面，味厚的放在下面，这是教育人们不要贪味。向尸敬酒三次，向宾敬酒只一次，这是教育人们要知道尊卑。借着祭祀剩下的酒肉，聚集合族的人会餐，这是教育人们要和睦相处。所以堂上的人以室内的人为楷模，堂下的人又以堂上的人为楷模。《诗经》上说：'礼仪都合乎法度，谈笑也很有分寸。'"

【原文】

子云："宾礼每进以让，丧礼每加以远。浴于中溜①，饭于牖下，小敛于户内，大敛于阼，殡于客位，祖于庭，葬于墓，所以示远也。殷人吊于圹，周人吊于家，示民不偝也。"子云："死，民之卒事也，吾从周。以此坊民，诸侯犹有薨而不葬者。"子云："升自客阶，受吊于宾位，教民追孝也。未没丧不称君，示民不争也。故《鲁春秋》记晋丧曰：'杀其君之子奚齐及其君卓。'以此坊民，子犹有弑其父者。"

【注释】

①中溜：指室内的中央部分。

【译文】

孔子说："行宾礼时，每逢进门、升堂都要互相谦让；而行葬礼时，每一个仪式的完成，都意味着死者离家更加遥远。人死以后，首先是在室中浴尸，接着是在南窗之下饭含，然后在门内举行小敛，在阼阶举行大敛，在西阶停殡，迁柩于家庙之中举行祖奠，最后葬于墓穴，借以表示死者离开生者越来越远了。殷人在墓地上吊慰死者家属，周人是在死者家属从墓地返回家中以后才进行吊慰，这是教育人们不要忘记死者。"孔子说："死是人生的最后一件大事，周人的送死之礼比较完备，所以我赞成周人的办法。用这种办法来规范人们，诸侯还有死了以后不能如期下葬的。"孔子说："葬毕回家以后，孝子还坚持从西阶升堂，在宾位受吊。这是教育人们不要马上忘记亲人。所以，《鲁春秋》在记载晋国的丧事时说：'晋国大臣里克杀死了晋国君王的儿子奚齐，及其君王卓。用这种办法教育人们，还有儿子杀死他父亲的。"

【原文】

子云："孝以事君，弟以事长，示民不贰也，故君子有君不谋仕，唯卜之日称二君。丧父三年，丧君三年，示民不疑也。父母在，不敢有其身，不敢私其财，示民有上下也。故天子四海之内无客礼，莫敢为主焉。故君适其臣，升自阼阶，即位于堂，示民不敢有其室也。父母在，馈献不及车马，示民不敢专也。以此坊民，民犹忘其亲而贰其君。"

【译文】

孔子说："用孝道来服侍君王，用悌道来服侍尊长，这是教育人们对上不要怀有二心。所以，君王之子在君王健在时不谋求任何官职，只有在代替国君占卜时才可以自称'君王的副手'。父亲去世了守丧三年，君王去世了也守丧三年，这是向百姓表示，君王的尊严与父亲完全一样，毋庸置疑。父母健在之时，做儿子的就不敢认为身体是自己的，也不敢置备私产，这是教育人们要知道上下尊卑。所以天子在四海之内没有作客的礼仪，因为没有哪个人敢当他的主人。所以君王到了臣下家里，升自主阶，即位于堂，这是教育百姓不要把家看成是自己的。父母健在，向别人赠送东西，小件东西还可以，像车马那样的大件就不可以，这是教育百姓不敢自作主张。用这种办法来教育百姓，百姓还有忘掉父母和对君王怀有二心的。"

【原文】

子云："礼之先币帛也，欲民之先事而后禄也。先财而后礼，则民利；无辞而行情①，则民争。故君子于有馈者，弗能见则不视②其馈。《易》曰：不耕获，不菑畬，凶。'以此坊民，民犹贵禄而贱行。"子云："君子不尽利以遗民。《诗》云：'彼有遗秉，此有不敛穧，伊寡妇之利。'故君子仕则不稼，田则不渔；食时不力珍，大夫不坐羊，士不坐犬。《诗》云：'采葑采菲，无以下体，德音莫违，及尔同死。'以此坊民，民犹忘义而争利，以亡其身。"

【注释】

①行情：有随心所欲的意思。

②视：接受，接纳。

【译文】

孔子说："在行过相见之礼以后才奉上见面的礼物。之所以要这样做，是要教育百姓先做事情而后接受俸禄。先奉上见面的礼物然后再行相见之礼，就会导致百姓产生贪财之心。不加辞让，见礼就收，就会导致百姓相争。所以，君子在有人馈赠礼物时，如果自己不能接见，就不接受对方的礼物。《易经》上说：'不耕而获，不耕耘而得到良田，凶。'用这种办法来教育百姓，百姓还有看重利禄而轻视做事的。"孔子说："君子不把利益全部占有，要给百姓留下一部分。《诗经》上说：'那里有遗留下来的禾把，这里有撒在地上的禾穗，这是让寡妇们随意拣拾的。'所以君子当官就不种地，田猎就不打鱼，一年四季有什么吃什么，不追求山珍海味，大夫无故不杀羊，士无故不杀狗。《诗经》上说：'采荇又采菲，叶子已摘走，不要连根取。昔日山盟莫相忘，与你生死不分离。'用这种办法来教育百姓，百姓还有因为忘义争利而丧生的。"

【原文】

子云："夫礼，坊民所淫，章民之别，使民无嫌，以为民纪者也。故男女无媒不交，无币不相见，恐男女之无别也。以此坊民，民犹有自献其身。《诗》云：'伐柯如之何？匪斧不克；取妻如之何？匪媒不得''蓺麻如之何？横从①其亩；取妻如之何？必告父母。'"

【注释】

①横从：通"横纵"，整治。

【译文】

孔子说："礼可以用来防止人们的贪淫好色，强调男女之别，使其避免嫌疑，并成为人们遵守的纪律。所以，男女之间没有媒妁就不得交往，不下聘礼不得相见，就是担心男女无别才做出这种规定。用这种办法来教育人们，人们还有私自结合的。《诗经》上说：'砍柴靠什么？没有斧头就办不到。娶妻靠什么？没有媒妁办不成。种麻靠什么？必须整理田亩。娶妻靠什么？必先禀告父母。'"

【原文】

子云："取妻不取同姓，以厚别也。故买妾不知其姓，则卜之。以此坊民，《鲁春秋》犹去夫人之姓曰'吴'，其死曰'孟子卒'。"子云："礼，非祭，男女不交爵。"以此坊民，阳侯犹杀缪侯而窃其夫人。故大飨废夫人之礼。"子云："寡妇之子，不有见焉，则弗友也，君子以辟远也。故朋友之交，主人不在，不有大故，则不入其门。以此坊民，民犹以色厚于德。"

【译文】

孔子说："娶妻不娶同姓之女，这是为了强调同姓不婚。所以买妾的时候，如果不知道妾的姓，就应该占卜一下，看看是否适宜。用这种办法来教育人们，鲁昭公竟然还娶与鲁同姓的吴国女子为夫人，以至于《鲁春秋》在记载昭公娶夫人这件事时，不得不隐去夫人的姓，而只说是来自吴国；到她死时，又不得不隐去她的姓，而只说是'孟子卒。'"孔子说："按照礼的规定，不是祭祀的时候，男女之间不互相敬酒。用这种办法来教育人们，阳侯还杀掉缪侯而且霸占了他的夫人。从那以后，两君相见的大飨，就废除了夫人必须参加的礼节。"孔子说："对于寡妇的儿子，如果不是看到他很有才能，就不和他交朋友，因为君子要远避嫌疑。所以朋友互相往来，如果男主人不在家，又没有死人、生病等重大事情，就不进入他家的门。用这种办法来教育人们，人们还好色超过了好德。"

【原文】

子云："好德如好色。诸侯不下渔色。故君子远色以为民纪。故男女授受不亲。御妇人则进左手。姑姊妹女子子已嫁而反，男子不与同席而坐。寡妇不夜哭。妇人疾，问之不问其疾。以此坊民，民犹淫泆而乱于族。"子云："昏礼，壻（xù）①亲迎，见于舅姑②，舅姑承子以授壻，恐事之违也。以此坊民，妇犹有不至者。"

【注释】

①壻（xù）：同"婿"。

②舅姑：本指公公婆婆，此指岳父岳母。

【译文】

孔子说："人们的爱好品德之心，如果像爱好女色那样就好了。诸侯不应该在本国臣民中挑选美女作妻妾。所以君子不贪女色，为百姓树立楷模。所以男女授受不亲。为妇人驾车，应该以左手上前。姑、姊妹、女儿出嫁以后又回到娘家，男子就不再和她们同席而坐。寡妇不应该在夜间哭泣。妇人有病，可以问她病是轻了还是重了，但不要问她害的是什么病。用这种办法来教育百姓，百姓还有乱搞两性关系而败坏伦常的。"孔子说："按照婚礼的规定，新婿要亲自到女家迎亲，拜见岳父岳母，岳父岳母亲手把女儿交给新婿，并且千叮咛万嘱咐地要她到婆家以后孝顺听话。用这种办法来教育人们，还有不孝顺不听话的媳妇。"

中庸

　　这部分的内容主要是讲中庸之道，所以名称为《中庸》。庸，"用"的意思。孔子之孙子思作之，以昭明圣祖之德。此于《别录》属通论。何为"中庸"？中庸的意思主要指折中、适当、不走极端，中庸就是不善也不恶的人的本性，实质上用现代文字表述就是"临界点"，这就是难以把握的"中庸之道"。南宋朱熹把《中庸》和《大学》《论语》《孟子》并列称为"四书"。宋、元以后，《中庸》成为学校官定的教科书和科举考试的必读书，对古代教育产生了极大的影响。

【原文】

天命①之谓性；率性②之谓道；修道③之谓教。道也者，不可须臾④离也，可离非道也。是故君子戒慎乎其所不睹，恐惧乎其所不闻。莫见乎隐，莫⑤显乎微。故君子慎其独⑥也。喜、怒、哀、乐之未发，谓之中。发而皆中节，谓之和。中也者，天下之大本也。和也者，天下之达道也。致中和，天地位焉，万物育焉。

【注释】

①天命：天赋，指人的自然禀赋。也指天理，命运。

②率性：统率并规范人的自然本性。

③修道：修养品德，探求事物的本源，研究世界发展变化的规律。道，品德。

④须臾：片刻。

⑤莫：在这里是"没有什么更……"的意思。

⑥独：独处或独知时。

【译文】

老天所给予人的气质叫作天性，按照人的本性去作事叫作道，修道的方法就是教化。这个道，不能片刻离开我的身心；如果可以离开，那就不是正道了。所以，有德行的人在人们看不见的地方也自觉地警惕谨慎，在人们听不见的地方也仍然战战兢兢。没有什么隐秘可以不被发现，没有什么小事可以不被显露，所以有德行的人在一人独处的时候也十分小心谨慎。人的喜怒哀乐尚未表现出来，叫作中；表现出来而又处处合乎规范，叫作和。中，这是天下的最大根本；和，这是天下的普遍规律。达到了中和，就会天地有条不紊，万物发育生长。

【原文】

仲尼曰："君子中庸，小人反中庸。君子之中庸也，君子而时中；小人之中庸也，小人而无忌惮也。"子曰："中庸其至矣乎！民鲜能久矣！"子曰："道之不行也，我知之矣：知者过之，愚者不及也。道之不明也，我知之矣：贤者过之，不肖者不及也。人莫不饮食也，鲜能知味也。"子曰："道其不行矣夫！"

【译文】

孔子说："有德行的人坚持中庸，小人违背中庸。有德行的人之所以坚持中庸，是因为有君子之德，因而总是恰如其分；小人之所以违背中庸，是因为有小人之心，因而肆无忌惮。"孔子说："中庸大概是最高的品德标准了！可惜人们很少能够长期做到啊！"孔子说："中庸之道之所以不能实行，我知道原因了：聪明的人做过了头，愚蠢的人却还没有达到；中庸之道之所以不能彰明，我知道原因了：贤者做过了头，不贤者却还没有达到。没有一个人不吃不喝的，但能品尝出滋味的却很少。"孔子说："中庸之道大概是不能实行了吧！"

【原文】

子曰："舜其大知也与！舜好问而好察迩言①，隐恶而扬善，执其两端，用其中于民，其斯以为舜乎！"子曰："人皆曰'予知'，驱而纳诸罟（gǔ）擭（chuò）②陷阱之中，而莫之知辟③也。人皆曰'予知'，择乎中庸，而不能期月④守也。"子曰："回之为人也，择乎中庸，得一善，则拳拳服膺⑤而弗失之矣。"子曰："天下国家可均⑥也，爵禄可辞也，白刃可蹈⑦也，中庸不可能也。"

【注释】

①迩言：容易让人理解的话。

②罟（gǔ）：专门用来捕获猎物的网。擭（chuò）：有机密装置，专用来捕获猎物的笼子。

③辟：与"避"同，躲避、躲闪之意。

④期月：一个月。

⑤拳拳服膺：深深地铭记在心。拳拳，真诚、用心的样子。服膺，放在心间之意。

⑥均：公平治理之意。

⑦蹈：踩踏之意。

【译文】

孔子说："舜大概是最明智的人了吧！他不耻下问而且善于审察浅近的话，别人说错的他加以掩盖，别人说对的他加以表扬；他抓住'过'与'不及'这两个极端，取其折中之道使愚智之民都能实行。这就是舜之所以为舜的道理吧！"孔子说："人人都说自己聪明，被利欲驱赶到罗网、机关、陷阱之中却不知道躲避。人人都说自己聪明，选择了中庸之道，却连一个月也不能坚持。"孔子说："颜回的为人，选择了中庸之道，取得了一点进步，就牢牢记在心中，使其永不丢失。"孔子说："天下国家可以得到治理，爵位俸禄可以辞掉，锋利的刀刃可以脚踏上去，而中庸之道却是很难做到的。"

【原文】

子路问强。子曰："南方之强与？北方之强与？抑而①强与？宽柔以教，不报无道，南方之强也，君子居②之。衽（rèn）③金革，死而不厌④，北方之强也，而强者居之。故君子和而不流，强哉矫！中立而不倚，强哉矫！国有道，不变塞⑤焉，强哉矫！国无道，至死不变，强哉矫！"

【注释】

①抑：连词，"还是"之意。而：指你。

②居：属于之意。

③衽（rèn）：枕着。金：铁制的兵器。革：皮革制的甲盾。

④死而不厌：战死了也不后悔。

⑤变塞：变节、变志之意。

【译文】

子路向孔子请教什么是强。孔子说："你问的是南方的强呢，还是北方的强？抑或是你自己的强？用宽厚柔和来教诲人们，尽管别人对自己无理，自己也不以牙还牙，这便是南方的强，有德行的人才能做到。顶盔贯甲，枕戈待旦，战死不悔，这便是北方的强，性情强悍的人才能做到。所以，有德行的人和顺而不随波逐流，这才是真正的强！中立而不偏不倚，这才是真正的强！国家有道之时，也不改变穷困时的操守，这才是真正的强！国家无道之时，至死也不改变志向，这才是真正的强！"

【原文】

子曰："素隐行怪①，后世有述②焉，吾弗为之矣。君子遵道而行，半涂而废，吾弗能已矣。君子依乎中庸，遁世不见知③而不悔，唯圣者能之。""君子之道费而隐④。夫妇⑤之愚，可以与知焉，及其至也，虽圣人亦有所不知焉；夫妇之不肖，可以能行焉，及其至也，虽圣人亦有所不能焉。天地之大也，人犹有所憾，故君子语大，天下莫能载焉；语小，天下莫能破⑥焉。《诗》云：'鸢飞戾天，鱼跃于渊。'言其上下察也。君子之道，造端⑦乎夫妇，及其至也，察乎天地。"

【注释】

①怪：荒诞不经之意。

②述：记录、诉诸之意。

③见知：被知道。

④费而隐：广大而又精微。

⑤夫妇：指平民老百姓。

⑥破：破裂、分开，此指理解之意。

⑦造端：发轫、发端之意。

【译文】

　　孔子说："探求隐僻的道理，做出诡异的行动，后世会对这种欺世盗名的行径有所称述，我不这样干。有德行的人遵循正道而行，半途而废，我却不能停顿下来。有德行的人依照中庸之道行事，如果碰上无道之时，不得不隐遁于世，即使不被人知也不后悔。这只有圣人才能做到。""有德行的人之道，广大而又精微。就其一般情况来说，即使是普通的男男女女，也可以知其一二；如果说到它的最高境界，即使是圣人也有所不知。就其一般情况来说，普通的男男女女也能做到；如果说到它的最高境界，即使是圣人也有所不能。天地如此之大，人们尚且感到有所遗憾。所以，有德行的人所说的大，整个天下都无法承载；有德行的人所说的小，整个天下也无人能够剖析。《诗经》上说：'老鹰展翅飞上天，鱼儿游动在深渊。'这是说圣人之德昭著于天地。君子之道，从普通男男女女的所知所行开始；说到它的最高境界，则昭著于天地之间。"

【原文】

　　子曰："道不远人。人之为道而远人，不可以为道。《诗》云：'伐柯伐柯，其则不远。'执柯以伐柯，睨而视之，犹以为远。故君子以人治人，改而止。忠恕违道不远，施诸己而不愿，亦勿施于人。君子之道四，丘未能一焉：所求乎子以事父，未能也；所求乎臣以事君，未能也；所求乎弟以事兄，未能也；所求乎朋友先施之，未能也。庸德

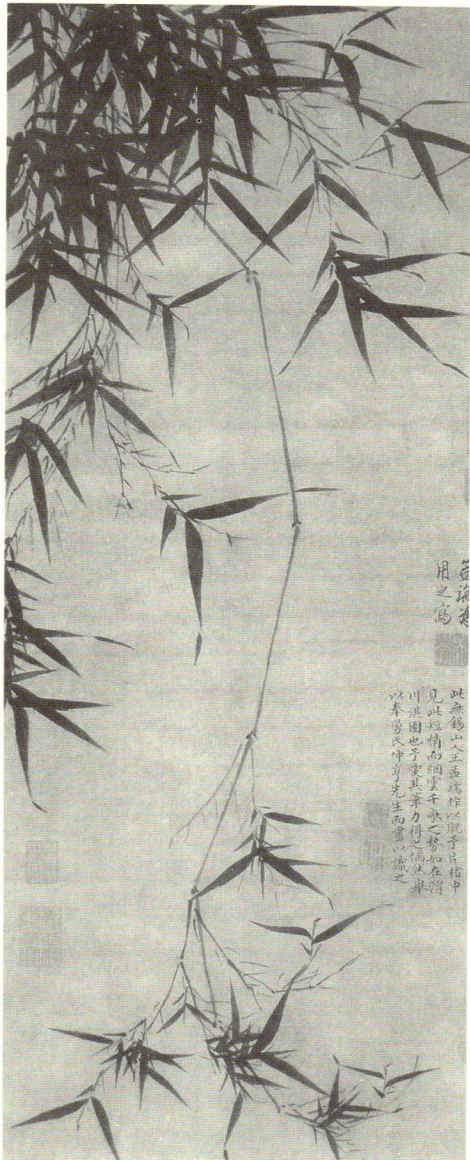

之行，庸言之谨，有所不足，不敢不勉，有余不敢尽；言顾行，行顾言，君子胡不慥慥①尔？君子素其位而行，不愿乎其外。素富贵，行乎富贵；素贫贱，行乎贫贱；素夷狄，行乎夷狄；素患难，行乎患难：君子无入②而不自得焉。在上位不陵③下，在下位不援④上，正己而不求于人，则无怨。上不怨天，下不尤人。故君子居易以俟命⑤，小人行险以徼幸。"

【注释】

①慥慥：与"造"同音，真诚敦厚的样子。

②无入：不论在什么样的位置下。

③陵：欺凌之意。

④援：攀登向上之意，在这里指的是靠权势向上。

⑤俟命：听从天意的安排。

【译文】

孔子说："道不可远离于人。假如人所实行的道却远离于人，那就不能作为道了。《诗经》上说：'砍斧柄呀砍斧柄，式样就在你面前。'握着斧柄去砍斧柄，斧柄的式样一斜眼就能看到，还以为离得很远。所以有德行的人的治人，是以其人之道，还治其人之身，有过能改，也就不再责备。忠恕的精神离道很近，别人让自己干自己都不愿干的事，也不要让别人去干。有德行的人之道有四个方面，我一个方面都没有做到：要求儿子对我做到的，我应当先对父亲做到，这还没有做到；要求弟弟对我做到的，我应当先对哥哥做到，这一条我还没有做到；要求朋友对我做到的，我应当先对朋友做到，这一条我还没有做到。平常品德的实行，平常言论的谨慎，如果自己的才能还有所不足，不敢不努力自勉；如果自己的才能绰绰有余，也不敢把本领使尽。说话要顾及行动，行动要顾及说话。做到了这一点，岂不是一个言行一致的笃实君子吗？君子按照当时所处的地位行事，不抱非分之想。处在富贵的地位，就按照富贵者的身份行事；处在贫贱的地位，就按照贫贱者的身份行事；处在夷狄的地位，就按照夷狄的身份行事；处在患难之中，就按照患难者的身份行事；君子无论处在什么地位，都能够恰如其分地行事。身居上位，不欺凌在下位的人；身居下位，不巴结在上位的人；端正自己而不求于人：这样就不会招致怨恨。上不埋怨苍天，下不归罪他人。所以，君子处在现有的境地而等待天命的安排，小人则铤而走险以求侥幸。"

【原文】

子曰："射有似乎君子，失诸正鹄（gǔ）①，反求诸其身。君子之道，辟如行远必自迩，辟如登高必自卑。《诗》曰：'妻子好合，如鼓瑟琴；兄弟既翕（xī），和乐且耽。宜尔室家，乐尔妻帑。'②"子曰："父母其顺矣乎！"

【注释】

①正鹄（gǔ）：都是指箭靶子。正，是画在布上的。鹄，是画在皮上的。

②妻子好合……乐尔妻帑：出自《诗经·小雅·常棣》。好合，和睦相处之意。翕（xī），和谐相处之意。耽，安贫乐道之意。帑，与"孥"通假，子孙后代之意。

【译文】

孔子说："射箭之道有似于君子之道，如果没有射中靶心，要回过头来检查自己。君子之道，就好比走远路一定要从近处开始，又好比登高一定要从低处开始。《诗经》上说：'同妻子相亲相爱，像琴瑟一样和谐。加上兄弟和睦，欢乐气氛浓厚。使你的家庭安宁，使你的妻儿高兴。'"孔子说："能够这样做，做父母的大概就感到顺心了。"

【原文】

子曰："舜其大孝也与！德为圣人，尊为天子，富有四海之内。宗庙飨之，子孙保之。故大德必得其位，必得其禄，必得其名，必得其寿。故天之生物，必因其材而笃焉。故栽者培之，倾者覆①之。《诗》曰：'嘉乐君子，宪宪令德！宜民宜人，受禄于天。保佑命之，自天申之！②'故大德者必受命。"

【注释】

①覆：颠覆，此指淘汰。

②嘉乐君子……自天申之：出自《诗经·大雅·假乐》。嘉乐，即诗名"假乐"，快乐之意。宪宪，即"显显"，光明显盛的意思。

【译文】

孔子说："舜可以说是一个大孝子了！论品德是个圣人，论尊贵是个天子，论财富拥有四海之内，死后在宗庙享受祭祀，子孙也托福受到庇护。所以大德之人必得高位，必得高禄，必得令名，必得高寿。所以，天生万物，一定要根据其不同的秉性而厚其待遇。所以品德高尚者就得到栽培，品德卑劣者就遭到失败。《诗经》上说：'令人赞美喜爱的君子，具有十分光明的美德。善于安民善于用人，接受来自上天的福禄。上天保佑于他，上天一再赐福于他。'所以大德之人必受天命为天子。"

【原文】

子曰："无忧者其唯文王乎！以王季为父，以武王为子，父作①之，子述②之。武王缵大王、王季、文王之绪，壹戎衣而有天下，身不失天下之显名；尊为天子，富有四海之内。宗庙飨之，子孙保之。武王末受命，周公成文、武之德，追王大王、王季，上祀先公以天子之礼。斯礼也，达乎诸侯、大夫及士、庶人。父为大夫，子为士，葬以大夫，祭以士。父为士，子为大夫，葬以士，祭以大夫。期之丧，达乎大夫；三年之丧，达乎天子；父母之丧，无贵贱，一也。"

【注释】

①作：开创。

②述：继承。

【译文】

孔子说："无忧无虑的人，恐怕只有文王吧！有王季做他的父亲，有武王做他的儿子，父亲为他开创了基业，儿子又继承了他的事业。武王继承了太王、王季、文王的未竟之业，一用兵就战胜了殷纣而取得了天下，自身又没有丢掉天下的美名。论尊贵身为天子，论财富拥有四海之内，宗庙中享受祭祀，子孙也托福受到庇护。武王在晚年才受命为天子，周公成就了文王、武王的心愿，追尊太王、王季为王，对太王以上的列祖列宗用天子之礼祭祀。这种礼节，通用于诸侯、大夫、士及庶人。父亲是大夫，儿子是士，父亲去世用大夫之礼安葬，用士礼祭祀。父亲是士，儿子是大夫，父亲死后用士礼安葬，用大夫之礼祭祀。对旁系亲属一年之丧的服丧，从庶人起，到大夫为止；对父母三年之丧的服丧，下起庶人，上止天子；父母之丧，无论儿子的身份是贵是贱，丧期都是一样的。"

【原文】

子曰："武王、周公，其达孝①矣乎！夫孝者：善继人之志，善述人之事者也。春、秋修其祖庙，陈其宗器，设其裳衣，荐②其时食。宗庙之礼，所以序昭穆也；序爵，所以辨贵贱也；序事，所以辨贤也；旅酬下为上，所以逮贱也；燕毛，所以序齿也③。践其位，行其礼，奏其乐，敬其所尊，爱其所亲，事死如事生，事亡如事存，孝之至也。郊社之礼，所以事上帝也；宗庙之礼，所以祀乎其先也。明乎郊社之礼、禘尝之义，治国其如示诸掌乎！"

【注释】

①达孝：特别孝道，最守孝道。

②荐：供奉，贡献。

③燕毛，所以序齿也：宴饮时按头发的黑白次序坐，这样就使老少有次序。

【译文】

孔子说："武王和周公，大概是最孝的人了吧！所谓孝，就是要善于继承先人的遗志，善于完成先人的未竟之业。一年四季按时打扫先人的祖庙，陈设先人的祭器，陈设先人的衣服，进献先人要吃的应时食品。宗庙之礼，是用来排列昭穆顺序的；助祭者按爵位高低来排列顺序，是用来辨别贵贱的；进献祭品者按其职事来排列顺序，是用来区分才能的；旅酬时，让卑幼者首先为尊长者举杯劝饮，是为了让卑贱者也能摊到事做；宴饮时，按头发的黑白程度排列座次，是为了区别年龄的大小。就先人所就之位，行先人所行之礼，奏先人所奏之乐，敬先人之所尊，爱先人之所亲，服侍死者就像其生前一样，服侍亡者就像其健在一样，真是孝到极点了。郊天祭地之礼，是用来敬事上帝的。宗庙之礼，是用来祭祀先人的。如果明白了郊天祭地之礼的含义，明白了宗庙四时之祭的含义，治理国家就心中有数，就好比用指头在手掌上指指画画一般。"

【原文】

哀公①问政。子曰："文、武之政，布②在方策，其人存，则其政举；其人亡，则其政息。人道敏③政，地道敏树。夫政也者，蒲卢也。故为政在人，取人以身，修身以道，修道以仁。仁者人也，亲亲为大；义者宜也，尊贤为大。亲亲之杀④，尊贤之等，礼所生也。在下位不获乎上，民不可得而治矣！故君子不可以不修身；思修身，不可以不事亲；思事亲，不可以不知人；思知人，不可以不知天。天下之达道五，所以行之者三，曰：君臣也，父子也，夫妇也，昆弟⑤也，朋友之交也，五者天下之达道也。知、仁、勇三者，天下之达德也，所以行之者一也。或生而知之，或学而知之，或困而知之，及其知之，一也；或安而行之，或利而行之，或勉强而行之，及其成功，一也。"子曰："好学近乎知，力行近乎仁，知耻近乎勇。知斯三者，则知所以修身；知所以修身，则知所以治人；知所以治人，则知所以治天下国家矣。"

【注释】

①哀公：春秋时期鲁国君王。"哀"，是谥号。

②布：展示、显露之意。

③敏：致力之意。

④杀：亲疏之分。

⑤昆弟：指兄弟，包括亲兄弟和堂兄弟。

【译文】

鲁哀公向孔子请教治理国家的良策。孔子对他说："文王、武王的治国方法，都记载在典籍上面。他们在世，这些治国方法就能得到实施；他们去世，这些治国方法也就随着废弛。治人之道在于讲究治理方法，种地之道在于讲究种植方法。治国方法，就好像蒲苇一样。所以，治理国家的根本问题在于得到贤人，而能否得到贤人又决定于君王自身的修养，加强自身修养要靠品德，加强品德修养要靠仁。所谓仁，就是爱人，爱人之中，以亲近自己的亲人最重要；所谓义，就是适宜，适宜之中，以尊敬贤人最重要。亲近亲人而有亲疏之别，尊敬贤人而有贵贱之差，礼这个东西也就应运而生。职位卑下，又得不到上级的信任，是不能够把百姓治理好的。所以，有德行的人不可以不加强自身修养；要想加强自身修养，不可以不服侍双亲；要想服侍双亲，不可以不知人；要想知人，不可以不知道天理。天下通行的准则有五条，实行这五条准则的美德有三种。君臣、父子、夫妇、兄弟、朋友的交往，这五条就是天下通行的秘诀；智、仁、勇，这三点就是天下通行的美德，是用来推行这五条准则的。对于这五条准则，有的人生下来就知道，有的人通过学习才知道，有的人碰了钉子才知道；不管是怎样知道的，只要知道了，就是一样的。对于实行这五条准则的三项美德，有的人是心安理得地去实行，有的人是抱着功利目的去实行，有的人是勉强地去实行；不管怎样去实行，只要最后取得成功，就是一样的。"孔子说："爱好学习，接近于智；努力行善，接近于仁；懂得羞耻，接近于勇。知道了这三条，就知道该怎样修身；知道该怎样修身，就知道该怎样治理百姓；知道该怎样治理百姓，就知道该怎样治理天下和国家。"

【原文】

凡为天下国家有九经①，曰：修身也，尊贤也，亲亲也，敬大臣也，体群臣也，子②庶民也，来百工③也，柔远人也，怀④诸侯也。修身则道立，尊贤则不惑，亲亲则诸父昆弟不怨，敬大臣则不眩，体群臣则士之报礼重，子庶民则百姓劝，来百工则财用足，柔远人则四方归之，怀诸侯则天下畏之。齐明盛服，非礼不动，所以修身也；去谗远色，贱货而贵德，所以劝贤也；尊其位，重其禄，同其好恶，所以劝亲亲也；官盛任使⑤，所以劝大臣也；忠信重禄，所以劝士也；时使薄敛⑥，所以劝百姓也；日省月试⑦，既廪⑧称事，所以劝百工也；送往迎来，嘉善而矜（jīn）⑨不能，所以柔远人也；继绝世，举废国，治乱持危，朝聘以时，厚往而薄来，所以怀诸侯也。

【注释】

①经：原则之意。

②子：以……为子。

③百工：各种类型的工匠。

④怀：安抚之意。

⑤任使：随便地调用。

⑥薄敛：少收赋税。

⑦试：考察之意。

⑧既廪：赠给别人粮食。

⑨矜（jīn）：怜悯之意。

【译文】

只要是治理天下、国家，有九条原则，即修养自身，尊重贤人，亲爱亲属，敬重大臣，体恤群臣，爱护民众，招集百工，怀柔藩国，安抚诸侯。修养自身，品德就能树立；尊重贤人，遇事就不迷惑；亲爱亲属，伯父、叔父、兄弟就不会怨恨；敬重大臣，遇事就能安之若素；体恤群臣，群臣就会加倍回报；爱护民众，百姓就会受到鼓励；招集百工，财用就会充足；怀柔藩国，四方就会归顺；安抚诸侯，天下就会畏服。斋戒沐浴，衣冠整齐，不合乎礼的事情不做，这是用来修养自身的办法；屏退谗佞，远离女色，轻视财货而看重品德，这是用来鼓励贤人的办法；高位厚禄，好亲人之所好，恶亲人之所恶，这是用来鼓励亲爱亲属的办法；属员众多，足备使用，这是用来鼓励大臣的办法；忠信待士，予以厚禄，这是用来鼓励群臣的办法；役使有时，减轻赋税，这是用来鼓励百姓的办法；每日检查，每月考试，论功行赏，这是用来鼓励百工的办法；来时欢迎，走时欢送，多夸奖而少责备，这是用来怀柔藩国的办法；延续断绝了的世系，恢复灭亡了的国家，国内有乱就帮助平定，国势危急就给予支援，按时接受朝聘，走的时候赏赐丰厚，而来的时候纳贡菲薄，这是用来安抚诸侯的办法。"

【原文】

"凡为天下国家有九经，所以行之者一也。凡事豫①则立，不豫则废。言前定则不跲②，事前定则不困，行前定则不疚，道前定则不穷。"在下位不获乎上，民不可得而治矣；获乎上有道：不信乎朋友，不获乎上矣；信乎朋友有道：不顺乎亲，不信乎朋友矣；顺乎亲有道：反诸身不诚，不顺乎亲矣；诚身有道：不明乎善，不诚乎身矣。诚者，天之道也；诚之者，人之道也。诚者不勉而中，不思而得，从容中道，圣人也！诚之者，择善而固执之者也。"

【注释】

①豫：与"预"同，预谋之意。

②跲：言语不通顺。

【译文】

只要是治理天下国家有九条原则，而用来实行这九条原则的方法是事先要有所准备。不管什么事，事先有所准备就能成功，事先没有准备就会失败。说话事先有所准备就不会中断，做事事先有所准备就不会受窘，行动之前有所准备就不会出错，道路事先计划妥当就不会搞到走投无路。职位卑下，又得不到上级的信任，是不能够把百姓治理好的。要得到上级的信任，首先要得到朋友的信任，如果得不到朋友的信任，也就得不到上级的信任了；要得到朋友的信任，首先要孝顺父母，如果不孝顺父母，也就得不到朋友的信任了；要做到孝顺父母，首先要反省自己是不是诚心诚意，如果不是诚心诚意，也就做不到孝顺父母了；要使自己诚心诚意，首先要明白什么是善，如果不明白什么是善，也就不能使自己诚心诚意了。诚，这是上天的准则；做到诚，这是做人的准则。作为上天准则的诚，不用勉强就正好，不用思考就得到，从容不迫，一举一动都恰如其分，能这样做到的是圣人。要做到诚，就要择善而从并且牢牢抓住不放。

【原文】

博学之，审问之，慎思之，明辨之，笃行之。有弗学，学之弗能，弗措①也；有弗问，问之弗知，弗措也；有弗思，思之弗得，弗措也；有弗辨，辨之弗明，弗措也；有弗行，行之弗笃，弗措也。人一能之己百之，人十能之己千之。果能此道矣，虽愚必明，虽柔必强。

【注释】

①弗措：不厌倦、不罢休之意。

【译文】

广泛地学习，详细地求教，慎重地思考，清楚地辨别，切实地实行。除非不学，学了而没有学会，就不罢休；除非不问，问了而没有弄懂，就不罢休；除非不思考，思考而没有得到结果，就不罢休；除非不分辨，分辨而没有分辨明白，就不罢休；除非不实行，实行而不实行彻底，就不罢休。别人聪明，学一遍就能学会，自己就学上百遍；别人学十遍就能学会，自己就学上千遍。如果真能这样做了，即使是愚笨的人也一定会变得聪明，即使是柔弱的人也一定会变得刚强。

【原文】

自诚明①，谓之性；自明诚，谓之教。诚则明矣，明则诚矣。唯天下至诚，为能尽其性；能尽其性，则能尽人之性；能尽人之性，则能尽物之性；能尽物之性，则可以赞天地之化育；可以赞天地之化育，则可以与天地参②矣。其次致曲③。曲能有诚，诚则形，形则著，著则明，明则动，动则变，变则化。唯天下至诚为能化。至诚之道，可以前知。国家将兴，必有祯（zhēn）祥④；国家将亡，必有妖孽⑤。见乎蓍龟，动乎四体⑥。祸福将至：善，必先知之；不善，必先知之。故至诚如神。

【注释】

①自诚明：自，从。明，通晓之意。

②天地参：与天地并列之意。

③其次致曲：次于"自诚明"的下一等的人，可以贤人相称。致曲，致力于细微之处。

④祯（zhēn）祥：吉祥的前兆。

⑤妖孽：异于常态的动植物。妖，多指草木类。孽，多指虫豸类。

⑥四体：两手两足，此指身体仪态。

【译文】

由至诚而有明德，这是圣人的天性；由明德而有至诚，这是贤人学习的结果。有至诚则必有明德，有明德则必有至诚。只有天下至诚的圣人，才能完全发挥自己的天性；能完全发挥自己的天性，就能完全发挥他人的天性；能完全发挥他人的天性，就能完全发挥万物的性能；能完全发挥万物的性能，就可以赞助天地化育万物；可以赞助天地化育万物，就可以和天地并列而为三了。贤人只能从点滴小事做起，在点滴小事上能有至诚；有了至诚就会表现出来，表现出来就会日益显著；日益显著就会大放光明，大放光明就会感动人心；感动人心就会变恶为善，变恶为善就会让人脱胎换骨。只有天下至诚的贤人才能化恶为善，移风易俗。心怀至诚，就可以预知未来。国家将要兴盛，必定有吉祥的预兆；国家将要灭亡，必定有妖异的前征。反映在占卜的蓍草、龟甲中，表现在人们的仪容、举止上。祸福将要来临的时候，是福，必定预先知道；是祸，也必定预先知道。所以，心怀至诚的人就像神明一样。

【原文】

诚者，自成①也，而道，自道②也。诚者物之终始，不诚无物。是故君子诚之为贵。诚者，非自成己而已也，所以成物也。成己，仁也；成物，知也。性之德也，合外内之道也，故时措之宜也。故至诚无息。不息则久，久则征③，征则悠远，悠远则博厚，博厚则高明。博厚，所以载物也；高明，所以覆物也；悠久，所以成物也。博厚配地，高明配天，悠久无疆。如此者，不见而章④，不动而变，无为而成。

【注释】

①自成：成全自己、完善自己之意。

②自道：自己引导之意。

③征：检验、校验。

④不见而章：见，与"现"同音，显露之意。章，通"彰"，彰显。

【译文】

诚，就是自身品德修养的完成；而道，乃是走向完成品德修养的自我指导。诚贯穿于万物的始终，没有诚也就没有万物。所以，有德行的人把诚看作是最高贵的品德。诚，并非完成自身的修养就算完事了，而是要成就外物。完成自身的修养，叫作仁；成就外物，叫作智。仁和智是人性固有的美德，综合了成物、成己的规律，所以任何时候用它都是适宜的。所以，至诚是不间断的。不间断就可以长久，长久就可以得到验证，得到验证就可以行之悠远，行之悠远就可以广博深厚，广博深厚就可以高大光明。广博深厚，能用来承载万物；高大光明，能用来覆盖万物；行之悠远，能用来成就万物。广博深厚可以与地相配，高大光明可以与天相配，行之悠远而无边无际。圣人之德如此广博深厚、高大光明、行之悠远，以至于不见所为而功业彰显，不见动作而万物改变，无所作为而自然成功。

【原文】

天地之道，可壹言①而尽也。"其为物不贰②，则其生物不测。"天地之道，博也厚也，高也明也，悠也久也。今夫天，斯昭昭③之多，及其无穷也，日月星辰系焉，万物覆焉。今夫地，一撮土之多，及其广大，载华岳而不重，振④河海而不泄，万物载焉。今夫山，一卷石⑤之多，及其广大，草木生之，禽兽居之，宝藏兴焉。今夫水，一勺之多，及其不测，鼋鼍、蛟龙、鱼鳖生焉，货财殖焉。《诗》云："惟天之命，於穆不已。"盖曰天之所以为天也。"於乎不显⑥！文王之德之纯！"盖曰文王之所以为文也，纯亦不已。

【注释】

①壹言：一字之意，在这里是指前面说到的"诚"字。

②不贰：始终如一的意思。

③昭昭：明亮、光明。

④振：通"整"，治理、改善之意。

⑤一卷石：指的是拳头大的石头。卷，通"拳"。

⑥不显：不，通"丕"，大的意思。显，光明之意。

【译文】

天地之道，可以用一个字来概括，那就是一个"诚"字。"它以至诚不贰对待万物，所以能够生育万物而其数无法估量。"天地之道，广博、深厚、高大、光明、悠远、长久。就拿天来说，刚一开始也不过是区区一片微光，微光越积越多，以至于无穷无尽，到了这个时候，日月星辰被悬挂在上面，万物被覆盖在下面。再拿地来说，刚一开始也不过是一把泥土而已，后来越积越多，以至于广博深厚到这种程度，承载五岳而不觉得重，容纳河海而不至于漏泄，万物皆可承载于上。再拿山来说，刚一开始不过是拳头大的一小块石头，后来越积越多，以至于广大到这种程度，草木在上面生长，禽兽在上面居住，矿藏从里面开采。再拿水来说，刚一开始也不过是一勺水而已，后来越积越多，以至于达到深不可测的程度，于是鼋鼍、蛟龙、鱼鳖生活在里面，种种货财也从水中繁殖。《诗经》上说："想那天道在运行，庄严肃穆永不停。"说的就是天之所以成为天；"呜呼，多么光明显赫！文王的品德真纯正。"说的就是文王之所以被称为"文"，其纯正也从未间断。

【原文】

大哉圣人之道！洋洋①乎发育万物，峻极于天。优优②大哉！礼仪三百，威仪三千，待其人然后行。故曰：苟不至德③，至道不凝④焉。故君子尊德性而道问学，致广大而尽精微，极高明而道中庸。温故而知新，敦厚以崇礼。是故居上不骄，为下不倍⑤；国有道，其言足以兴，国无道，其默足以容。《诗》曰："既明且哲，以保其身⑥。"其此之谓与！

【注释】

①洋洋：浩浩荡荡之意。

②优优：充足、富庶之意。

③苟不至德：假如说没有很高的德行。苟，假如说。

④凝：聚集之意，在这里包含有成功的意义。

⑤倍：通"背"，背叛之意。

⑥既明且哲，以保其身：出自《诗经·小雅》。哲，智慧、聪颖，通晓事理之意。

【译文】

伟大啊，圣人之道！充满世界，化育万物，高达于天。绰绰有余，真伟大啊！礼的大纲三百条，礼的细则三千条，一定要等到圣人出来才能实行。所以说：如果不是具有至高无上品德的人，圣人的至善之道就不能实行。所以有德行的人尊崇圣人的至诚之性，并通过勤学来达到；既要达到如同地德的广博深厚，又要无微不至；既要达到如同天德的高大光明，又要遵循中庸之道；温习旧有的知识，从而获得新的体会；为人敦厚而崇尚礼仪。所以，身居上位而不骄傲，身居下位而不背叛；如果国家政治清明，他的积极建议足以使国家兴盛；如果国家政治黑暗，他的沉默不语也足以使他保全自身。《诗经》上说："既明白道理而又洞察是非，就可以保全自身。"说的不就是这个道理吗？

【原文】

子曰："愚而好自用①，贱而好自专②，生乎今之世，反③古之道。如此者，灾及其身者也。"非天子，不议礼，不制度④，不考文。今天下车同轨，书同文，行同伦。虽有其位，苟无其德，不敢作礼乐焉；虽有其德，苟无其位，亦不敢作礼乐焉。"

【注释】

①自用：刚愎自用之意，一味按照自己的想法做事情，过于武断专行。

②自专：一意孤行。

③反：通"返"，恢复、重新回来之意。

④制度：作动词用，制定、制度之意。

【译文】

孔子说："愚蠢而好自以为是，卑贱而好自作主张；生活在当代世界，却要恢复古代的那一套。这样做的人，势必要灾祸临头了。"不是天子，就没有资格议礼，没有资格规定制度，没有资格考订文字。当今的天下，车轮之间的轨迹等宽，书写的字体一律，行为的规范相同。虽然处于天子的地位，如果没有相应的品德，就不敢制礼作乐；虽然具有圣人的品德，如果没有相应的地位，也不敢制礼作乐。

【原文】

子曰："吾说夏礼，杞不足征也；吾学殷礼，有宋存焉；吾学周礼，今用之，吾从周。王天下有三重焉，其寡过矣乎！上焉者①虽善无征，无征不信，不信民弗从；下焉者②虽善不尊，不尊不信，不信民弗从。故君子之道本诸身，征诸庶民，考诸三王而不缪，建诸天地而不悖，质诸鬼神而无疑，百世以俟③圣人而不惑。质诸鬼神而无疑，知天也；百世以俟圣人而不惑，知人也。是故君子动而世为天下道，行而世为天下法，言而世为天下则。远之则有望，近之则不厌。《诗》曰：'在彼无恶，在此无射（yì）；庶几夙夜，以永终誉！④'君子未有不如此而蚤⑤有誉于天下者也。"

【注释】

①上焉者：处在高堂之上的人，指君王。

②下焉者：处在下位的人，指臣子。

③俟：等到。

④《诗》曰……以永终誉：出自《诗经·周颂·振鹭》。射（yì），厌恨之意。庶几，差不多的意思。夙夜，从早到晚。

⑤蚤：通"早"。

【译文】

孔子说："我想讲说夏礼，但现在的杞国已经不足以验证它了。我想学习殷礼，现在的宋国还保存着一部分。我想学习周礼，这是当今正在使用的礼，所以我遵循周礼。称王天下的人有三件重要的事做好了，大概就可以少犯错误了。周代以前的一套规矩虽然很好却无从验证，无从验证则百姓不信，百姓不信也就不会遵从；处在下位的圣人的一套规矩虽然很好，但其地位不尊，地位不尊则百姓不信，百姓不信也就不会遵从。所以，有德行的人治理天下的办法，应该是首先从自身出发，然后在百姓中求得验证，稽考于三三王而没有错误，树立于天地之间而毫无悖逆，质询于神灵而没有疑问，百世以后等到圣人出来也提不出不同意见。质询于神灵而没有疑问，这是懂得天理；百世以后等到圣人出来也提不出不同意见，这是懂得人情。所以有德行的人的任何举动都被后世奉为天下的楷模，有德行的人的任何行事都被后世奉为天下的法则，有德行的人的任何言论都被后世奉为典范。远离君子，则有仰慕之心，靠近有德行的人，则无厌倦之意。《诗经》上说：'在那里无人厌恶，在这里无人讨厌。从早到黑不懈怠，交口称赞美名传。'有德行的人没有一个不是这样做了以后才早早地名扬天下的。"

【原文】

仲尼祖述①尧、舜，宪章②文、武；上律天时，下袭水土。辟如天地之无不持载，无不覆帱③，辟如四时之错行，如日月之代明。万物并育而不相害，道并行而不相悖，小德川流，大德敦化，此天地之所以为大也。唯天下至圣为能聪明睿知，足以有临④也；宽裕温柔，足以有容也；发强刚毅，足以有执⑤也；齐庄中正，足以有敬也；文理密察，足以有别⑥也。溥博渊泉，而时出之。溥博如天，渊泉如渊。见而民莫不敬，言而民莫不信，行而民莫不说。是以声名洋溢乎中国，施及蛮貊；舟车所至，人力所通，天之所覆，地之所载，日月所照，霜露所队⑦；凡有血气者，莫不尊亲，故曰配天。

【注释】

①祖述：遵循之意。

②宪章：效仿、模仿之意。

③覆帱：覆盖之意。

④有临：能够居上位而统治下民。

⑤有执：有很强的决断能力。

⑥有别：能够分辨区别是非曲直。

⑦霜露所队：霜雪坠落的意思。"队"，通"坠"。

【译文】

从远处说，孔子继承唐尧、虞舜；从近处说，孔子效法文王、武王；上据天时，下据地理。譬如天的无不覆盖，譬如地的无不承载；譬如四季的交替运行，譬如日月的轮流照耀。万物共同生长而不互相妨害，各种规律并行而不互相冲突。小德川流不息，大德敦厚化育，这就是天地之所以伟大的地方。唯有天下最伟大的圣人才能做到聪明睿智，足以君临天下；宽厚温柔，足以包容万物；坚强刚毅，足以决断一切；端庄正直，足以令人起敬；条理清晰，详审明察，足以辨别是非。圣人之德，博大精深，待时而出。其博大犹如苍天，其精深犹如深渊。他一出现，百姓无不起敬；他一说话，百姓无不信服；他一举动，百姓无不喜悦。所以他的声名不但响彻华夏大地，而且传播到少数民族聚居的远方。凡是车船能行驶到的地方，凡是人的足迹所能到的地方；只要是苍天覆盖之处，大地承载之处，日月所照之处，霜露所降之处；凡是有血气的生命，无不尊敬他，无不亲近他，所以说圣人之德可以与天媲美。

【原文】

唯天下至诚，为能经纶①天下之大经，立天下之大本，知天地之化育。夫焉有所倚？肫肫其仁！渊渊其渊！浩浩其天！苟不固聪明圣知达天德者，其孰能知之？《诗》曰："衣锦尚䌹（jiōng）②。"恶其文之著也。故君子之道，闇（àn）然③而日章；小人之道，的然④而日亡。君子之道：淡而不厌，简而文，温而理，知远之近，知风之自，知微之显，可与入德矣。《诗》云："潜虽伏矣，亦孔之昭！⑤"故君子内省不疚，无恶于志。君子所不可及者，其唯人之所不见乎！《诗》云："相在尔室，尚不愧于屋漏。"故君子不动而敬，不言而信。《诗》曰："奏假无言，时靡有争⑥。"是故君子不赏而民劝，不怒而民威于鈇钺。《诗》曰："不显惟德！百辟其刑之⑦。"是故君子笃恭而天下平。《诗》曰："予怀明德，不大声以色。"子曰："声色之于以化民，末也。《诗》曰：'德輶如毛。'毛犹有伦；'上天之载，无声无臭⑧。'至矣！"

【注释】

①经纶：主宰，治理。

②衣锦尚䌹（jiōng）：出自《诗经·卫风·硕人》。衣，用作动词，穿衣之意。锦，有花纹装饰物的衣服。尚，添加之意。䌹，指的是用麻布做成的外衣。

③闇（àn）然：隐蔽起来，避免外露。

④的然：指的是鲜艳显著的意思。

⑤潜虽伏矣，亦孔之昭：出自《诗经·小雅·正月》。孔，很、特别之意。昭，明显、显眼之意。

⑥奏假无言，时靡有争：出自《诗经·商颂·烈祖》。奏，贡献、敬献之意。假，通"格"，与神灵相沟通、对话。靡，无。

⑦不显惟德，百辟其刑之：出自《诗经·周颂·烈文》。不显，与前同，大显之意。辟，指称诸侯。刑，通"型"，典范、效仿之意。

⑧上天之载，无声无臭：出自《诗经·大雅·文王》。臭（xiù），指气味、味道。

【译文】

只有天下最至诚的人，才能理顺治理天下的大纲，才能树立天下的根本，才能洞晓天地化育万物的原理。做到这些难道还要依赖别的什么吗？他的仁厚是那样的诚恳！智慧是那样的深沉，盛德如天，浩浩荡荡！如果不是本来聪明睿智而又通晓天地的人，谁能了解他呢？《诗经》上说："身穿锦服罩单衣。"这是讨厌锦服的花纹太招眼。所以君子之道，刚一开始不太显眼，时间长了却日益彰明；小人之道，刚一开始光芒刺目，时间长了却日趋消亡。君子之道：看似淡薄而实则醇厚，令人不厌，简朴而有文采，温和而有条理，由近而知远，溯流而知源，见著而知微，这样就可以说是摸到了进入圣人之德的门径了。《诗经》上说："虽然潜藏水底，仍被看得分明。"所以有德行的人自我反省，问心无愧，也无损自己的志向。君子的不可企及之处，大概就在于在人所看不见的地方也能够严于律己吧！《诗经》上说："看你独自处于室内，做事尚可无愧神明。"所以有德行的人不用举动就能令人起敬，不用说话就能令人信服。《诗经》上说："金声玉振众肃静，太平之世无人争。"所以有德行的人不用赏赐，百姓就受到了鼓励；不用发怒，百姓就觉得比刑罚还要威严。《诗经》上说："文王之德多么光明，四方诸侯都要效法。"因此，有德行的人笃实恭敬就能使天下太平。《诗经》上说："我归心于明德的文王，他从不疾言厉色。"孔子说："用疾言厉色去教化百姓，这是下策。"《诗经》上说："德行轻如鸿毛。"有毛可比就是还有形迹可寻；至于"上天的造生万物，人们既听不到它的声音，也闻不到它的气味。"那才是至高无上的境界啊！

表 记

　　这部分内容记述了君子行为仁与义的相互关系、仁的要素、义的要素、虞夏商周的政教得失、事君之道、言行待人之道以及卜筮等八个方面的内容。文中所引《诗》《书》的句子也多有断章取义，读时宜体会本篇作者本意，不能妄加推测其中的含义。

【原文】

子言之："归乎！君子隐而显，不矜而庄，不厉而威，不言而信。"子曰："君子不失足于人，不失色于人，不失口于人，是故君子貌足畏也，色足惮也，言足信也。《甫刑》曰：'敬、忌而罔有择言①在躬。'"子曰："裼袭之不相因也，欲民之毋相渎也。"子曰："祭极敬，不继之以乐；朝极辨，不继之以倦。"

【注释】

①择言：坏话。择，通"殬"，败也。

【译文】

孔子说："还是回去吧！有德行的人虽然隐居林泉，但品德发扬，声名显著；不必故作矜持而自然端庄，不必故作严厉而自然令人生畏，不必讲话而人们自然相信。"孔子说："有德行的人的一举一动，都不让别人感到有失检点；一颦一笑，都不让别人感到有失检点；一言一语，都不让别人感到有失检点。所以有德行的人的容貌足以令人生畏，有德行的人的脸色足以令人畏惧，有德行的人的讲话足以令人信服。《甫刑》上说：'外貌恭敬，内心戒慎，别人就不会说自己的坏话。'"孔子说："在行礼过程中，有时以露出裼衣为敬，有时以掩好上服不露出裼衣为敬，这样做的目的，是要民众不要亵渎了礼。"孔子说："祭礼要求尽量表达敬意，虽有饮酒之事，但也不能以欢乐告终；朝廷上的政事要求尽量办好，不可因为劳神而以草草了事告终。"

【原文】

子曰："君子慎以辟祸，笃以不揜，恭以远耻。"子曰："君子庄敬日强，安肆日偷。君子不以一日使其躬儳（chán）①焉，如不终日。"子曰："齐戒以事鬼神，择日月以见君，恐民之不敬也。"子曰："狎侮，死焉而不畏也。"子曰："无辞不相接也，无礼不相见也，欲民之毋相亵也。《易》曰：'初筮告，再三渎，渎则不告。'"

【注释】

①儳（chán）：不整齐，杂乱不齐。

【译文】

孔子说："有德行的人用谨慎行事来避免灾祸，用品德笃厚来避免受窘，用恭以待人来远离耻辱。"孔子说："有德行的人端庄恭敬，所以品德日益显著；如果耽于安乐，放肆无检，就会日益苟且偷安。有德行的人一天也不让自己的所作所为被人瞧不起，如同小人的无礼而惶惶不可终日。"孔子说："斋戒以后才敬事神灵，择好日子然后晋见君王，如此慎重地行事，就是恐怕人们失去恭敬之心，"孔子说："小人喜好轻狎侮慢，即使会招致杀身之祸，也不知畏惧。"孔子说："朝聘聚会之时，双方必有言辞以通情意，必有见面的礼物以通情意；如果没有言辞，就不互相交接；没有见面的礼物，就不互相见面。之所以这样做，是要百姓不要忽视礼数而对对方失敬。《易经》上说：'第一次占筮，神告诉你是吉是凶；如果不信，又进行第二次、第三次占筮，那就是对神的亵渎。亵渎了神，神就不再告诉你吉凶了。'"

【原文】

子言之："仁者，天下之表也；义者，天下之制也；报者，天下之利也。"子曰："以德报德，则民有所劝；以怨报怨，则民有所惩①。《诗》曰'无言不雠，无德不报。'《太甲》曰：'民非后无能胥以宁；后非民无以辟四方。'"子曰："以德报怨，则宽身之仁也；以怨报德，则刑戮之民也。"

【注释】

①惩：指受到创伤。

【译文】

孔子说："仁是天下的仪表，义是裁决天下事物的准则，礼尚往来是天下之利。"孔子说："以恩德回报别人对自己的恩德，这样百姓就会有所劝勉而友好相处。以怨恨回报别人对自己的怨恨，这样百姓就会两败俱伤。《诗经》上说：'出言未有不答，施德未有不报。'《尚书·太甲》篇说：'百姓没有君王，就不能得到安宁；君王没有百姓，也无法君临四方。'"孔子说："以恩德回报别人对自己的怨恨，这是委曲求全的人；以怨恨回报别人对自己的恩德，这是应该绳之以法的人。"

【原文】

子曰："无欲而好仁者，无畏而恶不仁者，天下一人而已矣。是故君子议道自己，而置法以民。"子曰："仁有三，与仁同功而异情。与仁同功，其仁未可知也；与仁同过，然后其仁可知也。仁者安仁，知者利仁，畏罪者强仁。仁者右也，道者左也。仁者人也，道者义也。厚于仁者薄于义，亲而不尊；厚于义者薄于仁，尊而不亲。道有至，义有考。至道以王，义道以霸，考道以为无失。"

【译文】

孔子说："不是为了满足私欲而喜好仁的人，也不是因为畏惧才厌恶不仁的人，这样的人在普天之下很少很少。所以有德行的人在议论原则时是以自己为准，在制定法律时是以百姓能做到的为准。"孔子说："仁的实行有三种情况：一是安于行仁，二是为了利益而行仁，三是勉勉强强而行仁。三者虽然都能达到仁的效果，但出发点却不同。都能达到仁的效果，仅从效果上看，是看不出它是属于哪种仁的。在行仁时遇到了挫折，这时候就可以看出它是属于哪种仁了。真正的仁人，不论在什么情况下都安于行仁；自以为是的人，看到有利可图才去行仁；害怕犯罪受罚的人，是迫不得已而勉强行仁。仁好比是右手，道好比是左手。仁，体现在爱人上；道，体现在义理上。在仁的方面做得多，在义的方面做得少，其结果是赢得了亲近而没有赢得尊敬；在义的方面做得多，在仁的方面做得少，其结果是赢得了尊敬而没有赢得亲近。道有兼行仁义的至道，有只行义而不行仁的义道，有采取仁义的一部分而行之的考道。行至道可以称王，行义道可以称霸，行考道可以避免过失。"

【原文】

子言之："仁有数，义有长短小大。中心憯怛，爱人之仁也；率法而强之，资①仁者也。《诗》云：'丰水有芑，武王岂不仕？诒厥孙谋，以燕翼子，武王烝哉！'数世之人②也。《国风》曰：'我今不阅③，皇恤我后。'终身之仁也。"

【注释】

①资：取。

②人：通"仁"。

③阅：容纳。

【译文】

孔子说："仁有多少、长短、大小之分，义也有多少、长短、大小之别。对别人的不幸有恻隐之心，这是天性同情他人的仁；遵循法律而勉强行仁，这是以行仁为手段而企图达到个人目的。《诗经》上说：'正如丰水之有芑，武王岂不考虑天下长治久安之计。留下了安邦治国的好谋略，庇护他的子孙享国久长。武王真伟大啊！'这是惠及后世几代的仁。《国风》上说：'我现在自身还难保，哪里有精力为后代着想呢？'这是贯穿自己一生的仁。"

【原文】

子曰："仁之为器重，其为道远，举者莫能胜也，行者莫能致也，取数多者仁也；夫勉于仁者不亦难乎？是故君子以义度人，则难为人；以人望人，则贤者可知已矣。"子曰："中心安仁者，天下一人而已矣。《大雅》曰：'德輶（yóu）①如毛，民鲜克举之；我仪图②之，惟仲山甫举之，爱莫助之。'"《小雅》曰：'高山仰止，景行③行止。'"子曰："《诗》之好仁如此；乡道而行，中道而废，忘身之老也，不知年数之不足，俛焉④日有孳孳（zī zī）⑤，毙而后已。"

【注释】

①輶（yóu）：轻便的车。

②仪图：端度。

③景行：大道。

④俛焉：勤奋的样子。

⑤孳孳（zī zī）：努力不懈。

【译文】

孔子说："仁，作为器物，非常非常之重；作为道路，非常非常之远。作为器物，没有人能够把它举得起来；作为道路，没有人能够走得完。我们只能看谁举得较重，走得较远，以数量多的，算作仁了。像这样地勉力于仁，难度够大的了！所以有德行的人如果用先王的标准来衡量人，那么做人就很难达到标准；如果用今天一般人的标准去要求别人，那么就可以知道谁是贤人了。"孔子说："天性乐于行仁的人，天下非常的少。《大雅》上说：'虽然道德轻如鸿毛，但是很少有人能够把它举得起来。我揣度，只有仲山甫能够举得起来，可惜时人没有能够帮助他的。'《小雅》上说：'高山则可仰慕，大道则可行走。'"孔子说："《诗经》是如此的爱好仁。向着仁的大道前进，走到半

路，实在没有力气了，才不得已停顿下来，忘掉了身体已经衰老，也忘掉了余日不多；仍然孜孜不懈，奋力向前，死而后已。"

【原文】

子曰："仁之难成久矣！人人失其所好，故仁者之过易辞也。"子曰："恭近礼，俭近仁，信近情，敬让以行此，虽有过，其不甚矣。夫恭寡过，情可信，俭易容也；以此失之者，不亦鲜乎？《诗》曰：'温温恭人，惟德之基。'"

【译文】

孔子说："仁的难以成功，由来已久了！因为人的能力有限，很难全部做到，所以仁者所犯的过失是容易得到解释的。"孔子说："恭敬接近于礼，谦逊接近于仁，诚信接近于人情；如果能以恭敬谦让的态度做人行事，即使有什么过失，也不会是什么大的过失。做到恭敬就会少犯过失，近乎人情就会让人信赖，为人谦逊就容易被人接受。这样做人而犯错误，不是少有的事吗？《诗经》上说：'温和恭敬的人，是道德的基石。'"

【原文】

子曰："仁之难成久矣，惟君子能之。是故君子不以其所能者病人，不以人之所不能者愧人。是故圣人之制行也，不制以己，使民有所劝勉愧耻，以行其言。礼以节之，信以结之，容貌以文之，衣服以移之，朋友以极之，欲民之有壹也。《小雅》曰：'不愧于人，不畏于天。'是故君子服其服，则文以君子之容；有其容，则文以君子之辞；遂其辞，则实以君子之德。是故君子耻服其服而无其容，耻有其容而无其辞，耻有其辞而无其德，耻有其德而无其行。是故君子衰绖则有哀色，端冕则有敬色，甲胄则有不可辱之色。《诗》云：'惟鹈（tí）①在梁，不濡其翼；彼记之子，不称其服。'"

【注释】

①鹈（tí）：水鸟，喜群居，捕食鱼类。亦称"伽蓝鸟""淘河鸟""塘鹅"。

【译文】

孔子说："仁的难以成功由来已久，只有有德行的人能够成功。所以有德行的人不以自己所能做到的事去责备别人，也不以别人做不到的事让人家感到惭愧。所以圣人在制定行为标准时，不是以自己为标准，而是以中等水平的人为标准，使知道努力的人有所劝勉，不知道努力的人有所愧耻，以便共同实行圣人的教诲。用礼来约束他们，用诚信来团结他们，用恰当的仪容来文饰他们，用合乎身份的衣服来影响他们，用朋友之间的劝勉来鼓励他们，这都是为了使他们专一于为善。《小雅》上说：‘难道人前不惭愧？难道不怕天报应？’所以有德行的人穿上了君子的服装，还要用君子的仪容来加以文饰；有了君子的仪容，还要用君子的谈吐来加以文饰；谈吐高雅了，还要用君子的品德来加以充实。所以君子对于穿上君子服装而无君子仪容感到羞耻，对于只有君子仪容而无君子谈吐感到羞耻，对于只有君子谈吐而无君子品德感到羞耻，对于只有君子品德而无君子行为感到羞耻。所以君子穿上了丧服就会有悲哀的神色，穿上了朝服就会有恭敬的神色，穿上了军服就会有不可侵犯的神色。《诗经》上说：‘鹈鹕鸟儿立河梁，居然未曾湿翅膀。那些没有德行的官员们，真不配他们穿的那身衣裳。’”

【原文】

子言之：“君子之所谓义者，贵贱皆有事于天下；天子亲耕，粢盛秬鬯以事上帝，故诸侯勤以辅事于天子。”子曰：“下之事上也，虽有庇民之大德，不敢有君民之心，仁之厚也。是故君子恭俭以求役①仁，信让以求役礼，不自尚其事，不自尊其身，俭于位而寡于欲，让于贤，卑己而尊人，小心而畏义，求以事君，得之自是，不得自是，以听天命。《诗》云：‘莫莫葛藟，施于条枚；凯弟君子，求福不回②。’其舜、禹、文王、周公之谓与？有君民之大德，有事君之小心。《诗》云：‘惟此文王，小心翼翼，昭事上帝，聿怀多福，厥德不回，以受方国③。’”

【注释】

①役：为。

②回：邪僻。

③方国：四方诸侯之国。

【译文】

孔子说：“君子的所谓‘义’，是说一个人无论身份贵贱，都要为天下做出应有的贡献。譬如天子，虽然至尊至贵，也要亲耕籍田，生产出粢盛，制造出秬鬯，以祭祀上帝；所以诸侯也要勤勉地辅佐天子。”孔子说：“在下位的服侍在上位的，虽然有了庇护民众的大德，也不敢有统治民众的念头，这是仁厚的表现。所以君子恭敬谦逊以求做到仁，诚信谦让以求做到礼；不自己夸耀自己做过的事，不自己抬高自己的身价；在地位面前表现出谦逊，在名利面前表现出淡泊，让于贤人；贬低自己而推崇别人，小心谨慎而唯恐不得其当，要求自己用这样的态度服侍君王；得意时自行此道，不得意时也自行此道，一切听天由命，绝不改变信仰以邀取利禄。《诗经》上说：‘茂茂密密的葛藤，缠绕着树干和树枝。平易近人的君子，不走邪道把福求。'大概说的就是舜、禹、文王、周公吧！他们都有治理民众的大德，又有服侍君主的小心。《诗经》上说：'周文王小心翼翼，明白怎样敬奉上帝，得到了许多福佑。他的德行叫人挑不出毛病，最终得到了天下诸侯的拥戴。'"

【原文】

子言之："君子之所谓仁者其难乎！《诗》云：'凯弟君子，民之父母。'凯以强教之；弟以说安之。乐而毋荒，有礼而亲，威庄而安，孝慈而敬。使民有父之尊，有母之亲。如此而后可以为民父母矣，非至德其孰能如此乎？今父之亲子也，亲贤而下无能；母之亲子也，贤则亲之，无能则怜之。母，亲而不尊；父，尊而不亲。水之于民也，亲而不尊；火，尊而不亲。土之于民也，亲而不尊；天，尊而不亲。命之于民也，亲而不尊；鬼，尊而不亲。"

【译文】

孔子说："君子的所谓'仁'，做起来是相当难的呀！《诗经》上说：'和乐平易的君子，是民众的父母。'君子以快乐教人，使人自强不息；以平易安民，使人感到喜悦。使人民快乐而不荒废事业，彬彬有礼而相亲相爱，威严庄重而安宁，孝顺慈爱而恭敬，使人民像尊敬父亲一样尊敬自己，像亲近母亲一样亲近自己，这样做了以后才可以成为民众的父母，如果不具备至高的德行，谁能做到这一点呢？现在做父亲的爱儿子，儿子贤能他就亲，儿子无能他就看不起；做母亲的爱儿子，儿子贤能她就亲，儿子无能她就怜惜。所以母亲可亲而不可尊，父亲可尊而不可亲。对于人们来说，水是可亲而不可尊，火是可尊而不可亲。对于人们来说，土地是可亲而不可尊，天是可尊而不可亲。对于人们来说，君王的教令可亲而不可尊，神灵可尊而不可亲。"

【原文】

子曰："夏道尊命①，事鬼敬神而远之，近人而忠焉，先禄而后威，先赏而后罚，亲而不尊；其民之敝：蠢而愚，乔②而野，朴而不文。殷人尊神，率民以事神，先鬼而后礼，先罚而后赏，尊而不亲；其民之敝：荡而不静，胜而无耻。周人尊礼尚施，事鬼敬神而远之，近人而忠焉，其赏罚用爵列，亲而不尊；其民之敝：利而巧，文而不惭，贼而蔽。"

【注释】

①命：谓政教。

②乔：通"骄"。

【译文】

孔子说："夏人的治国之道是尊重君上的政教，虽然敬奉神灵但却不把它当作政教的内容，接近人情而忠诚，把俸禄放在第一位而把威严放在第二位，把赏赐放在第一位而把刑罚放在第二位，所以他们的政教可亲而不可尊；到了政教衰败的时候，它的百姓就变得愚蠢而无知，骄横而粗野，朴陋而缺乏修养。殷人尊崇神灵，君上率领百姓敬奉神灵，把神灵放在第一位而把礼仪放在第二位，把刑罚放在第一位而把赏赐放在第二位，所以他们的政教可尊而不可亲；到了政教衰败的时候，它的百姓就变得心意放荡而不安静，争强好胜而不知羞耻。周人尊崇礼法，贵尚施惠，虽然敬奉神灵但却不把它当作政教的内容，接近人情而忠诚，它的赏罚办法既不同于夏，又不同于殷，唯以爵位的高低作为轻重的标准，所以他们的政教可亲而不可尊；到了政教衰败的时候，它的百姓就变得贪利而取巧，花言巧语而大言不惭，互相残害，互相欺骗。"

【原文】

子曰："夏道未渎辞，不求备，不大望①于民，民未厌其亲；殷人未渎礼，而求备于民；周人强民，未渎神，而赏爵刑罚穷矣。"子曰："虞夏之道，寡怨于民；殷周之道，不胜其敝。"子曰："虞夏之质，殷周之文，至矣。虞夏之文，不胜其质；殷周之质，不胜其文。"

【注释】

①望：奢望。

【译文】

孔子说："夏代的政令清简，对人民不苛求责备，赋税较轻，人民尚怀有亲上之心。殷人的礼法还算简约，但对人民苛求责备，赋税较重。周人设教，强迫人民遵循礼仪，虽尚未亵渎神灵，而赏赐、晋爵、施刑之类的规定就已经穷极繁多了。"孔子说："虞夏的政令清简，老百姓很少怨恨的。殷周的政令繁杂，老百姓受不了它的烦琐。"孔子说："虞夏的质朴，殷周的文饰，都达到了极点。虞夏虽然也有文饰，但没有它的质朴多；殷周虽然也有质朴，但没有它的文饰多。"

【原文】

子言之曰："后世虽有作者，虞帝弗可及也已矣。君天下，生无私，死不厚其子；子民如父母，有憯（cǎn）怛①之爱，有忠利之教；亲而尊，安而敬，威而爱，富而有礼，惠而能散；其君子尊仁畏义，耻费轻实，忠而不犯，义而顺，文而静，宽而有辨。《甫刑》曰：'德威惟威，德明惟明。'非虞帝其孰能如此乎？"

【注释】

①憯（cǎn）怛：忧伤悲苦。

【译文】

孔子说："后世虽有明王复起，也赶不上虞舜那么好了。他君临天下，活着时没有半点私心，死了也不把帝位传给儿子；爱护百姓就像父母爱护子女，既有哀其不幸的慈爱，也有为其带来实惠的教育；既有母亲之亲，又有父亲之尊，安详而受到尊敬，严厉而受到亲爱，富有四海而彬彬有礼，施惠于民而无所偏向。他手下的大臣也都尊敬仁义，以光说不做为可耻，重人而轻财，尽心于君而不犯上，尽君臣之义而又顺从，文雅而又稳重，宽容而有分寸。《甫刑》上说：'道德的威严使人敬畏，道德的光明使人尊敬。'除了虞舜还有哪一个能做到这种地步？"

【原文】

子言之："事君先资①其言，拜自献其身，以成其信。是故君有责于其臣，臣有死于其言。故其受禄不诬，其受罪益寡。"子曰："事君大言入则望大利，小言入则望小利；故君子不以小言受大禄，不以大言受小禄。《易》曰：'不家食，吉。'"

【注释】

①资：谋定，考虑好。

【译文】

孔子说："臣下服侍君主，要先考虑好自己的建议，然后拜见君主，亲自向君主进言；君主采纳以后，臣下就要全力以赴地促其实现，兑现自己的诺言。所以君主可以责成臣下，而臣下应当为实现自己的诺言而鞠躬尽瘁死而后已；所以臣下的受禄不是无功受禄，言行相符，受到惩罚的可能性也就很小。"孔子说："服侍君主，大的建议被采纳，就可以指望得到重赏；小的建议被采纳，就只能指望得到轻赏。所以君子不因小建议被采纳而接受重赏，也不因大建议被采纳而接受轻赏。《易经》上说：'君王有大蓄积，不仅与家人分享，而且与贤人分享，吉利。'"

【原文】

子曰："事君不下达，不尚辞，非其人弗自。《小雅》曰：'靖①共尔位，正直是与；神之听之，式谷以女。'"子曰："事君远而谏，则谄也；近而不谏，则尸利也。"子曰："迩臣守和，宰正百官，大臣虑四方。"子曰："事君欲谏不欲陈。《诗》云：'心乎爱矣，瑕②不谓矣？中心藏之，何日忘之？'"

表记

【注释】

①靖：谋划。

②瑕：胡，何。

【译文】

孔子说："服侍君主，不应该以私人的事情去麻烦君王，不说华而不实的话，不是正派人的引见就不谋求进身。《小雅》上说：'认真做好本职工作，只和正派的人亲近。神明听到这些，就会赐给你福禄。'"孔子说："服侍君王，如果是疏远小臣而越级进谏，那就有谄媚之嫌；如果是君王身边的大臣而不进谏，那就是尸位素餐。"孔子说："近臣要辅佐君王，不使品德有亏；冢宰负责整饬百官，各部大臣负责考虑四方的事。"孔子说："服侍国君，对君王的过失可以进谏，但不可以到外边宣扬。《诗经》上说：'心里爱着君子，为什么不讲出来？内心深处总是希望他好，何尝有一天忘掉？'"

【原文】

子曰："事君难进而易退，则位有序；易进而难退，则乱也。故君子三揖而进，一辞而退，以远乱也。"子曰："事君三违而不出竟，则利禄也；人虽曰不要，吾弗信也。"子曰："事君慎始而敬终。"子曰："事君可贵可贱，可富可贫，可生可杀，而不可使为乱。"

【译文】

孔子说："服侍君王，如果是提拔困难而降级容易，那么臣下的贤与不肖就区分清楚了；如果是提拔容易而降级困难，那么臣下的贤与不肖就混淆无别了。所以君子作客，一定要三次揖让之后才随着主人进门，而告辞一次就可离去，这就是为了避免出现混乱。"孔子说："服

侍君主，如果多次与君主意见不合，还不肯辞职出国，那肯定是贪图俸禄。即使有人说他没有这个念头，我也不信。"孔子说："服侍君主，要以谨慎开始，以恭敬告终。"孔子说："服侍君主，君主可以使臣下升官，可以使臣下降级，可以使臣下富有，可以使臣下贫穷，可以使臣下活着，可以使臣下死去，但就是不可以使臣下做出非礼之事。"

【原文】

子曰："事君，军旅不辟难，朝廷不辞贱。处其位而不履其事则乱也。故君使其臣得志，则慎虑而从之；否，则孰虑而从之。终事而退，臣之厚也。《易》曰：'不事王侯，高尚其事。'子曰："唯天子受命于天，士受命于君。故君命顺则臣有顺命；君命逆则臣有逆命。《诗》曰：'鹊之姜姜，鹑之贲贲①；人之无良，我以为君。'"

【注释】

①姜姜、贲贲：都是激烈争斗的样子。

【译文】

孔子说："服侍君主，接受任务时，如果是在军旅之中，就应不避艰险；如果是在朝廷之上，就应不辞微贱。处于某种职位而不履行相应的职责，那就乱了套了。所以君王派给臣下差使，臣下认为是力所能及的就应加以慎重考虑而从命；臣下认为不是力所能及的就应加以深思熟虑而从命。完成了差使以后就辞职退位，这表现了臣下的忠厚之处。《易经》上说：'不再服侍王侯，王侯还称赞臣下所做之事。'"孔子说："天子受命于天，臣下受命于天子。如果天子顺应天命，那么臣下也就跟着顺应天命；如果天子违背天命，那么臣下也就跟着违背天命。《诗经》上说：'大鸟争斗于上，小鸟也跟着争斗于下。做人而无好品行，还要把他当君王。'"

【原文】

子曰："君子不以辞尽人。故天下有道，则行有枝叶；天下无道，则辞有枝叶。是故君子于有丧者之侧，不能赙焉，则不问其所费；于有病者之侧，不能馈焉，则不问其所欲；有客，不能馆，则不问其所舍。故君子之接如水，小人之接如醴；君子淡以成，小人甘以坏。《小雅》曰：'盗言孔甘，乱是用餤。'"

【译文】

孔子说："君子评价一个人，不是仅仅根据他的言辞。所以在天下有道的太平盛世，人们注重实际行动的多，说漂亮话的少；在天下无道的衰乱之世，人们注重说漂亮话的多，付诸实际行动的少。所以君子和有丧事的人在一起，如果无力资助他办丧事，就不要问他办理丧事所需的费用；和有病的人在一起，如果无力馈赠他，就不要问他需要些什么；有客远道来访，如果自家不能留宿，就不要问他在什么地方落脚。所以君子之交，其淡如水；小人之交，其浓如醴。君子之交虽然其淡如水，但能相辅相成；小人之交虽然其甜如醴，但日久必然败坏。《小雅》上说：'坏人说话非常甜，所以乱子更增添。'"

【原文】

子曰："君子不以口誉人，则民作忠。故君子问人之寒，则衣之；问人之饥，则食之；称人之美，则爵之。《国风》曰：'心之忧矣，于我归说①。'"子曰："口惠而实不至，怨菑及其身。是故君子与其有诺责也，宁有已怨。《国风》曰：'言笑晏晏②，信誓旦旦，不思其反；反是不思，亦已焉哉！'"子曰："君子不以色亲人；情疏而貌亲，在小人则穿窬之盗也与？"子曰："情欲信，辞欲巧。"

【注释】

①说：止息。

②晏晏：温柔的样子。

【译文】

孔子说："君子不以华而不实的话恭维人，这样就会在百姓中间形成忠实的风气。所以，君子询问人家是否寒冷，就要送衣服给人家穿；询问人家是否饥饿，就要送食物给人家吃；称赞人家的优点，就要给人家加官晋爵。《国风》上说：'心忧他人无所倚，同我一道回家去休息。'孔子说："嘴上已经许给人家的好处，就是不兑现，这样就会给自己带来怨恨或灾祸。所以，君子与其对人负有承诺的责任，还不如承受拒绝承诺的埋怨。《国风》上说：'从前你言笑多温柔，既是发誓又赌咒。现在你又变了心，海誓山盟全忘完，从此一刀就两断！'"孔子说："君子不用虚假的表情去讨好别人。如果感情疏远而外表上看起来非常亲密，拿小人来作比方，不就是钻墙洞的小偷吗？"孔子说："内心的情要追求真实，嘴上的话要讲究技巧。"

【原文】

子言之："昔三代明王皆事天地之神明，无非卜筮之用，不敢以其私亵事上帝。是故不犯日月，不违卜筮。卜筮不相袭也。大事有时日；小事无时日，有筮。

外事用刚日，内事用柔日。不违龟筮。"子曰："牲牷礼乐齐盛，是以无害乎鬼神，无怨乎百姓。"

【译文】

孔子说："从前夏、商、周三代的圣明君王，都祭祀天地和其他众多神明，祭祀的一切活动无不取决于卜筮，不敢妄逞私意而亵渎对上帝的祭祀，所以不会冲犯不吉利的日子，不会违背卜筮的指示。用了龟卜，就不可再用蓍筮；用了蓍筮，就不可再用龟卜。大的祭祀有固定的时日，小的祭祀没有固定的时日，可以临时用筮来决定时日。祭祀家外的神要用单数日，祭祀家内的神要用双数日。不违背卜筮的指示。"孔子说："由于不违背卜筮的指示，所以祭祀所用的牺牲、礼乐、粢盛，既不亏害于神灵，又不见怨于百姓。"

【原文】

子曰："后稷之祀易富①也；其辞恭，其欲俭，其禄及子孙。《诗》曰：'后稷兆②祀，庶无罪悔，以迄于今。'"子曰："大人之器威敬。天子无筮；诸侯有守筮。天子道以筮；诸侯非其国不以筮。卜宅寝室。天子不卜处大庙。"子曰："君子敬则用祭器。是以不废日月，不违龟筮，以敬事其君长，是以上不渎于民，下不亵于上。"

【注释】

①富：就是"备"的意思。

②兆：通"肇"，开始。

【译文】

孔子说："后稷的祭祀是很容易备办的，因为他的言辞恭敬，他的作风节俭，他的福禄也传给了子孙。《诗经》上说：'后稷开创祭祀礼，幸蒙神佑无灾殃，至今流传好风尚。'"孔子说："天子、诸侯的龟策，威重而又严敬，不可随意乱用。天子对于征伐出师一类的大事，用卜而不用筮。诸侯有守国之筮。天子出行，已经走在路上，有了事情则用筮，不用卜。诸侯如果不在本国国境之内，不能用筮。诸侯要搬家或迁移寝室，可以用卜。太庙建在什么地方吉利，天子用不着占卜。"孔子说："为了表示对来客的尊敬，可以使用祭器款待来客。所以臣下晋见君长要选择个吉利的日子，不违背龟筮的指示，以敬事其君长。所以君长不随便作践百姓，百姓们也不会冒犯君长。"

缁 衣

　　本篇写人的好恶言行，论述了治国之道和为人处世之道。里面所阐述的观点在今天依然有着积极的意义。名为《缁衣》，是因为文中引用了《缁衣》这首诗而已。

【原文】

子言之曰："为上易事也，为下易知也，则刑不烦矣。"子曰："好贤如《缁（zī）衣》①，恶恶如《巷伯》②，则爵不渎而民作愿，刑不试③而民咸服。《大雅》曰：'仪刑文王，万国作孚④。'"子曰："夫民，教之以德，齐之以礼，则民有格心；教之以政，齐之以刑，则民有遁心。故君民者，子以爱之，则民亲之；信以结之，则民不倍；恭以莅之，则民有孙心。《甫刑》曰：'苗民匪用命，制以刑，惟作五虐之刑曰法。'是以民有恶德，而遂绝其世也。"

【注释】

①《缁衣》：《诗经·郑风》篇名。据《诗序》说，这首诗是赞美郑武公、郑桓公父子的。他们父子都当过周王朝的司徒，非常称职，深得郑国人民爱戴。《缁衣》这首诗就反映了人民的这种心声。缁衣，卿大夫在官署办公时所穿的衣服，颜色是黑的。诗中反复地说：你的缁衣穿破了，我再给你做一件新的，以表示对他们二人的爱戴。

②《巷伯》：《诗经·小雅》篇名。诗中淋漓尽致地把好造谣生事的坏蛋痛骂了一通，说是要把这个坏蛋丢到野外喂虎狼，虎狼嫌臭终不愿吃，就把他扔到北大荒；北大荒嫌臭也不愿接受，就送他去西天见阎王。如果没有欺诈之心，君长就觉得容易了解臣下的实情。这样一来，刑罚就可以放到一边不用了。"

③试。用。

④孚：信。

【译文】

孔子说："君长如果对臣下不苛虐，臣下就会觉得君长容易侍候；臣下如果没有欺诈之心，君长就觉得容易了解臣下的实情。这样一来，刑罚就可以放到一边不用了。"孔子说："如果能够像《缁衣》那首诗所说的那样去尊敬贤人，像《巷伯》那首诗所说的那样去痛恨坏人，官场上就不会那么龌龊，百姓中就会兴起谨厚之风，不用刑罚而百姓就心悦诚服。《大雅》上说：'只要大家都来效法文王，在所有的诸侯国中就会兴起诚信之风。'"孔子说："对于百姓，如果用品德教育他们，用礼法约束他们，那么百姓就会有向善之心；如果用政令教育他们，用刑罚约束他们，那么百姓就会有逃避之心。所以，作为领导百姓的君王，应当像爱护子女一样爱护百姓，百姓就会亲近他；用诚信去团结百姓，百姓就不会背叛；用恭敬的态度去对待百姓，百姓就会产生顺从之心。《甫刑》上说：'苗族百姓不听从蚩尤的命令，于是蚩尤就用刑罚制裁他们，他制定了五种残暴的刑罚叫作法。'

于是百姓不讲品德，起而背叛，最终民族灭亡。"

【原文】

子曰："下之事上也，不从其所令，从其所行。上好是物，下必有甚者矣。故上之所好恶，不可不慎也，是民之表也。"子曰："禹立三年，百姓以仁遂焉，岂必尽仁？《诗》云：'赫赫师尹，民具尔瞻。'《甫刑》曰：'一人有庆，兆民赖之。'《大雅》曰：'成王之孚，下土之式①。'"子曰："上好仁，则下之为仁争先人。故长民者章志、贞教、尊仁，以子爱百姓；民致行己以说其上矣。《诗》云：'有梏②德行，四国顺之。'"

【注释】

①式：楷模。

②梏：正直。

【译文】

孔子说："臣下服侍君长，不是听从君长所下的命令，而是盯着君长的实际行动，君长怎么做臣下就怎么做。君长喜欢某样东西，臣下必定更加喜欢。所以，君长喜欢什么、讨厌什么，不可不格外慎重，因为臣下是把君长的行为作为表率的。"孔子说："禹即帝位三年，百姓在仁的方面就有所成就，这难道是百姓原本都有仁德吗？只是由于禹本人好仁，百姓受其影响罢了。《诗经》上说：'赫赫有名的尹太师，百姓都在注视着你。'《甫刑》上说：'天子一人有美德，普天之下的百姓都会得到好处。'《大雅》上说：'成王守信有威望，身为天下好榜样。'"孔子说："君长好仁，那么臣下就会争先恐后地好仁。所以君长应当表明自己的好仁志向，以正道教育民众，推崇仁道，以爱护子女的态度爱护百姓；百姓就会无不尽力地去行仁，以迎合君长爱仁的所好。《诗经》上说：'天子有正直的德行，四方诸侯就无不服从。'"

【原文】

子曰："王言如丝，其出如纶；王言如纶，其出如綍。故大人不倡①游言。可言也，不可行，君子弗言也；可行也，不可言，君子弗行也。则民言不危②行，而行不危言矣。《诗》云：'淑慎尔止，不愆（qiān）③于仪。'"子曰："君子道人以言，而禁人以行。故言必虑其所终，而行必稽其所敝；则民谨于言而慎于行。《诗》云：'慎尔出话，敬尔威仪。'《大雅》曰：'穆穆文王，於缉熙④敬止。'"

【注释】

①倡：通"唱"。

②危：通"诡"，违背。

③愆（qiān）：过失。

④缉熙：光明正大的样子。

【译文】

孔子说："君王所说的话本来只有丝那般细，可辗转传到百姓耳里，就变成了有绶带那般粗；君王所说的话本来只有绶带那般细，可辗转传到百姓耳里，就变成了有绳索那般粗。所以君长不能讲华而不实的话。能够说到，但不能做到，君子就不说。能够做到，但不可告人，君子就不做。这样一来，老百姓就会言不违背其行，行不违背其言。《诗经》上说：'谨慎行事且得体，不要超过了礼仪。'"

孔子说："君子用言行引导人们行善，用言行禁止人们作恶，所以讲话一定要考虑它的后果，做事一定要考察它会带来什么弊端，这样一来，老百姓就说话谨慎做事小心了。《诗经》上说：'说话开口要谨慎，行为举止要端正。'《大雅》上说：'端重恭敬的文王啊，盛德光明而又举止谨慎！'"

【原文】

子曰："长民者，衣服不贰，从容有常，以齐其民，则民德壹。《诗》云：'彼都人士，狐裘黄黄，其容不改，出言有章，行归于周，万民所望。'"子曰："为上可望而知也，为下可述而志也，则君不疑于其臣，而臣不惑于其君矣。尹吉曰：'惟尹躬及汤，咸有壹德。'《诗》云：'淑人君子，其仪不忒。'"

【译文】

孔子说："做百姓君长的人，衣服固定不变，举止有一定之规，以此为百姓树立榜样，那么百姓的品德才会齐一。《诗经》上说：'那位来自西都镐京的君子，狐皮袍子罩黄衫，他的仪容不改常规，他的讲话出口成章。他行将回归周都，实为万民仰望。'"孔子说："君长的外貌和内心如一，臣下看到他的外貌就知道他的内心；臣下竭诚侍君，从他的言貌就可以看出他的为人。这样一来，君就不会怀疑其臣，而臣也不会不了解其君。伊尹告诫太甲说：'只有我伊尹和汤，都有纯一的德行。'《诗经》上说：'善人和君子，他们的仪容不会有差错。'"

【原文】

子曰："有国者章善瘅（dān）①恶，以示民厚，则民情不贰。《诗》云：'靖共尔位，好是正直。'"子曰："上人疑则百姓惑，下难知则君长劳。故君民者，章好以示民俗，慎恶以御民之淫，则民不惑矣。臣仪行，不重辞，不援其所不及，不烦其所不知，则君不劳矣。《诗》云：'上帝②板板，下民卒瘅。'《小雅》曰：'匪其止共，惟王之邛（qióng）③。'"子曰："政之不行也，教之不成也，爵禄不足劝也，刑罚不足耻也。故上不可以亵刑而轻爵。《康诰》曰：'敬明乃罚。'《甫刑》曰：'播刑之不迪④。'"

【注释】

①瘅（dān）：病，此处是痛恨的意思。

②上帝：指君王。

③邛（qióng）：辛劳。

④迪：道。

【译文】

孔子说："作为一国的君王，用奖赏表彰善人，用刑罚惩治坏人，让百姓清楚地看到他鼓励什么，这样百姓就会一心为善。《诗经》上说：'安分恭敬地做好你的本职工作，喜欢的都是正直人。'"孔子说："当君王的如果好恶不明，百姓就会迷惑而不知所从；臣下如果心怀鬼胎，就会使君长格外劳神。所以作为民众的君王，应该表彰善人使百姓知道有所效法，谨慎地惩治坏人以儆效尤，这样一来百姓就不会迷惑而不知所从了。作为臣下，符合道义的事就要奉行，不尚清谈，不怂恿君王做他力所不逮的事，不絮叨君王有所不知的事让君王去听，这样一来当君王的就省心了。《诗经》上说：'如果君王好恶无定，百姓都得遭殃。'《小雅》上说：'臣下不忠于他的职守，这是君王辛劳的原因。'"孔子说："政令之所以不能推行，教化之所以不能成功，是由于爵禄的颁发失当，不足以劝人向善，还由于刑罚的惩善而扬恶，不足以使坏人感到羞耻。所以君长不可以随心所欲的动用刑罚，不可随随便便颁发爵禄。《康诰》上说：'动用刑罚一定要慎重。'《甫

刑》上说：'施行刑罚要合理。'"

【原文】

子曰："大臣不亲，百姓不宁，则忠敬不足，而富贵已过也；大臣不治而迩臣比矣。故大臣不可不敬也，是民之表也；迩臣不可不慎也，是民之道也。君毋以小谋大，毋以远言近，毋以内图外，则大臣不怨，迩臣不疾，而远臣不蔽矣。叶公之《顾命》曰：'毋以小谋败大作，毋以嬖御人疾庄后，毋以嬖御士疾庄士、大夫、卿士。'"子曰："大人不亲其所贤，而信其所贱；民是以亲失，而教是以烦。《诗》云：'彼求我则，如不我得；执我仇仇①，亦不我力②。'《君陈》曰：'未见圣，若己弗克见；既见圣，亦不克由圣。'"

【注释】

①仇仇：缓慢不用力的样子。

②不我力：不重用我。

【译文】

孔子说："大臣离心离德，不亲近君王；政教繁苛，百姓不得安宁。究其原因，在于臣不忠于其君，君不敬于其臣，而大臣所享受的富贵已经超过了界限。大臣不肯为君王尽心办事，近臣就会私相勾结。所以，对大臣不可不敬，因为大臣是百姓的楷模；对近臣不可不慎加选择，因为近臣是百姓的导向。应该和大臣商议的事，不应拿去和小臣商议；应该和近臣谈论的事，不应拿去和远臣谈论；应该和内臣谋虑的事，不应拿去和外臣谋虑。如果这样做了，大臣就不会产生怨恨，近臣就不会产生嫉妒，远臣有意见也可以反映上来。叶公的遗嘱说：'不要用小臣的主意败坏大臣的作为，不要因宠幸的姬妾而厌弃庄重守礼的嫡夫人，不要因宠幸的臣子而厌弃庄重守礼的臣子。'"孔子说："君长不信任他的贤人，而信任卑贱的小人，于是百姓也跟着亲近失德的人，而教令也因此变得烦乱了。《诗经》上说：'当初朝廷需要我，好像唯恐得不到。一旦请去搁一边，不让我把重任挑。'《君陈》上说：'人们在没有见到圣人之道时，好像自己不能见到。等到自己见到了圣人之道，又不能够运用圣人之道。'"

【原文】

子曰："小人溺于水，君子溺于口，大人溺于民，皆在其所亵也。夫水近于人而溺人，德①易狎而难亲也，易以溺人；口费而烦，易出难悔，易以溺人；夫民闭于人，而有鄙心，可敬不可慢，易以溺人。故君子不可以不慎也。《太甲》曰：

'毋越厥命以自覆也；若虞机张，往省括②于厥度则释。'《兑命》曰：'惟口起羞，惟甲胄起兵，惟衣裳在笥，惟干戈省厥躬。'《太甲》曰：'天作孽，可违也；自作孽，不可以逭。'尹吉曰：'惟尹躬天，见于西邑；夏自周有终，相亦惟终。'"

【注释】

①德：此言水性。

②括：箭的末端。

【译文】

孔子说："小人喜欢玩水，就容易被水淹死；君子喜欢议论，就容易祸从口出；执政者喜欢玩弄百姓，就容易被百姓推翻。原因都在于对接近最多的东西态度轻慢。水与人们那么接近，而人却往往被水淹死，就是因为水看起来柔和容易接近而实际上却是难于亲近的，所以容易淹死人。好说漂亮话，又好絮絮叨叨，说出去容易，后悔药难吃，所以嘴也容易招致祸害。老百姓不懂道理，心怀鄙诈，对他们可以恭敬而不可以怠慢，否则就容易招来灭顶之灾。所以君子不可以不十分小心。《太甲》上说：'不要颠三倒四地乱下政令以自取灭亡，就像打猎的人，扣住扳机，仔细观察，等到箭头、箭尾、目标三者成一条直线再发射。'《说命》上说：'嘴是用来说话的，如果出言不当就会带来羞辱；盔甲是用以自卫的，如果用得不当就会引起战争；放在箱子里的礼服是准备行礼时穿的，不可随便送人；干戈是用来讨伐坏人的，但在使用之前要反躬自省，不要加害无辜。'《太甲》上说：'上天降下的灾祸，还可以躲避；自己造成的灾祸，无法躲开。'伊尹告诫太甲说：'我伊尹的先祖曾见到过夏代西邑的政治，夏禹以忠信治民而得享天命，辅佐他的人也因此而得享天命。'"

【原文】

子曰："民以君为心，君以民为体；心庄①则体舒，心肃则容敬。心好之，身必安之；君好之，民必欲之。心以体全，亦以体伤；君以民存，亦以民亡。《诗》云：'昔吾有先正，其言明且清，国家以宁，都邑以成，庶民以生。谁能秉国成？不自为正，卒劳百姓。'《君雅》曰：'夏日暑雨，小民惟曰怨；资冬祁寒，小民亦惟曰怨。'"

【注释】

①庄：通"壮"，大也。

【译文】

孔子说："人民把君主当作心脏，君主把人民当作身体。心胸广大就会身体安舒，内心严肃就会容止恭敬。内心喜好的东西，身体也一定乐于适应。君主喜好的东西，百姓也一定愿意得到。身体安然无恙的话，心脏也就会得到保护；身体出了毛病，心脏也会跟着受到损伤。君主由于人民的拥护而存在，君主也由于人民的反对而灭亡。《诗经》上说：'从前我们有先君，他的教令通达事理而又条理清楚。国家赖此先君才得以安宁，都城赖此先君才得以建成，百姓赖此先君才得以安居乐业。当今有谁能够执掌国政？自己居官不正，结果劳苦了百姓。'《君雅》上说：'夏天酷热湿闷，老百姓只知道埋怨天；到了冬天严寒来临，老百姓还是只知道埋怨天。'"

【原文】

子曰："下之事上也，身不正，言不信，则义不壹，行无类也。"子曰："言有物而行有格也，是以生则不可夺志，死则不可夺名。故君子多闻，质①而守之；多志，质而亲之；精知，略而行之。《君陈》曰：'出入自尔师虞②，庶言同。'《诗》云：'淑人君子，其仪一也。'"

【注释】

①质：质正。提出问题，向人请教。

②虞：考虑。

【译文】

孔子说："臣下服侍君上，如果自身不正，说话不讲信用，那么君上就不以为忠，朋友就不以为信。"孔子说："讲话有根据，做事有规矩。所以活着的时候无人能够改变他的志向，去世了以后也无人能够剥夺他的美名。所以君子应该博闻，在弄清楚了以后就牢记在心；应该多识，在弄清楚了以后就学而不厌；应该知识精深，求其大体而实行之。《君陈》上说：'颁布政令，接受建议，要让大家都来考虑，使大家的意见一致。'《诗经》上说：'善人和君子，言行总一致。'"

【原文】

子曰："唯君子能好其正，小人毒其正。故君子之朋友有乡，其恶有方；是故迩者不惑，而远者不疑也。《诗》云：'君子好仇①。'"子曰："轻绝贫贱，而重绝富贵，则好贤不坚，而恶恶不著也。人虽曰'不利'，吾不信也。《诗》云：'朋友攸摄，摄以威仪。'"

【注释】

①仇：匹，朋友。

【译文】

孔子说："只有君子能够喜好对自己正言规劝的人，小人则仇恨对自己正言规劝的人。所以君子的朋友是有一定的，君子厌恶的人也是有一定的。由于君子的好恶有定，所以和君子交往多的人不会产生疑惑，和君子交往少的人也不会产生疑惑。《诗经》上说：'君子必得良友。'"孔子说："能够轻易地和贫贱的朋友绝交，而难于和富贵的朋友绝交，这说明他好贤的意志不坚定和痛恨坏人的态度不明朗。即使有人说他不是为了个人私利，我也不会相信。《诗经》上说：'朋友之间互相督促勉励，督促勉励以礼义。'"

【原文】

子曰："私惠不归德，君子不自留焉。《诗》云：'人之好我，示我周行。'"子曰："苟有车，必见其轼；苟有衣，必见其敝；人苟或言之，必闻其声；苟或行之，必见其成。《葛覃》曰：'服之无射①。'"

【注释】

①射：通"斁"，厌倦。

【译文】

孔子说："他人以小恩小惠的礼品相赠，但有违于品德，在这种情况下，君子是不会接受其馈赠的。《诗经》上说：'真正爱我的人，应当给我指出忠信之道。'"孔子说："一个人如果有车子，就一定能够看到他的车轼；一个人如果有衣服，就一定能够看到他的衣袖；一个人如果说过话，就一定能够听到他的声音；一个人如果做了什么事，就一定能够看到它的后果。《葛覃》上说：'旧衣服，穿不厌'。"

【原文】

子曰："言从而行之，则言不可饰也；行从而言之，则行不可饰也。故君子寡言而行，以成其信，则民不得大其美而小其恶。《诗》云：'白圭之玷，尚可磨也；斯言之玷，不可为也。'《小雅》曰：'允也君子，展也大成①。'《君奭》曰：'昔在上帝，周田观文王之德，其集大命于厥躬。'"

【注释】

①允：信也。展：诚也。

【译文】

孔子说："说过以后紧接着就是行动，所以说话不能光放空话。做过以后紧接着就是议论，所以做事不能光走过场。所以君子讲究少说话而多做事，以此来成就他的信誉。这样一来，百姓就不能随便地夸大其优点和缩小其缺点。《诗经》上说：'白玉上面有污点，尚可琢磨除干净。开口说话出毛病，再想收回可不行。'《小雅》上说：'信实的君子，必定大有所成。'《君奭》上说：'过去上帝一再劝勉文王注意品德修养，是为了把治理天下的重任放在他的身上。'"

【原文】

子曰："南人有言曰：'人而无恒，不可以为卜筮。'古之遗言与？龟筮犹不能知也，而况于人乎？《诗》云：'我龟既厌，不我告犹。'《兑命》曰：'爵无及恶德，民立而正事。''纯而祭祀，是为不敬；事烦则乱，事神则难。'《易》曰：'不恒其德，或承之羞。''恒其德侦，妇人吉，夫子凶。'"

【译文】

孔子说："南方人有这样一句话：'一个人变化无常，那么即使卜筮，卦兆上也显示不出来是吉是凶。'这大概是古人留下来的谚语吧？这种人的吉凶连神龟灵著都不知道，更何况是人呢？《诗经》上说：'我的灵龟已厌恶，不再把吉凶告诉我。'《说命》上说：'爵位不能赏给恶德之人，否则百姓将把他们树为楷模，由他们频繁地对神祭祀，这是对神的大不敬。其事烦则乱于典礼，服侍神灵也难以得到福佑。'《易经》上说：'不是长久地保持他的德行，或者要受人耻辱。'又说：'长久地保持德行，占问，这在妇人是吉，而在男子是凶。'"

问丧

本篇一部分内容写的是居丧哭泣的礼节，一部分以问答形式表明了袒、免、拄杖的实际意义，意在说明"丧礼主哀""悲哀在中故形变于外"的道理。

【原文】

亲始死，鸡斯①徒跣，扱（chā）②上衽，交手哭。恻怛之心，痛疾之意，伤肾干肝焦肺，水浆不入口，三日不举火，故邻里为之糜粥以饮食之。夫悲哀在中，故形变于外也，痛疾在心，故口不甘味，身不安美也。

【注释】

①鸡斯：当为"笄缅"。笄是固定发髻的，缅是包裹发髻的帛。到了第三天，笄缅也要去掉，改成用麻绳束发。

②扱（chā）：插，掖。

【译文】

父母亲刚刚断气，孝子要脱下吉冠，露出发笄和裹髻的帛，光着脚，把深衣前襟的下摆掖在腰带上，双手交替捶着胸口痛哭，那种悲伤万分的心情，那种痛不欲生的心情，真是五内如焚，一点水也喝不进，一口饭也吃不进，一连三天都不生火，所以左右邻居只好熬点糜粥让他喝让他吃。因为内心无限悲哀，所以面色憔悴，形容枯槁；因为痛不欲生，所以不想吃也不想喝，也不讲究穿什么更好看。

【原文】

三日而敛，在床曰尸，在棺曰柩，动尸举柩①，哭踊无数。恻怛之心，痛疾之意，悲哀志懑气盛，故袒而踊之，所以动体安心下气也。妇人不宜袒，故发胸击心爵踊②，殷殷田田③，如坏④墙然，悲哀痛疾之至也。故曰："辟⑤踊哭泣，哀以送之。"送形而往，迎精而反也。

【注释】

①举柩：谓启殡及葬时。

②爵踊：像麻雀那样地双足跳跃。爵，通"雀"。

③殷殷田田：象声词。像妇人捶胸、跺脚之声。

④坏：当作"培"。

⑤辟：当作"擗"，捶胸的意思。

【译文】

士在死后三天举行大敛。死人放在床上叫作尸，装进棺材叫作柩。每一次迁动尸体，每一次抬起灵柩，孝子都要尽情地痛哭跺脚。那种万分悲伤的心情，那种痛不欲生的心情，悲哀烦闷到了即将爆炸的地步，所以孝子才袒露左臂，跺脚痛哭，以此来安定情绪，使烦闷之气得到发泄。妇人不适合袒露左臂，所以敞开外衣前襟，双手捶胸，两脚踩地，乒乒乓乓，发出的声音就像筑墙一般，这都是悲哀万分、痛不欲生的表现啊！所以《孝经》上说："捶胸踩脚，痛哭流涕，用悲伤的心情送别死者。"把死者的形骸送到墓地埋葬，把死者的灵魂迎接回来加以安顿。

【原文】

其往送也，望望然、汲汲然如有追而弗及也；其反哭也，皇皇然若有求而弗得也。故其往送也如慕，其反也如疑。求而无所得之也，入门而弗见也，上堂又弗见也，入室又弗见也。亡矣丧矣！不可复见已矣！故哭泣辟踊，尽哀而止矣。心怅焉怆焉、惚焉忾焉，心绝志悲而已矣。祭之宗庙，以鬼飨之，徼幸复反也。成圹而归，不敢入处室，居于倚庐，哀亲之在外也；寝苫枕块，哀亲之在土也。故哭泣无时，服勤三年，思慕之心，孝子之志也，人情之实也。

【译文】

孝子在往墓地送葬的时候，眼睛瞻望着前方，显出焦急的神情，就像是在追赶死去的亲人而又追赶不上的样子。葬毕哭着返回的时候，孝子的神情彷徨，就好像有什么心事没有了结似的。所以孝子在前往送葬的路上，就像幼儿思慕父母那样哭泣不止；在葬毕返回的路上，又像是担心亲人的神灵不能跟着一道回来而迟疑不前。满腹心事而未曾了结，回到家里，推门一看，却怎么也见不到亲人的影子；上堂看，见不到亲人的影子；进到亲人的住室再看，还是见不到亲人的影子。这样看来，亲人是真正地死了，走了，再也不能相见了！所以哭天嚎地，捶胸踩脚，要把心中的悲哀尽情发泄，只有这样才觉得心中好受点。内心无限的惆怅，无限的悲伤，无限的恍惚，无限的感叹，除了

伤心和悲哀以外，还有什么办法呢！在宗庙中致祭，把亲人当作神灵来祭飨，也不过是希望亲人的灵魂能够幸而回来罢了。孝子把亲人在墓穴中埋好以后从墓地返回家中，不敢进入自己的寝室居住，而是住在简陋的倚庐里，就是因为哀伤死去的亲人还在荒郊野外；睡在草苫上，拿土块当枕头，就是因为哀伤死去的亲人还身埋土中。所以想起来就哭，没有定时，服丧三年，忧心劳思，日夜思慕，这反映了孝子心甘情愿的志尚，也是人的感情的真实流露。

【原文】

或问曰："死三日而后敛者，何也？"曰："孝子亲死，悲哀志懑，故匍匐而哭之，若将复生然，安可得夺而敛之也。故曰：三日而后敛者，以俟其生也。三日而不生，亦不生矣，孝子之心亦益衰矣。家室之计，衣服之具，亦可以成矣；亲戚之远者，亦可以至矣。是故圣人为之断决，以三日为之礼制也。"

【译文】

有人问道："人死后三天才入殓，这是为什么呢？"回答是：孝子在父母刚刚去世时，心中悲哀，思想上一下子接受不了，所以趴在尸体上痛哭，就好像是能把父母哭活似的，人们怎么可以不顾及孝子的这点心思而强行马上入殓呢？所以说，三天以后才入殓，是为了等待死者的复生。三天以后还不复生，那就说明没有复生的希望了，孝子企盼父母复生的信念也逐渐动摇了；而且在这三天之内，有关治丧花费的筹划，入殓衣物的准备，也都可以就绪了；远道的亲戚，也可以来到了。所以圣人就根据这种情况做出决断，把死后三天才入殓作为礼制定了下来。

【原文】

或问曰："冠者不肉袒，何也？"曰："冠，至尊也，不居肉袒之体也，故为之免①以代之也。然则秃者不免，伛者不袒，跛者不踊，非不悲也：身有锢疾②，不可以备礼也。故曰：'丧礼唯哀为主矣。'女子哭泣悲哀，击胸伤心；男子哭泣悲哀，稽颡（sǎng）③触地无容④，哀之至也。"

【注释】

①免：一种丧冠。

②锢疾：即痼疾。不易医治的病。

③稽颡（sǎng）：叩头。丧主拜宾之礼。

④无容：不文饰仪容。

【译文】

有人问道："在戴着冠的时候不能袒露左臂，这是什么道理呢？"回答是：冠是至为尊贵的东西，当一个人赤膊露肉时是不能戴冠的，否则就是对冠的亵渎，所以特地制作免来代替冠。这样一来，秃子就不用戴免，驼背的人就不用袒露左臂，瘸子哭时就不用踔脚，但这并不意味着这些人内心就不悲哀，而是因为他们身患痼疾，没法子完成这些礼节。所以说，葬礼只是以悲哀为主。女子哭泣悲哀，捶胸伤心；男子哭泣悲哀，叩头触地，不注意仪容。这都是极度悲哀的表现。

【原文】

或问曰："免者以何为也？"曰："不冠者之所服也，《礼》曰：'童子不缌，唯当室缌，缌者其免也，当室则免而杖矣。"或问曰："杖者何也？"曰："竹、桐一也①。故为父苴杖，苴杖，竹也；为母削杖，削杖，桐也。"

【注释】

①一也：作用一样。即都是用来扶病的。

【译文】

有人问道："童子为什么也要戴丧巾呢？"回答说："丧巾是尚未加冠的童子所戴的东西。《仪礼》上说：'童子不为族人有缌麻之亲的人服缌，只有当室的童子才为族人服缌。'童子当室，就要为有缌麻之亲的族人服缌，服缌就要戴丧巾，甚至还要拄丧杖。"有人问道："丧杖是用什么做的呢？"回答说："有用竹子做的，有用桐木做的。无论用什么做的，其作用是一样的。所以为父亲用苴杖，苴杖是用

竹子做成的；为母亲用削杖，削杖是用桐木削成的。"

【原文】

或问曰："杖者以何为也？"曰："孝子丧亲，哭泣无数，服勤三年，身病体羸，以杖扶病也。则父在不敢杖矣，尊者在故也；堂上不杖，辟尊者之处也；堂上不趋，示不遽也。此孝子之志也，人情之实也，礼义之经也，非从天降也，非从地出也，人情而已矣。"

【译文】

有人问道："孝子在居丧期间为什么要拄丧杖呢？"回答说："孝子由于死去了父母，经常哭泣，不计其数，忧劳勤苦地服丧三年，身体有病，体质很弱，需要用杖来支撑病体。如果父亲健在，就不敢为母亲拄丧杖，这是因为尊者尚健在的缘故；孝子在堂上也不拄丧杖，因为堂上是尊者所在的地方，需要避开。孝子在堂上不应快步行走，以显示从容不迫，否则就容易引起父亲的伤心。这些都是出于孝子的一颗诚心，是人情的真实流露，是合理合情的常规，不是从天上掉下来的，也不是从地下冒出来的，只不过是人情本应如此罢了！"

服 问

　　服问是指有关丧服的事。本篇一共分为三个部分：第一部分阐明从服的等级，第二部分阐明有服而遇到丧事所变易的相关事宜，第三部分阐明天子公卿大夫及公门丧服之法。

【原文】

《传》曰："有从轻而重。"公子之妻为其皇姑。"有从重而轻。"为妻之父母。"有从无服而有服。"公子之妻为公子之外兄弟。"有从有服而无服。"公子为其妻之父母。《传》曰："母出，则为继母之党服；母死，则为其母之党服。"为其母之党服，则不为继母之党服。

【译文】

《大传》篇在谈到从服时曾说："有的本应跟着穿较轻的丧服而变为穿较重的丧服。"例如，君王的庶子为其生母仅仅头戴练冠，穿用小功布做的丧服，而且葬后即除；而庶子之妻却要为庶子的生母服齐衰期。"有的本应跟着穿较重的丧服而变为穿较轻的丧服。"例如，妻为其娘家父母服齐衰期，是重服；而丈夫为其岳父母仅服缌麻，是轻服。"有的是自己所从的人不为死者穿孝服而自己却要为死者穿孝服。"例如，君王的庶子不为其远房兄弟服丧，而君王的庶子之妻却要为庶子的远房兄弟服丧。"有的是本来应该跟着穿孝服却变为不用跟着穿孝服了。"例如，君王的庶子为其妻之父母；如果他是嫡子，就可以为之服缌麻三月，但因为他是嫡子，所以就从有服变为无服了。古书上又说："如果母亲是被父亲休弃出门，做儿子的就要为继母的娘家人服丧；如果母亲去世了，那就为母亲的娘家人服丧。"凡是已为母亲的娘家人服过丧的，就不再为继母的娘家人服丧。

【原文】

三年之丧，既练矣，有期之丧，既葬矣，则带其故葛带，绖期之绖，服其功衰。有大功之丧，亦如之。小功，无变也。麻之有本者，变三年之葛。既练，遇麻断本者，于免，绖之；既免，去绖。每可以绖必绖；既绖，则去之。小功不易丧之练冠，如免，则绖其缌①（sī）、小功之绖，因其初葛带。缌之麻不变小功之葛，小功之麻不变大功之葛，以有本为税。殇长、中，变三年之葛，终殇之月算，而反三年之葛。是非重麻，为其无卒哭之税。下殇则否。

【注释】

①缌（sī）：细的麻布。

【译文】

本来正在服三年之丧，而且已经过了小祥之祭，该换穿较轻的丧服了，这时候又碰上了期亲之丧，而这位期亲也已经埋葬过了，在这种情况下的丧服打扮是，腰间系上三年之丧该换较轻丧服时所用的葛带，头上戴着为期亲服丧的葛绖，穿的孝服是较轻的功衰。如果碰上的丧事是大功之丧，也照此办理。如果碰上的丧事是小功之丧，那就用不着改变原来的孝服了。三年之丧，下葬以后，已经变麻带为葛带了，而这时又遇上了大功以上之丧，为了表示对后丧的哀悼，就要把前丧的葛带重新变为麻带。三年之丧，到了小祥以后又遇上小功之丧，这样，在需要为小功之丧戴免的时候，就要加戴小功的首绖。小功之丧敛殡已毕，不需要再戴免了，就把首绖也去掉。对于小功以下之丧，当其敛殡之时，只要是需要戴绖的就一定要为之戴绖，不需要戴绖的时候就去掉它。三年之丧，小祥以后就应改戴练冠，如果此时又遇上小功之丧，不可改动练冠；如果需要为小功、缌麻之丧戴免，那就要加戴小功、缌麻的首绖，而腰间仍系当初的葛带。二丧相连，改换丧服，不能由轻改重。所以，小功之丧到了以葛易麻的时候，虽然又遇上缌麻之丧，也不能把小功之葛改为缌麻之麻；同样的道理，大功之丧到了以葛易麻的时候，虽然又遇上小功之丧，也不能把大功之葛改为小功之麻。只有大功之麻才可以改变斩衰、齐衰之葛。本来正在服三年之丧，但又遇上了长殇、中殇之丧，虽然此时前丧已经易麻为葛，仍然要改服后丧的麻带。等到后丧的丧服结束，再换成前丧的葛带。这并不意味着殇服的麻带就比前丧的葛带为重，而是因为殇服的礼数简单，没有卒哭以后的易麻为葛之法。如果正在服三年之丧，但又遇上了下殇之丧，就不用这样做了。

【原文】

君为天子三年，夫人如外宗①之为

君也。世子不为天子服。君所主：夫人妻、大子、嫡妇。大夫之嫡子为君、夫人、大子如士服。君之母非夫人，则群臣无服，唯近臣②及仆骖乘从服，唯君所服服也。公为卿大夫锡衰③以居，出亦如之，当事则弁绖。大夫相为亦然。为其妻，往则服之，出则否。凡见人无免④绖，虽朝于君无免绖，唯公门有税齐衰。《传》曰："君子不夺人之丧，亦不可夺丧也。"传曰："罪多而刑五，丧多而服五。上附下附，列也。"

【注释】

①外宗：君王的姑、姊妹之女。因为姑、姊妹必嫁于外族，其女是异姓所生，故称外宗。

②近臣：在君王身边侍候的人。

③锡衰：五服之外的一种丧服，比绍麻还要轻。锡衰和练麻丧服用的布是一样的，区别在于锡衰还要将麻布加灰捶洗使之洁白光滑。

④免：去掉。

【译文】

君王要为天子服丧三年，君王的夫人比照外宗的君王为天子服齐衰期。至于君王的嫡子，为了避嫌，就不再为天子服丧了。君王只为其夫人、为其嫡子、为其嫡子之妻主持丧事。大夫的嫡子为君王、为君王的夫人、为君王的太子所穿的丧服，和士为君王、为君王的夫人、为君王的太子所穿的丧服一样。君王的母亲如果是妾，不是夫人，则群臣不为之服丧；只有君王的近臣、驾车的以及车右随着君王为之服丧，君王穿什么样的丧服，这些人就随着穿什么样的丧服。君王为卿大夫服丧则穿锡衰，无论是在宫中还是出门，都是这样；但在前往卿大夫之家参加吊唁等活动时，要在皮弁上加上麻绖。大夫之间互相服丧，也是这样的礼数。为大夫之妻服丧，前往丧家吊唁时可穿锡衰，出门到别的地方去就可以脱掉。凡是在居丧期间出外去求见别人，不可去掉首绖，即使是去朝见君王，也无须去掉首绖。只有进入公门时才要脱掉齐衰孝服，但首绖仍然不可去掉。古书上说：作为君子，既不可强迫他人抛开丧亲的悲痛，也不可忘掉自己丧亲的悲痛。古书上又说：虽然罪行有许多种类，但刑罚只有五等；虽然丧服关系有许多种类，但丧服只有五等。需要重时就往上靠，需要轻时就往下靠，各从其等列。

间传

　　本篇内容分为两部分：一部分从容貌、声音、言语、饮食、居处、衣服、变除等方面写服丧者的悲哀；一部分是有关易服、兼服的记述。服丧总的原则是所穿丧服要与应有的容貌、哭声、言语等相称。否则就是失礼。

【原文】

斩衰何以服苴①？苴，恶貌也，所以首其内②而见诸外也。斩衰貌若苴，齐衰貌若枲，大功貌若止，小功、缌麻容貌可也，此哀之发于容体者也。斩衰之哭，若往而不反；齐衰之哭，若往而反；大功之哭，三曲而偯③；小功缌麻，哀容可也。此哀之发于声音者也。斩衰，唯而不对；齐衰，对而不言；大功，言而不议；小功缌麻，议而不及乐。此哀之发于言语者也。

【注释】

①服苴：粗布做的衣服

②首其内：本着内心的悲哀。

③偯：声音从容有余。

【译文】

斩衰丧服为什么要使用苴麻做的首绖和腰带呢？因为苴麻颜色黧黑，非常难看，所以用它来把内心的悲哀表现在服饰上面。穿斩衰丧服的人，其脸色深黑，就像苴麻一样；穿齐衰丧服的人，其脸色浅黑，就像枲麻一样；穿大功丧服的人，其神情呆板；穿小功、缌麻丧服的人，其神情和平常差不多。这是悲哀表现在脸色、神情上的不同。穿斩衰丧服者的哭声，那是一口气地哭下去，直到上气不接下气；穿齐衰丧服者的哭声，虽是一口气地哭下去，但上气还可以接着下气；穿大功丧服者的哭声，听起来时高时低，尾声从容；穿小功、缌麻丧服者的哭声，只要做出有悲哀的表情就可以了。这是悲哀表现在哭声上的不同。居丧之中在和他人交谈时，如果是斩衰之丧，那就只发出"唯唯"的声音而不回答别人的问话；如果是齐衰之丧，那就可以回答别人的问话，但不可主动问人；如果是大功之丧，那就可以主动问人，但不可以发表议论；如果是小功、缌麻之丧，那就可以发表议论，但还不可谈笑风生。这是悲哀表现在言语方面的不同。

【原文】

斩衰，三日不食；齐衰，二日不食；大功，三不食；小功缌麻，再不食；士与敛焉，则壹不食。故父母之丧，既殡食粥，朝一溢米，莫一溢米；齐衰之丧，疏食水饮，不食菜果；大功之丧，不食醯酱；小功缌麻，不饮醴酒。此哀之发于饮食者也。

【译文】

穿斩衰丧服的人，头三天不吃任何东西；穿齐衰丧服的人，头两天不吃任何东西；穿大功丧服的人，三顿不吃任何东西；穿小功、缌麻丧服的人，两顿不吃任何东西。士如果去帮助小敛，则要停吃一顿。所以父母之丧，既殡以后，只喝稀粥，早上吃一溢米，晚上吃一溢米；而齐衰之丧在既殡以后，可以吃粗米饭和喝水，但不可以吃蔬菜瓜果；大功之丧在既殡以后，虽然可以吃蔬菜瓜果，但还不可以吃醋酱一类的调料；小功、缌麻之丧在既殡以后，虽然可以吃醋酱一类的调料，但还不可以喝甜酒。这是悲哀在饮食方面表现出来的不同。

【原文】

父母之丧，既虞卒哭，疏食水饮，不食菜果；期而小祥，食菜果；又期而大祥，有醯酱；中月而禫，禫而饮醴酒。始饮酒者先饮醴酒。始食肉者先食干肉。父母之丧，居倚庐，寝苦枕块，不说经带；齐衰之丧，居垩室，苄①翦不纳；大功之丧，寝有席，小功缌麻，床可也。此哀之发于居处者也。父母之丧，既虞卒哭，柱楣②翦屏，苄翦不纳；期而小祥，居垩室，寝有席；又期而大祥，居复寝；中月而禫，禫而床。

【注释】

①苄：蒲萍。可以制席。

②柱楣：楣是倚庐的卧地之梁，把它用柱子支起来，可以增加倚庐的空间。

【译文】

为父母服丧，在虞祭、卒哭之后，就可以吃粗米饭和喝水，但还不可以吃蔬菜瓜果；满一周年时举行小祥之祭，此后就可以吃蔬菜瓜果；满两周年时举行大祥之祭，此后就可以吃醋酱一类的调料；大祥以后间隔一个月举行禫祭，禫祭之后就可以喝甜酒。开始饮酒时，要

先饮甜酒；开始吃肉时，要先吃干肉。居父母之丧，孝子要住在倚庐里，寝卧在草苫上，拿土块当枕头，睡觉时也不脱首绖和腰绖；居齐衰之丧，就要住在垩室里，睡在剪齐了边却没有扎缘的蒲席上；为大功亲属服丧，睡觉的时候就可以睡在席子上；为小功、缌麻亲属服丧，像平常那样睡在床上也是可以的。这是悲哀表现在居处方面的不同。居父母之丧，在虞祭、卒哭之后，就可以把搭建倚庐时所用的卧地之楣用柱子支起来，遮盖倚庐的草苫也可以稍加修剪，睡觉所用的草苫也可以换成剪齐了边却还没有扎缘的蒲席；满一周年时举行小祥之祭，此后就可以搬到垩室里去住，睡觉也可以使用席子；满两周年时举行大祥之祭，此后就可以搬到自己的寝室去住；再隔一个月举行禫祭，禫祭以后就可以像平常那样睡在床上。

【原文】

斩衰三升，齐衰四升、五升、六升，大功七升、八升、九升，小功十升、十一升、十二升，缌麻十五升去其半，有事其缕、无事其布曰缌。此哀之发于衣服者也。斩衰三升，既虞卒哭，受以成布六升、冠七升；为母疏衰四升，受以成布七升、冠八升。去麻服葛，葛带三重。期而小祥，练冠缘缘，要绖不除，男子除乎首，妇人除乎带。男子何为除乎首也？妇人何为除乎带也？男子重首，妇人重带。除服者先重者，易服者易轻者。又期而大祥，素缟麻衣。中月而禫，禫而纤，无所不佩。

【译文】

做斩衰丧服所用的布是三升。做齐衰丧服所用的布，有四升的，有五升的，有六升的。做大功丧服所用的布，有七升的，有八升的，有九升的。做小功丧服所用的布，有十升的，有十一升的，有十二升的。做缌麻丧服所用的布，其经线的缕数是十五升布的一半，线缕经过加工，织成布后捶洗时不再加灰，这样的布就叫缌布。这是悲哀表现在衣服方面的不同。斩衰所用的布是三升，但在虞祭、卒哭以后，其孝服所用的布就是六升，丧冠所用的布就是七升。为母亲穿的孝服所用的布是四升，但在虞祭、卒哭以后，其受服所用的布就是七升，丧冠所用的布就是八升。虞祭、卒哭之后，男子要去掉麻腰带而换成葛腰带，葛腰带是用四股线控制而成。满一周年时举行小祥之祭，此后就可以改戴练冠，中衣也可以换成练衣，并且领子上带有浅红色的镶边，但男子的葛腰带还不能除掉。男子除丧是从首绖开始，妇人除丧是从腰带开始。男子为什么要先除首绖呢？妇人为什么要先除腰带呢？因为首绖在男子的丧服中最为重要，而腰带在妇人的丧服中最为重要。除去丧服的时候，先要除去最为重要的部位；正服重丧，又遭轻丧，需要为轻丧改变丧服的时候，那就只能改变较轻的部位。满两周年时举行大祥之祭，此后孝子就可以头戴用白色生绢所制的冠，冠缘又用白绫镶边，身穿麻衣。再隔一个月举行禫祭，禫祭以后就可以戴用黑经白纬的布所制的冠，无论什么装饰也都可以佩带。

【原文】

易服者，何为易轻者①也？斩衰之丧，既虞卒哭，遭齐衰之丧，轻者包，重者②特。既练，遭大功之丧，麻葛重。齐衰之丧，既虞卒哭，遭大功之丧，麻葛兼服之。斩衰之葛，与齐衰之麻同；齐衰之葛，与大功之麻同；大功之葛，与小功之麻同；小功之葛，与缌之麻同，麻同则兼服之。兼服之服重者，则易轻者也。

【注释】

①轻者：指男子的腰带和妇人的首绖。

②重者：指男子的首绖和妇人的腰带。

【译文】

男女变易丧服，为什么要改变重丧较轻的部位呢？如果正在服斩衰之丧，在虞祭、卒哭以后，又遇上齐衰之丧，这时候，因为男子的较轻部位在腰，就可以戴上齐衰的麻腰带包括斩衰的葛腰带；而妇人的较轻部位在首，就可以戴上齐衰的麻首绖包括斩衰的葛首绖；而男子的重要部位在首，就可以保留斩衰的首绖不变；而妇人的重要部位在腰，就可以保留斩衰的腰带不变。如果是在斩衰之丧的一周年以后又遇上大功之丧，那么，在后丧卒哭之前，无论是男

子还是妇人，都戴着麻首经和麻腰带，这叫作重麻；在后丧卒哭之后，无论是男子还是妇人，都又改为葛首经和葛腰带，这叫作重葛。如果原来正在服齐衰之丧，在虞祭、卒哭之后又遇上大功之丧，那么，男子就要以后丧的麻腰带换下前丧的葛腰带，而头上仍戴着前丧的葛首经。这叫作麻与葛兼而有之。斩衰丧服在卒哭之后要把麻经改为葛经，其葛经的粗细与齐衰丧服在卒哭之前所服的麻经相同；齐衰丧服在卒哭之后要把麻经改为葛经，其葛经的粗细与大功丧服在卒哭之前所服的麻经相同；大功丧服在卒哭之后要把麻经改为葛经，其葛经的粗细与小功丧服在卒哭之前所服的麻经相同；小功丧服在卒哭之后要把麻经改为葛经，其葛经的粗细与缌麻丧服在卒哭之前所服的麻经相同。既然有此相同，那就可以既服前丧的葛，又服后丧的麻。兼服麻葛时要遵循的原则是，对于丧服的重要部位，仍服前丧的葛，而对于丧服的次要部位，则改为后丧的麻。

三年问

　　本篇通过问答的形式来说明守丧的某些道理。古代双亲去世，子女守孝三年。因为是以三年之丧的问答为主，所以以《三年问》为名。守丧时间的长短，不是随随便便制定的，而是以血缘关系的远近，哀痛程度的深浅为原则的。

【原文】

三年之丧何也？曰：称情而立文，因以饰群①，别亲疏贵践之节，而弗可损益也。故曰："无易之道也。"创巨者其日久，痛甚者其愈迟，三年者，称情而立文，所以为至痛极也。斩衰苴杖，居倚庐，食粥，寝苫枕块，所以为至痛饰也。三年之丧，二十五月而毕；哀痛未尽，思慕未忘，然而服以是断之者，岂不送死有已，复生有节也哉！

【注释】

①饰群：表明五服之亲的关系。

【译文】

守丧三年是根据什么来制定的呢？回答是：这是根据内心哀痛程度而制定的与之相称的礼文，借此来表明亲属的关系，区别亲疏贵贱的界限，因而是不可随意增减的。所以说，这是不可改变的原则。创伤深重，复原的日子就长；悲痛得厉害，平复的时间就慢。守丧三年的规定，就是根据内心哀痛程度而制定的与之相称的礼文，用来表示无以复加的悲痛。身穿斩衰，手持苴杖，住在倚庐，进食稀粥，睡在草苫上，用土块当枕头，只要是此种种，都是为了表示无限的悲痛。三年的守丧期限，实际上二十五个月就结束了。虽然孝子的哀痛还没有结束，对父母的思念仍然存在，可是守丧的期限却到此为止，这是因为对死者的怀念总得有个停止，活着的人也总得恢复正常生活吧！

【原文】

凡生天地之间者，有血气之属必有知，有知之属莫不知爱其类；今是大鸟兽，则失丧其群匹，越月逾时焉，则必反巡，过其故乡，翔回焉，鸣号焉，蹢躅焉，踟蹰①焉，然后乃能去之；小者至于燕雀，犹有啁噍之顷焉，然后乃能去之；故有血气之属者，莫知于人，故人于其亲也，至死不穷。将由夫患邪淫之人与？则彼朝死而夕忘之，然而从②之，则是曾鸟兽之不若也，夫焉能相与群居而不乱乎？将由夫修饰之君子与？则三年之丧，二十五月而毕，若驷之过隙③，然而遂之，则是无穷也。故先王焉为之立中制节④，壹使足以成文理，则释之矣。

【注释】

①踟蹰：徘徊不进的样子。

②从：通"纵"，放纵。

③驷之过隙：四匹马拉的车穿过一条缝隙那样狭窄的地方。比喻极快。

④立中制节：制定与哀痛心情相称的服丧日期。

【译文】

天地之间的一切生物，只要是高等的动物，必定都有感情。凡是有感情的动物，没有不知道爱护自己同类的。就说大的鸟兽吧，如果丧失了自己的同伴，过了一月，过了一季，还要拐回来巡视；经过过去居住的巢穴时，必定要盘旋，要号叫，要徘徊良久，然后才依依不舍地离开。即使像燕子、麻雀一类的小鸟，在这种情况下，也要叽叽喳喳地哀鸣一阵，然后才依依不舍地离开。在所有的高等动物之中，没有比人更富于感情的了。所以，人对于死去的双亲，至死也不会忘怀。如果由着那些愚蠢无知或者放荡不羁者的意思去办，他们就会早上死了父母，晚上就会忘掉。如果对他们放任不管，那岂不成了连鸟兽也不如了，还怎么能够让大家过集体生活而不发生混乱呢？如果由着那些讲究礼仪的君子的意思去办，则三年的丧服，二十五个月就宣告结束，就像弹指一挥之间那样地迅速。如果成全他们的心愿，那将是哀痛永远没有结束之日。因此先王为人们确立折中的标准作为节制，使人们一到足够符合礼义，就除去丧服了。

【原文】

然则何以至期①也？曰：至亲以期断。是何也？曰：天地则已易矣，四时则已变矣，其在天地之中者，莫不更始焉，以是象之也。然则何以三年也？曰：加隆焉尔也，焉使倍之，故再期②也。由九月以下何也？曰：焉使弗及也。故三年以为隆，缌小功以为杀，期九月以为间。上取象于天，下取法于地，中取则于人，人之所以群居和壹之理尽矣。故三年之丧，人道之至文

者也，夫是之谓至隆。是百王之所同，古今之所壹也，未有知其所由来者也。孔子曰："子生三年，然后免于父母之怀。"夫三年之丧，天下之达丧也。

【注释】

①期：周年。

②再期：两周年。三年之丧，二十五月而毕，是过了两个周年。

【译文】

那么丧期为一年的丧服是根据什么制定的呢？回答是：为某些至亲而不至尊的亲属服丧满一年就应除服。这是什么道理呢？回答是：一年之中，天地已经运行了一周，四季已经循环了一遍，天地之间，万象无不更新，所以制定出一年的丧期来效法它。那么为什么有的丧期是三年呢？回答是：这是为了更加隆重其事，于是使丧期延长一倍，所以要过两个周年才除去丧服。那么丧期是九月以下的又是何道理呢？因为有的亲属赶不上至亲那么亲，于是丧期也就达不到一年。所以五服之中，斩衰三年是最为隆重的丧服，缌麻三月和小功五月是最轻的丧服，齐衰一周年和大功九月是处在两者之间的丧服。这种规定，上则取法于天，下则取法于地，中间则取法于人情，人们之所以能够集体生活而又和谐一致的道理都表现出来了。所以三年之丧，是人情味十足的一种礼仪。这种最为隆重的礼仪，是历代天子所共同遵循的，是古往今来无人违背的，也不知道究竟已经实行了多长的时间了。孔子说："孩子生下三年以后才能离开父母的怀抱。"所以，父母去世，孩子为之服丧三年，这也是普天之下通行的葬礼。

儒　行

　　本篇主要写鲁哀公与孔子的对话，记述君子的行为和德行。《儒行》从各个方面描述了一个真正儒者的行为是什么样子的，这是中国古代知识分子的理想行为准则，是儒者的典范，也是对君子最完整、最确切的表述。

【原文】

鲁哀公问于孔子曰："夫子之服，其儒服与？"孔子对曰："丘少居鲁，衣逢掖之衣，长居宋，冠章甫之冠。丘闻之也：君子之学也博，其服也乡；丘不知儒服。"哀公曰："敢问儒行。"孔子对曰："遽（jù）①数之不能终其物，悉数之乃留，更仆未可终也。"哀公命席。孔子侍曰："儒有席上之珍以待聘，夙夜强学以待问，怀忠信以待举，力行以待取，其自立有如此者。"

【注释】

①遽（jù）：急，仓猝。

【译文】

鲁哀公向孔子问道："先生的衣服，大概是儒者特有的衣服吧？"孔子回答说："我小时候住在鲁国，就穿鲁国的逢掖之衣；长大了住在宋国，就戴殷代的章甫之冠。我听人们说，君子对自己的要求是：学问要广博，衣服则入乡随俗，不求与众不同。我不知道天底下还有什么儒服。"哀公又问道："请问儒者的行为有哪些特点呢？"孔子答道："仓促地列举，短时间难以说完。全部说完要费很长时间，恐怕值班的仆人到了换班时间也未必说完。"哀公于是命人给孔子设席。孔子陪侍哀公坐着，说："儒者就像筵席上的珍宝，等待着诸侯的聘用；早起晚睡地努力学习，等待着别人的询问；心怀忠信，等待着别人的举荐；身体力行，等待着别人的录取。儒者的修身自立就是这样的。"

【原文】

儒有衣冠中，动作慎，其大让如慢，小让如伪，大则如威，小则如愧，其难进而易退也，粥粥①若无能也。其容貌有如此者。儒有居处齐难，其坐起恭敬，言必先信，行必中正，道涂不争险易之利，冬夏不争阴阳之和，爱其死以有待也，养其身以有为也。其备豫有如此者。

【注释】

①粥粥：卑谦的样子。

【译文】

儒者的衣冠和寻常人一样，做事非常谨慎；在大事情上谦让，让人觉得有傲慢之感；在小事情上谦让，让人觉得有做作之感；在处理大问题时，战战兢兢，如履薄冰；在处理小问题时，非常恭谨，好像心中有愧。让他们去争取点什么有点难办，让他们放弃点什么倒比较容易，自卑谦让像是无能之辈。儒者的容貌就是这样的。儒者的日常生活相当严肃，其一起一坐都恭恭敬敬，说话一定要讲究信用，做事一定要讲究公正。在路上不因路的好走难走这等小事和别人争吵，冬天不和别人争有太阳的地方，夏天不和别人争有荫凉的地方。这样做的目的，是为了爱惜生命以等待时机，养精蓄锐以备有所作为。儒者的瞻前顾后就是这样的。

【原文】

儒有不宝金玉，而忠信以为宝；不祈土地，立义以为土地；不祈多积，多文以为富。难得而易禄也，易禄而难畜也，非时不见，不亦难得乎？非义不合，不亦难畜乎？先劳而后禄，不亦易禄乎？其近人有如此者。儒有委之以货财，淹之以乐好，见利不亏其义；劫之以众，沮之以兵，见死不更其守；鸷虫攫搏①不程②勇者，引重鼎③不程其力；往者不悔，来者不豫；过言不再，流言不极；不断其威，不习其谋。其特立有如此者。

【注释】

①鸷虫攫搏：譬喻和邪恶势力作斗争。

②程：估量。

③引重鼎：譬喻艰巨的任务。

【译文】

在儒者的心目中，金玉并不宝贵，忠信才宝贵。他们不祈求土地，树立起道义就是土地；不祈求多有积蓄，多掌握知识就是财富。请他们出来做官很困难，因为他们不在乎高官厚禄，就是请出来也难长期留住。不是可以有所作为的时候，他们就隐居不仕，请儒者出来做官不是很难的吗？即使出来做官，如果君王不尊重他们的正确意见，他们就会辞职，长期留住儒者不是很难的吗？他们先说工作而后才谈俸禄，儒者不是轻视俸禄吗？儒者待人接物就是这样的。有些儒者，即使把许多金银财宝赠送给他们，即使用声色犬马去引诱他们，他们也不会见利而忘义。即使利用人多来威胁他们，用武器来恐吓他们，他们宁愿去死也不会改变节操。和邪恶的势力作斗争，他们也不估量一下自己的本领；领受艰巨的任务，他们也不估量一下自己的能耐；只要认准了就坚决去做。他们认准了的事，做过了就从不后悔，尚未做的也不考虑那么多。说错了的话就不会再说，对于流言蜚语也不去追究。他们时刻保持威严，拿定主意的事说干就干，绝不优柔寡断。儒者的特立独行就是这样的。

【原文】

儒有可亲而不可劫也；可近而不可迫也；可杀而不可辱也。其居处不淫，其饮食不溽①；其过失可微辨而不可面数也。其刚毅有如此者。儒有忠信以为甲胄，礼义以为干橹；戴仁而行，抱义而处，虽有暴政，不更其所。其自立有如此者。儒有一亩之宫②，环堵之室，筚门圭窬，蓬户瓮牖；易衣而出，并日而食，上答之不敢以疑，上不答不敢以谄。其仕有如此者。

①溽：通"褥"，丰厚。

②宫：围墙。

【译文】

儒者可以亲密而不可以威胁，可以亲近而不可以强迫，可以杀头而不可以羞辱。儒者的住处不讲究豪华，儒者的饮食不讲究丰盛。儒者的过失可以委婉地批评而不可以当面责备。儒者的刚毅有如此者。儒者把忠信当作甲胄，把礼义当作盾牌；无论是出门，还是在家，时时刻刻都谨守着仁义，即使受到暴政的迫害，也不改变自己的操守。儒者的刚强坚毅就是这样的。儒者的居住条件很差：宅院只有十步见方，住室四面的墙只有一堵高，在墙上打个圭形小洞就当作进进出出的门，门是用荆条和竹枝编织而成，有的门则是用蓬草编成，把破瓮嵌在墙上就当作窗户。全家只有一套比较体面的衣服，谁出门谁穿。为了节约，两天只吃一天的粮食。受到君上的赏识重用，不敢怀疑自己的能力不足；受不到君上的赏识重用，也不敢谄媚以求进。儒者的做官态度就是这样的。

【原文】

儒有今人与居，古人与稽；今世行之，后世以为楷；适弗逢世，上弗援，下弗推。谗谄之民有比党而危之者，身可危也，而志不可夺也。虽危起居，竟信其志，犹将不忘百姓之病也。其忧思有如此者。儒有博学而不穷，笃行而不倦；幽居而不淫，上通而不困；礼之以和为贵，忠信之美，优游之法，举贤而容众，毁方而瓦合。其宽裕有如此者。

【译文】

儒者虽然和当代的人生活在一起，但他们的言行却和古代的君子相合；儒者今世之行为，可为后世之楷模。命运多舛，生不逢时，位于其上者不说拉他们一把，位于其下者也不帮他们一下，那些说坏话善拍马的家伙，还要勾结起来算计他们，但这只能危害他们的身体，却改变不了他们的志向。虽然处境险恶，他们还想着施展自己的抱负，还念念不忘老百姓的痛苦。儒者的忧民意识就是这样的。儒者虽然已经博学，但仍然学习不止；虽然操行淳厚，但仍然力行不怠。隐居独处时不做坏事，飞黄腾达时力行正道。礼的运用，以和为贵，以忠信为美德，效法和柔。他们既能推举贤人君子，又能容纳凡夫俗子；既有原则性，又有灵活性。儒者的宽容大度就是这样的。

【原文】

儒有内称不辟亲，外举不辟怨，程功积事，推贤而进达之，不望其报；君得其志，苟利国家，不求富贵。其举贤援能有如此者。儒有闻善以相告也，见善以相示也；爵位相先也，患难相死也；久相待也，远相致也。其任举有如此者。

【译文】

儒者在向朝廷推举贤能时，只考虑被推举者有无真才实学，而不管其是自己的亲属，还是自己的仇人。在充分考虑到被推举者的业绩和才能以后，才向朝廷举荐并使之得到任用，这并不是为了得到对方的回报。只要君王能因此而得遂其志，只要能为国家造福，自己并不希望得到什么赏赐。儒者推举贤能就是这样的。儒者在对待朋友时，听到了有益的话便要告诉朋友，见到了有益的事便要指给朋友。爵位有了空缺，首先考虑到朋友；灾祸临头，首先考虑自己献身。朋友长期不得志，自己就不单独出来做官；如果朋友是在远方的他国不得志，自己也要设法把朋友招来一同出仕。儒者对待朋友就是这样的。

【原文】

儒有澡身而浴德，陈言而伏，静而正之，上弗知也；粗而翘之，又不急为也；不临深而为高，不加少而为多；世治不轻，世乱不沮；同弗与，异弗非也。其特立独行有如此者。儒有上不臣天子，下不事诸侯；慎静而尚宽，强毅以与人，博学以知服；近文章，砥厉廉隅（lián yú）①；虽分国如锱铢，不臣不仕。其规为有如此者。

【注释】

①廉隅（lián yú）：比喻端方（不邪曲）、不苟（不苟且）的行为、品性。

【译文】

儒者洁身自好，重视品德修养，陈述己言，伏听君命，安静地恪守臣道。如果君王对自己的善言未加重视，他们就在适当的时候委婉地加以提醒，但又不可操之过急。他们不在地位较低的人面前自高自大，不在功劳较少的人面前自夸功高。他们遇到盛世，不自惭形秽；遇到乱世，也不放弃信念。对观点相同的人不随便吹捧，对观点不同的人不妄加非议。儒者的特立独行就是这样的。有这样一种儒者，他们上不服侍天子，下不服侍诸侯；性情慎静而崇尚宽和，性格强毅而能从善如流，学问渊博而能服膺胜于己者，多读圣贤之书，磨炼自己的品行气节，即使是要把整个国家分给他们，在他们看来也不过是芝麻般的小事而不为之动心，不会因此就出来称臣做官。儒者规范自己的行为就是这样的。

【原文】

儒有合志同方，营道同术；并立则乐，相下不厌；久不相见，闻流言不信；其行本方立义，同而进，不同而退。其交友有如此者。温良者，仁之本也；敬慎者，仁之地也；宽裕者，仁之作也；孙接者，仁之能也；礼节者，仁之貌也；言谈者，仁之文也；歌乐者，仁之和也；分散者，仁之施也；儒皆兼此而有之，犹且不敢言仁也。其尊让有如此者。

【译文】

儒者和朋友志同道合，做学问的准则也一样；彼此都有成就皆大欢喜，彼此有了差距也互不嫌弃；彼此久不相见，如果听到了有关对方的流言蜚语，也绝不相信。他们行为端正，遵守道义，合乎这一点就是朋友，违背这一点就敬而远之。儒者交友就是这样的。温厚善良是仁的根本，恭敬谨慎是仁的落脚点，胸襟广阔是仁的发扬，谦逊待人是仁的能力，礼节是仁的外表，言谈是仁的文采，唱歌跳舞是仁的和谐，有福同享是仁的施行。儒者具备了上述的种种美德，尚且不敢说自己合乎仁。儒者的重视谦让就是这样的。

【原文】

儒有不陨获于贫贱，不充诎于富贵，不慁君王，不累长上，不闵有司，故曰儒。今众人之命儒也妄，常以儒相诟病。孔子至舍，哀公馆之，闻此言也，言加信，行加义："终没吾世，不敢以儒为戏。"

【译文】

儒者不因贫贱而困顿失志，不因富贵而骄奢失节，不因为君王的侮辱、卿大夫的掣肘、官员们的刁难而改变节操，所以才叫作"儒"。现在很多人自命为儒但却有名无实，所以才经常被作为笑料。孔子从国外返回鲁国，鲁哀公在公馆里接见了他，听了孔子的一席话，鲁哀公对儒者的话更加相信，对儒者的行为更加看重，并且说："我这一辈子，再也不敢和儒者开玩笑了。"

大学

　　《大学》先明确提出博学的宗旨是"明明德、亲民、止于至善"，还提出格物、致知、诚意、正心、修身、齐家、治国、平天下八大步骤。从实用主义角度，对现代人如何做人、做事、立业等均有深刻的启迪意义。《大学》言语简约，内涵深刻，对古代社会发展影响深远。

【原文】

大学之道，在明明①德，在亲民②，在止于至善。知止③而后有定，定而后能静，静而后能安，安而后能虑，虑而后能得。物有本末，事有终始，知所先后，则近道矣。

【注释】

①明明：第一个"明"是动词，彰显、发扬之意；第二个"明"是形容词，含有高尚、光辉的意思。

②亲民：一说是"新民"，使人弃旧图新，弃恶扬善。引导、教化人民之意。

③知止：明确目标所在。

【译文】

大学的宗旨在于彰明自身的光明之德，在于亲爱民众，在于使人达到至善的境界。知道达到至善的境界而后才能确定志向，确定了志向才能心无杂念，心无杂念才能专心致志，专心致志才能虑事周详，虑事周详才能达到至善。万物都有其本末，凡事都有其终始。知道了应该先做什么，后做什么，那就接近于大学的宗旨了。

【原文】

古之欲明明德于天下者，先治其国；欲治其国者，先齐其家①；欲齐其家者，先修其身②；欲修其身者，先正其心；欲正其心者，先诚其意；欲诚其意者，先致其知③，致知在格物④。物格而后知至，知至而后意诚，意诚而后心正，心正而后身修，身修而后家齐，家齐而后国治，国治而后天下平。自天子以至于庶人，壹是⑤皆以修身为本。其本乱而末治者否矣，其所厚者薄，而其所薄者厚，未之有也⑥！此谓知本，此谓知之至也。

【注释】

①齐其家：将自己家庭或家族的事务安排管理得井井有条，人与人之间的关系和谐，家业繁荣的意思。

②修其身：锻造、修炼自己的品行和人格。

③致其知：让自己得到知识和智慧。

④格物：研究、认识世间万物。

⑤壹是：全部、都是之意。

⑥未之有也：宾语前置句，"未有之也"。是说还不曾有过这样的做法或是事情。

【译文】

古代想要把自己的光明之德推广于天下的人，首先要治理好自己的国家；要治理好自己的国家，就要先管理好自己的家庭；要管理好自己的家庭，就要先修养好自身的品德；要修养好自身的品德，就要先端正内心；要端正内心，就要先意念真诚；要意念真诚，就要先知道什么是善恶吉凶。行善则有善报，行恶则有恶报。报应的不爽才能使其辨别善恶。能辨别善恶才能使其意念真诚，意念真诚才能使内心端正，内心端正才能使品德好生修养，品德好生修养才能使家庭管理得好，家庭管理得好才能使国家得到治理，国家得到治理才能使天下太平。上至天子，下至普通百姓，都要把修养自身品德的问题当作根本问题来抓，这个根本问题没有抓好，而要使家庭、国家、天下的问题解决好，那是不可能的。该下力气的地方没有下，不该下力气的地方却下了力气，这样做而希望得到好的结果，也是不可能的。这就叫作知道根本，这就是最高的智慧。

【原文】

所谓诚其意者，毋自欺也，如恶恶臭①，如好好色②，此之谓自谦③。故君子必慎其独④也！小人闲居为不善，无所不至，见君子而后厌然⑤，掩其不善，而著其善。人之视己，如见其肺肝然，则何益矣！此谓诚于中，形于外，故君子必慎其独也。曾子曰："十目所视，十手所指，其严乎！"富润屋，德润身⑥，心广体胖⑦，故君子必诚其意。

【注释】

①恶恶臭：指的是讨厌恶臭的气味。第一个"恶"读音为 wù。

②好好色：喜爱容貌出众的女子。第一个"好"读音为 hào。

③谦：心满意足。

④慎其独：在独处时要慎重。

⑤厌然：遮遮掩掩、躲避之意。

⑥润屋：装饰住所。润身：修炼自己。

⑦心广体胖：心胸宽广，身体舒适。胖（pán），舒适之意。

【译文】

所谓意念真诚，就是不要自己欺骗自己。这就好比厌恶臭秽的气味而嘴上不讲，又好比喜欢漂亮的女人而佯装讨厌，这叫作自我掩饰。所以君子一定谨慎自己的独处。小人在一人独处时做起坏事来，什么坏事都做得出来，只有在见到君子时才躲躲藏藏，掩盖他做过的坏事，炫耀他做过的好事。可是在他人看来，就如同见到了他的五脏六腑那样清清楚楚，这样做又有什么好处呢！这就叫作内心有什么想法，必然要从行动上表现出来，所以君子一定要谨慎自己的独处。曾子说过："很多眼在看着你，很多手在指着你，这多么让人敬畏啊！"人的贫富可以从其住室看得出来，人的品德可以从其行动看得出来，心胸宽广自然身体舒泰，所以君子一定要意念真诚。

【原文】

《诗》云："瞻彼淇澳，菉竹猗猗。有斐君子，如切如磋，如琢如磨。瑟兮僩（xiàn）兮，赫兮喧兮。有斐君子，终不可喧兮！""如切如磋"者，道学也；"如琢如磨"者，自修也；"瑟兮僩兮"者，恂（xún）栗①也；"赫兮喧兮"者，威仪也；"有斐君子，终不可喧兮"者，道盛德至善，民之不能忘也。《诗》云："於戏前王不忘！"君子贤其贤而亲其亲，小人乐其乐而利其利，此以没世②不忘也。

【注释】

①恂（xún）栗：惊恐、畏惧之意。

②没世：过世之意。

【译文】

《诗经》上说："看那弯弯的淇水岸边，绿竹郁郁葱葱。有位风度高雅的君子，好像切磋过的象牙，好像琢磨过的美玉。庄严而又威武，显赫而又坦荡。风度高雅的君子，教人始终难忘。""如切如磋"，是说君子的研究学问；"如琢如磨"，是说君子的修养品德。"瑟兮僩（xiàn）兮"，是说君子的内心恭敬戒惧；"赫兮喧兮"，是说君子的外表威严。"有斐君子，终不可喧兮"，是说君子的品德尽善尽美，让老百姓难以忘怀。《诗经》上又说："呜呼！先王的美德使人难忘。"君子从先王那里学到了尊重贤人和热爱亲人，小人从先王那里享受到快乐和得到实惠，因此，在先王去世以后，无论是谁都对他念念不忘。

【原文】

《康诰》曰："克①明德。"《大甲》曰："顾误②天之明命。"《帝典》曰："克明峻③德。"皆自明也。汤之《盘铭》曰："苟日新，日日新，又日新。"《康诰》曰："作新民④。"《诗》曰："周虽旧邦，其命惟新。"是故君子无所不用其极⑤。《诗》云："邦畿千里，惟民所止。"《诗》云："缗蛮黄鸟，止于丘隅。"子曰："于止，知其所止，可以人而不如鸟乎？"《诗》云："穆穆文王，於缉熙敬止⑥！"为人君，止于仁；为人臣，止于敬；为人子，止于孝；为人父，止于慈；与国人交，止于信。子曰："听讼，吾犹人也，必也使无讼乎！"无情者⑦不得尽其辞，大畏民志。此谓知本。

【注释】

①克：能够。

②诶：此。

③峻：通"俊"，是崇高之意。

④新民：使民新的意思，弃旧从新，弃恶从善。

⑤极：完善、极致。

⑥穆穆文王，於缉熙敬止：引自《诗经·大雅·文王》。穆穆，雍容庄重的样子。於（wū），感叹词。缉，接着。熙，光明、光亮。止，助词，无意义。

⑦无情者：有违实情的人。

【译文】

《康诰》上说："文王能彰明德行。"《大甲》上说："你应当关注上天赋予你的光明德行。"《尧典》上说："帝尧能够彰明崇高的道德。"说的都是人君要自明其德。商汤的《盘铭》上说："如能一日自新，就能日日自新，每日自新。"《康诰》上说："要洗心革面，重作新人。"《诗经》上说："姬周虽然原来是殷商的诸侯国，但已受天命取代殷商为天子。"所以君子在日新其德方面是十分努力的。《诗经》上说："天子辖地千里，皆是百姓所居。"《诗经》上又说："黄鸟声声鸣，止息在山麓。"孔子说："鸟儿都知道应该止息于何处，难道人反而不如鸟吗？"《诗经》上说："端庄恭敬的文王啊！光明磊落，知其所当自处。"当君王的，要达到仁

的境界；当臣子的，要达到敬的境界；当子女的，要达到孝的境界；当父母的，要达到慈的境界；与国人交往，要达到信的境界。孔子说："审理诉讼，我和别人差不多；一定要说有什么不同的话，那就是我想使诉讼从根本上不再发生。"要使无理的一方不敢凭借狡辩取胜，德行大到使民众从内心敬畏。这就叫作知道事情的根本。

【原文】

所谓修身在正其心者：身有所忿懥（zhì）①，则不得其正；有所恐惧，则不得其正；有所好乐，则不得其正；有所忧患，则不得其正。心不在焉，视而不见，听而不闻，食而不知其味。此谓修身在正其心。

【注释】

①忿懥（zhì）：愤怒之意。

【译文】

所谓要修养好自身的品德首先要端正内心：是因为自身有所愤怒，内心就不能端正；自身有所恐惧，内心就不能端正；自身有所嗜好，内心就不能端正；自身有所忧患，内心就不能端正。当你心不在焉的时候，就会视而不见，就会听而不闻，就会吃东西不知道滋味。这就叫作要修养好自身的品德首先要端正内心。

【原文】

所谓齐其家在修其身者：人之其所亲爱而辟①焉，之其所贱恶而辟焉，之其所畏敬而辟焉，之其所哀矜②而辟焉，之其所敖惰③而辟焉。故好而知其恶，恶而知其美者，天下鲜矣！故谚有之曰："人莫知其子之恶，莫知其苗之硕。"此谓身不修不可以齐其家。

【注释】

①辟：亲近、偏爱之意。

②哀矜：同情、怜悯之意。

③敖惰，轻视。惰，懈怠。

【译文】

所谓要整顿好家庭首先要修养好自身：是因为人的看法往往对自己所亲爱的人会有所偏颇，对自己所厌恶的人会有所偏颇，对自己所敬畏的人会有所偏颇，对自己所怜悯的人会有所偏颇，对自己所轻视的人会有所偏颇。所以，喜爱一个人而能知道他的缺点，厌恶一个人而能知道他的优点，世上少有。所以有句谚语说："没有一个人知道自己儿子的毛病，没有一个人认为他的庄稼长得已经够好了。"这就叫作自身的修养不搞好也就难以管理好家庭。

【原文】

所谓治国必先齐其家者，其家不可教而能教人者，无之。故君子不出家而成教于国：孝者，所以事君也；弟①者，所以事长也；慈者，所以使众也。《康诰》曰："如保赤子"，心诚求之，虽不中（zhòng）②不远矣。未有学养子而后嫁者也！一家仁，一国兴仁；一家让，一国兴让；一人贪戾，一国作乱。其机③如此。此谓一言偾（fèn）④事，一人定国。尧、舜率天下以仁，而民从之；桀、纣率天下以暴，而民从之。其所令反其所好，而民不从。是故君子有诸己而后求诸人，无诸己而后非诸人。所藏乎身不恕，而能喻⑤诸人者，未之有也。故治国在齐其家。《诗》云："桃之夭夭，其叶蓁蓁；之子于归，宜其家人。⑥"宜其家人，而后可以教国人。《诗》云："宜兄宜弟。"宜兄宜弟，而后可以教国人。《诗》云："其仪不忒，正是四国。⑦"其为父子兄弟足法，而后民法之也。此谓治国在齐其家。

【注释】

①弟：通"悌"，指弟弟对哥哥要尊重服从。

②中（zhòng）：指的是达到预期的目标。

③机：古代弓箭上的机关，这里指的是关键。

④偾（fèn）：败坏之意。

⑤喻：知晓、明白。

⑥桃之夭夭……宜其家人：出自《诗经·周南·桃夭》。夭夭，鲜美的样子。蓁蓁（zhēn），浓密茂盛的样子。之子，是说女子出嫁。

⑦其仪不忒，正是四国：出自《诗经·曹风·鸤鸠》。仪，仪容。忒，差错。

【译文】

所谓治理好国家首先要管理好家庭，是因为自己的家人都不能管好而能管好别人的事是没有的。所以，如果每个君子都管好了自己的家人，那就等于管好了全体国民。家庭中的"孝"，可以移来服侍君主；家庭中的"悌"，可以移来服侍官长；家庭中的"慈"，可以移来爱护百姓。《康诰》上说："如同爱护婴儿那样。"只要诚心诚意去追求，虽然不能完全做到，但也差不多。没有先学会了养儿育女然后才出嫁的。君王一家讲究仁爱，整个国家就会讲究仁爱；君王一家讲究谦让，整个国家就会讲究谦让；君王一人贪暴，全国百姓就会作乱。事情的关键就是这样。这就叫作：一句话能让事情败坏，一个人能让国家安定。尧舜给天下做出仁爱的表率，天下的百姓也就跟着仁爱；桀纣给天下做出残暴的表率，天下的百姓也就跟着残暴。如果君主说的是一套，而做的是又一套，百姓们就不会听从。所以，君子自己能做到才能要求别人做到，自己没有这种缺点才能批评别人。在自己身上看不出有什么仁爱的影子，却要教训别人做到仁爱，这是从来没有的事。所以说，治理好国家的前提是管理好家庭。《诗经》上说："桃花多么好看，枝叶多么茂盛。这个姑娘出嫁，定会使全家和顺。"能够使全家和顺，然后才能教育国人。《诗经》上说："兄弟和睦相处。"兄弟能够和睦相处，然后才能教育国人。《诗经》上说："自己的言行如一不走样，才是四方各国的好榜样。"君王自己是个好的父亲、好的儿子、好的哥哥、好的弟弟，做出了榜样，然后百姓们才会效法他。这就叫作治理好国家首先要管理好家庭。

【原文】

所谓平天下在治其国者：上老老①而民兴孝，上长长②而民兴弟，上恤孤而民不倍，是以君子有絜矩之道③也。所恶于上，毋以使下；所恶于下，毋以事上；所恶于前，毋以先后；所恶于后，毋以从前；所恶于右，毋以交于左；所恶于左，毋以交于右。此之谓絜矩之道。《诗》云："乐只君子，民之父母。"民之所好好之，民之所恶恶之，此之谓民之父母。《诗》云："节彼南山，维石岩岩。赫赫师尹，民具尔瞻。④"有国者不可以不慎，辟则为天下僇⑤矣！《诗》云："殷之未丧师，克配上帝。仪监于殷，峻命不易。⑥"道得众则得国，失众则失国。

【注释】

①老老：尊敬老人之意。第一个"老"是动词，指的是把老人当作老人看待的意思。

②长长：敬重长辈之意。与"老老"的结构相同。

③絜矩之道：是儒家的伦理思想，指一言一行要有模范作用。絜，度量之意。矩，画矩形所用的尺子，是规则、法度之意。

④节彼南山……民具尔瞻：出自《诗经·小雅》。节，高耸的样子。岩岩，险峻之意。师尹，指的是太师尹氏，太师是周代的三公之一。瞻，瞻仰、仰视之意。

⑤僇：通"戮"，杀戮之意。

⑥殷之未丧师……峻命不易：出自《诗经·大雅·文王》。师，人民大众。配，与……相符。仪，应该。监，警戒，鉴戒。峻，大。

【译文】

所谓平治天下的前提在于治理好自己的国家，是因为只要君王尊敬老人，国人就会孝顺成风；只要君王尊重长者，国人就会悌道成风；只要君王体恤孤幼，国人就不会遗弃孤幼。所以君子有絜矩之道。所厌恶于上级的行为，就不再用来对待下级；所厌恶于下级的行为，就不再用来对待上级；所厌恶于前人的行为，就不再用来对待后人；所厌恶于后人的行为，就不再用来对待前人；所厌恶于在自己右边的人的行为，就不再用来对待在自己左边的人；所厌恶于在自己左边的人的行为，就不再用来对待在自己右边的人。这就叫作絜矩之道。《诗经》上说："与民同乐的君子，乃是民之父母。"老百姓喜欢什么自己就喜欢什么，老百姓讨厌什么自己就讨厌什么，这就叫作民之父母。《诗经》上说："巍峨的南山啊，山石高又高。显赫的太师啊，万民齐瞩目。"治理国家的人不可以麻痹大意，出了问题就要受到天下人的惩罚。《诗经》上说："殷商未曾丧失民心时，上帝还保佑。我们应该借鉴殷商灭亡的教训，上帝才会永远保佑。"讲的就是这样一个道理：得到民众就得到国家，失去民众就失去国家。

【原文】

是故君子先慎乎德。有德此①有人，有人此有土，有土此有财，有财此有用。德者本也，财者末也，外本内末，争民施夺。是故财聚则民散，财散则民聚。是故言悖而出者，亦悖而入；货悖而入者，亦悖而出。《康诰》曰："惟命不于常！"道善则得之，不善则失之矣。《楚书》曰："楚国无以为宝，惟善以为宝。"舅犯曰："亡人无以为宝，仁亲以为宝。"

【注释】

①此：才。

【译文】

所以君子首先要考虑的是德行。有了德行就有了民众，有了民众就有了国土，有了国土就有了财富，有了财富就有了国用。德行是本，财富是末。轻本重末，就会从老百姓手上抢夺财富。所以说，君王聚敛财富，百姓就背离而去；君王布施财富，百姓就络绎而归。所以，君王既然有不中听的话出口，百姓就会有不中听的话进入其耳；君王的财货既然不是从正道而得，也就会不从正道出去。《康诰》上说："天命并不总是保佑某一个人。"意思是说，有好的德行就能得到它，没有好的德行就会失掉它。《楚书》上说："楚国不把别的什么东西当作宝贝，只把德行当作宝贝。"舅犯说："流亡者没有什么可以当作珍宝的，只有把珍视仁义作为珍宝。"

【原文】

《秦誓》曰："若有一介臣，断断①兮无他技，其心休休②焉，其如有容焉。人之有技，若己有之；人之彦圣③，其心好之，不啻（chì）④若自其口出。寔能容之，以能保我子孙黎民，尚亦有利哉！人之有技，媢嫉以恶之；人之彦圣，而违之俾⑤不通。寔不能容，以不能保我子孙黎民，亦曰殆哉！"唯仁人放流之，迸⑥诸四夷，不与同中国，此谓唯仁人为能爱人，能恶人。见贤而不能举，举而不能先，命⑦也；见善而不能退，退而不能远，过也。好人之所恶，恶人之所好，是谓拂人之性，灾必逮夫身。是故君子有大道，必忠信以得之，骄泰⑧以失之。

【注释】

①断断：心地诚实之意。

②休休：胸怀宽广之意。

③彦圣：德才兼备之意。彦，美好。圣，开明。

④不啻（chì）：不只是。

⑤俾：使得。

⑥迸：与"屏"同，驱逐之意。

⑦命：是"慢"之误字，轻慢之意。

⑧骄泰：放肆骄奢。

【译文】

《秦誓》上说："假如有这样的一位大臣，诚恳忠实，无他特长，但其品德高尚，心地宽厚，能够容人容物。别人有了什么本领，就好像他自己有了；别人的才能，别人的美德，他都衷心地赞美，不但口头上加以称道，而且还能包容推荐他们，这就使我的子孙黎民得到保护，也有利于国家。别人有了什么本领，他就嫉妒厌恶；别人的才能，别人的美德，他压着盖着不让君王知道，不能包容推荐，因而使我的子孙黎民不能得到保护，对国家也很危险。"只有仁爱的君王能够流放此辈嫉贤妒能之人，把他们驱逐到四夷，不和他们同居国中。这就是说，只有仁人才懂得要热爱什么样的人，厌恶什么样的人。见到贤人而不能推荐，推荐以后而不能重用，这是怠慢。见到坏人而不能斥退，斥退以后又不能流放远方，这是错误。喜欢人民所讨厌的，讨厌人民所喜欢的，这叫作违背人的本性，其结果势必灾祸临头。所以君子有一条治国大道，一定要忠信才能得到它，骄傲放纵就会失去它。

【原文】

生财有大道。生之者众，食之者寡，为之者疾，用之者舒，则财恒足矣。仁者以财发身①，不仁者以身发财。未有上好仁而下不好义者也，未有好义其事不终者也，未有府库财非其财者也。孟献子曰："畜马乘，不察于鸡豚；伐冰之家②，不畜牛羊；百乘之家，不畜聚敛之臣。与其有聚敛之臣，宁有盗臣。"此谓国不以利为利，以义为利也。长（zhǎng）国家③而务财用者，必自小人矣。彼为善之，小人之使为国家，灾害并至。虽有善者，亦无如之何④矣。此谓国不以利为利，以义为利也。

【注释】

①发身：修炼身心。发，发起之意。

②伐冰之家：办丧事时能够用冰来保存尸体的人家。卿大夫以上的大官能享受的待遇。

③长（zhǎng）国家：成为一国之长，指的是帝王。

④无如之何：无济于事。

【译文】

生财有方法、规律可循。这就是干活的要多，吃饭的要少，生产效率要高点，消费速度要慢点，那么财富就永远充裕了。仁者把自己的财富分给别人，赢得好名声；不仁者宁要财富，不要好名声。没有听说过君王爱好仁而臣下却不爱好义的。也没有听说过臣下爱好义而事情却办不成的。也没有听说过臣下不把国家府库的财富当作自己的财富加以爱护的。孟献子说："畜马乘之家，就不必再计较养鸡养猪之利；伐冰之家，就不必再计较养牛养羊之利；百乘之家，就不该再养活一个专门敛财的部下。与其养活一个专门敛财的部下，还不如养活一个强盗做部下。"这就是说，国家不应该以利为利，而应该以义为利。当了君王而致力于聚敛财富，必定是因为小人的怂恿。君王想要施行仁义，却让此辈小人来管理国家，那就要闹到祸不单行，灾害并至的地步。到了这时候，即使有善人帮助，对此也无可奈何了。这就是说，国家不应该以利为利，而应该以义为利啊！

冠义

古代男子到了二十岁要举行隆重的加冠典礼，表示该男子已经成人，可以享受成年人所应享受的权利和义务。所以男子二十岁称为弱冠之年。本篇全文一篇是论冠礼的重要性，一篇是记叙《士冠礼》中某些具体礼节的含义。

【原文】

凡人之所以为人者，礼义也。礼义之始，在于正容体、齐颜色、顺辞令。容体正，颜色齐，辞令顺，而后礼义备。以正君臣、亲父子、和长幼。君臣正，父子亲，长幼和，而后礼义立。故冠而后服备，服备而后容体正、颜色齐、辞令顺。故曰：冠者，礼之始也。是故古者圣王重冠。

【译文】

人之所以成其为人，在于有礼义。礼义从哪里做起呢？应从举止得体、态度端庄、言谈恭顺做起。举止得体，态度端庄，言谈恭顺，然后礼义才算完备。以此来使君臣各安其位、父子相亲、长幼和睦。君臣各安其位，父子相亲，长幼和睦，然后礼义才算确立。所以说，只有行过冠礼以后才算服装齐备，服装齐备以后才能做到举止得体、态度端庄、言谈恭顺。所以说，冠礼是礼的开始。所以古时候的圣王很重视冠礼。

【原文】

古者冠礼筮日筮宾，所以敬冠事，敬冠事所以重礼；重礼所以为国本也。故冠于阼（zuò）①，以著代也；醮于客位，三加弥尊，加有成也；已冠而字之，成人之道也。见于母，母拜之；见于兄弟，兄弟拜之；成人而与为礼也。玄冠、玄端奠挚②于君，遂以挚见于乡大夫、乡先生③；以成人见也。成人之者，将责成人礼焉

294

也。责成人礼焉者，将责为人子、为人弟、为人臣、为人少者之礼行焉。将责四者之行于人，其礼可不重与？

【译文】

古人在举行冠礼时，要先通过占筮选定吉日，通过占筮选择一位可以为子弟加冠的宾，以此来表示对加冠之事的重视。对加冠之事的重视也就体现了对礼的重视，对礼的重视体现了礼是治国的根本。在阼阶上为嫡子加冠，这表示嫡子是未来的继承人。在客位对冠者行醮礼，这表示他已受到了成人的尊重。三次加冠，一次比一次加的冠尊贵，这是要启发冠者立志向上。行过冠礼以后，对冠者要称字而不称名，这是因为他已经是个成年人了。加冠以后去拜见母亲，母亲答拜；去见兄弟，兄弟对他再拜，这都是因为他已是成年人而与之施礼。戴上缁布冠，穿上玄端服，拿着礼品去拜见君王，把礼品放在地上，表示不敢直接授受；接着又拿着礼品去拜见乡大夫和乡先生，都是以成年人的身份前去拜见。既然是成年人的身份，那就要以成年人的礼数来要求他。所谓以成年人的礼数来要求他，也就是将要求他做一个合格的儿子，做一个合格的弟弟，做一个合格的臣子，做一个合格的后辈。将要求他具备这四个方面的德行，冠礼能不重要吗？

【原文】

故孝弟忠顺之行立，而后可以为人；可以为人，而后可以治人也。故圣王重礼。故曰：冠者，礼之始也，嘉事之重者也。是故古者重冠；重冠故行之于庙；

行之于庙者，所以尊重事；尊重事而不敢擅重事；不敢擅重事，所以自卑而尊先祖也。

【译文】

一个人做到了对父母孝顺，对兄长友爱，对君王忠诚，对长辈顺从，然后才能被称为真正的人。能被称为真正的人，然后才可以治理别人。所以圣王很重视礼。所以说，冠礼是成人之礼的开始，是嘉礼当中重要的一项。所以古人很重视冠礼。因为重视冠礼，所以冠礼要在宗庙之内进行。在宗庙之内进行，是表示郑重其事。因为郑重其事，所以不敢擅自处理此事。因为不敢擅自处理此事，所以要在宗庙之内进行，表示自卑，表示对先祖的尊重。

昏义

　　古代婚礼礼仪包括纳采、问名、纳吉、纳征、请期、亲迎六礼。本篇主要是阐述婚礼的意义，首先阐明婚礼的重要性，其次阐明新妇服侍舅姑的意义，最后讲妇女品德教育。

【原文】

昏礼者，将合二姓之好，上以事宗庙，而下以继后世也。故君子重之。是以昏礼纳采、问名、纳吉、纳征、请期，皆主人筵几①于庙，而拜迎于门外，入，揖让②而升，听命于庙，所以敬慎重正昏礼也。

【注释】

①筵几：铺设坐席和几案。筵可以坐，几可以凭依。

②揖让：作揖谦让。

【译文】

婚礼，这是一种将要结合两性之好、对上关系到祭祀宗庙、对下关系到传宗接代的礼仪，所以君子很重视它。所以，在婚礼的纳采、问名、纳吉、纳征、请期这五个步骤中，每逢男方的使者到来时，女方家长都是在庙里铺设筵几，然后拜迎使者于门外，进入庙门，宾主揖让升阶登堂，在庙堂上听使者传达男方家长的意见。之所以这样做，就是为了表示对婚礼的敬慎和郑重其事。

【原文】

父亲醮①子，而命之迎，男先于女也。子承命以迎，主人筵几于庙，而拜迎于门外。婿执雁②入，揖让升堂，再拜奠③雁，盖亲受之于父母也。降，出御妇车，而婿授绥，御轮三周。先俟于门外，妇至，婿揖妇以入，共牢而食，合卺（jǐn）④而酳（yìn）⑤，所以合体同尊卑以亲之也。

【注释】

①醮：古代冠礼、婚礼中的一种敬酒礼，其做法是由尊者向卑者敬酒，卑者将酒饮尽而不回敬。

②雁：古代婚礼中男方送女方的礼物。

③奠：放置。

④卺（jǐn）：古代结婚时用作酒器的一种瓢。

⑤酳（yìn）：食毕以酒漱口，古代的一种礼节。

【译文】

父亲亲自向儿子敬酒而命其迎亲，这表示男方处于主导地位。儿子奉命前去迎娶，女方的父母在庙里铺筵设几，然后到庙门外拜迎女婿。婿执雁进入庙门，宾主揖让升阶登堂，婿行再拜稽首之礼，把雁放在地上，这表示是从新妇父母手里领回了新妇。然后妇随婿下堂出门。婿亲自驾驶妇所乘坐之车，又将挽以登车的绳索递给妇，这都是有意表示亲爱的举动。婿为妇驾车，待车轮转动三圈后，再由仆人代婿驾驶。婿乘己车前导，在自家的大门外等候。妇到达，婿向妇作揖，请她一同进门。进入婿之寝室，婿与妇共食同一俎中的牲肉，又各执一瓢以饮酒，这表示夫妇一体，不分尊卑，希望他们相亲相爱。

【原文】

敬慎重正而后亲之，礼之大体，而所以成男女之别，而立夫妇之义也。男女有别，而后夫妇有义；夫妇有义，而后父子有亲；父子有亲，而后君臣有正。故曰：昏礼者，礼之本也。夫礼始于冠，本于昏，重于丧祭，尊于朝聘，和于射乡。此礼之大体也。

【译文】

通过敬慎郑重的婚礼而后夫妇相亲，这是婚礼的基本原则，也从而确定了男女之别，建立起夫唱妇随的夫妇关系。正因为男女有别，所以才会有夫唱妇随的夫妇关系；正因为有夫唱妇随的夫妇关系，所以才会有父子相亲；正因为有父子相亲，所以君臣才能各正其位。所以说，婚礼是各种礼的根本。在众礼当中，冠礼是礼的开始，婚礼是礼的根本，葬礼、祭礼最为隆重，朝礼、聘礼最能体现尊敬，射礼、乡饮酒礼最能体现和睦，这就是礼的大概情况。

【原文】

夙兴①，妇沐浴以俟见；质明，赞②见③妇于舅姑，妇执笲、枣、栗、段修以见，赞醴妇，妇祭脯醢，祭醴，成妇礼也。

舅姑入室，妇以特豚馈，明妇顺也。厥明，舅姑共飨妇以一献之礼，奠酬。舅姑先降自西阶，妇降自阼阶，以著代也。

【注释】

①夙兴：早起。

②赞：赞礼者，有如今日之司仪。

③见：介绍，通报。

【译文】

　　第二天，新妇早早起床，洗头洗澡，准备拜见公婆。天大亮时，赞礼的人将妇引见给公婆。妇手捧容器，内盛枣子、栗子和肉干，以此作为进见之礼。赞礼的人代表公婆向妇赐以甜酒。妇先以脯醢祭先人，又以甜酒祭先人。行过以上的礼节，就表示作媳妇的礼完成了。公婆进入室内，妇以一只煮熟的小猪向公婆进食，这是表示新妇开始履行孝养的职责。第二天，公婆共同用一献之礼慰劳妇，而妇应把婆婆酬己之酒放下不再饮。公婆先从西阶下堂，然后妇从东阶下堂，这表示新妇已有资格代婆婆主持家中内务了。

【原文】

　　成妇礼，明妇顺，又申之以著代，所以重责妇顺焉也。妇顺者，顺于舅姑，和于室人；而后当于夫，以成丝麻布帛之事，以审守委积盖藏。是故妇顺备而后内和理；内和理而后家可长久也；故圣王重之，是以古者妇人先嫁三月，祖庙未毁，教于公宫，祖庙既毁，教于宗室，教以妇德、妇言、妇容、妇功。教成祭之，牲用鱼，笔之以蘋藻，所以成妇顺也。

【译文】

　　成就了妇礼，表明了妇顺，又进一步表明了妇有代婆婆主持家务的资格，所有这些，就是为了强调对妇在顺从上的要求。所谓妇的顺从，首先是要顺从公婆，其次是要和家中其他女性和睦相处，然后才是让丈夫称心满意，从而完成妇女应做的女红，谨慎地守护柴米油盐等物的储藏。所以，上述对妇顺的要求都做到了，家庭内部才能和谐安定；内部和谐安定了，然后家才会长久，所以圣王很重视妇顺。因此，古时候妇女在出嫁前的三个月，如果该妇女与君王还是五服以内的亲属，就在君王的祖庙里接受婚前教育；如果已经出了五服，就在大宗子的家里接受这种教育。由女师教以妇德、妇言、妇容、妇功。教成以后，要举行教成玄祭，这是向祖先禀告，婚前教育已经完成。祭时用鱼作俎实，用苹、藻这两种水草作羹菜，这些祭品都属于阴性一类，可以用来造成妇人的顺从。

【原文】

古者天子后立六宫、三夫人、九嫔、二十七世妇、八十一御妻，以听天下之内治，以明章妇顺，故天下内和而家理。天子立六官、三公、九卿、二十七大夫、八十一元士，以听天下之外治，以明章天下之男教，故外和而国治。故曰："天子听男教，后听女顺；天子理阳道，后治阴德；天子听外治，后听内职。教顺成俗，外内和顺，国家理治，此之谓盛德。"

【译文】

古代王后设立六宫、三夫人、九嫔、二十七世妇、八十一御妻，以管理普天之下对妇女的教育，以显扬妇女应有的顺从，所以天下家庭和睦安定。天子设立六官、三公、九卿、二十七大夫、八十一元士，以管理天下的政事，以显扬男子应有的教化，所以政事和谐，国家安定。所以说："天子管理对男子的教化，王后管理对妇女顺从的教育；天子治理政务，王后治理妇女事务；天子审察三公等官是否尽职，王后审察夫人等官是否尽职。男教与妇顺形成风俗，内外协调一致，国与家都安定有序，做到了这一步，就叫作盛德。"

【原文】

是故男教不修，阳事不得，适①见于天，日为之食；妇顺不修，阴事不得，适见于天，月为之食。是故日食则天子素服而修六官之职，荡天下之阳事；月食则后素服而修六宫之职，荡天下之阴事。故天子之与后，犹日之与月、阴之与阳，相须而后成者也。天子修男

教，父道也；后修女顺，母道也。故曰："天子之与后，犹父之与母也。"故为天王服斩衰，服父之义也；为后服资衰，服母之义也。

【注释】

①适：通"谪"，谴责。

【译文】

所以，如果男子的教化没有搞好，政事失当，上天就会表示谴责，发生日蚀；如果妇人的顺从没有搞好，妇人的事务处理失当，上天就会表示谴责，发生月蚀。所以，发生日蚀的时候，天子就身穿白色衣服，表示自我反省，还要督促六宫改进工作，彻底除掉政事中的错误；发生月食的时候，王后就身穿白色衣服，表示自我反省，还要督促六宫改进工作，彻底除掉在妇女问题上发生的错误。所以，天子和王后，就好比日之与月，阴之与阳，是相辅而后相成的关系。因为天子掌管男教，所以属于父辈；因为王后掌管女顺，所以属于母辈。所以说："天子和王后，就好比父亲和母亲。"因此，天子去世了，诸侯和大臣就要为他服斩衰，这和为父亲服斩衰是同样道理；王后去世了，就要为她服齐衰，这和为母亲服齐衰是同样道理。

聘义

聘是访问的意思。诸侯之间如果很久没有聚会，就要派遣使者到友好国家致意。如果派的使者是卿，级别高，礼物重，这就叫聘，即所谓"大问曰聘"。如果派的使者是大夫，级别较低，礼物较轻，这就叫小聘，即所谓"小聘曰问"。《聘义》主要是记大聘的礼仪。本篇分三大段。第一段讲聘礼之义，这是本篇的主要内容。第二段讲聘、射二礼的隆重及其收效。第三段讲玉之所以可贵，是因为圭、璋是送给主国君王及其夫人的珍贵礼物。

【原文】

聘礼：上公七介，侯、伯五介①，子、男三介，所以明贵贱也。介绍而传命，君子于其所尊弗敢质，敬之至也。三让而后传命，三让而后入庙门，三揖而后至阶，三让而后升，所以致尊让也。君使士迎于竟，大夫郊劳，君亲拜迎于大门之内而庙受，北面拜贶（kuàng）②，拜君命之辱，所以致敬也。敬让也者，君子之所以相接也。故诸侯相接以敬让，则不相侵陵。

【注释】

①介：聘宾的随从。聘宾是正使，介可以说是副使。但介有多人，其身份不一，有的是大夫身份，有的是士的身份。

②贶（kuàng）：赠送。

【译文】

聘礼的含义：爵为上公的诸侯，派卿出聘用七个介；爵为侯伯的诸侯，派卿出聘用五个介；爵为子男的诸侯，派卿出聘用三个介。这是为了表明贵贱。聘宾将介并列排开，一个挨着一个地站着，然后才传达聘君的命令，这是君子对于他所尊敬的人极其尊敬，不敢有所简慢的表示。聘宾辞让三次以后才传达聘君的问候，谦让了三次以后才随着摈者进入庙门，进门之后，聘宾与主君又互行了三次揖礼才来到堂阶跟前，升堂之前，彼此又互相谦让了三次，然后才主君率先登阶，聘宾接着登阶。这些都是表示尊敬谦让的。聘宾到达主国国境，主君派士将聘宾迎入境内；聘宾来至近郊，主君又派大夫前去慰劳；聘宾来至主国庙门之外，主君亲自拜迎于庙门之内，然后在庙中接受聘宾转达聘君派其来访之意；聘宾献上带来的礼物，主君面朝北拜谢厚赐，拜谢聘君的派遣使者光临。这些都是表示主君对聘宾、聘君的尊敬谦让的。尊敬谦让，这是君子之间互相交往应有的态度。所以诸侯之间互相尊敬谦让，就不会互相侵略欺凌了。

【原文】

卿为上摈，大夫为承摈，士为绍摈。君亲礼宾，宾私面、私觌（dí）①、致饔（yōng）②饩、还圭璋、贿赠、飧食燕，所以明宾客君臣之义也。故天子制诸侯，比年小聘，三年大聘，相厉以礼。使者聘而误，主君弗亲飧食也。所以愧厉之也。诸侯相厉以礼，则外不相侵，内不相陵。此天子之所以养诸侯，兵不用而诸侯自为正之具也。

【注释】

①私觌（dí）：聘宾以私人身份晋见主国君王。

②致饔（yōng）：古代诸侯朝聘，入居馆舍后，主国向来宾赠送食品。

【译文】

主国接待聘宾，由卿为上摈，大夫为承摈，士为绍摈。主君亲自用醴酒酬宾，聘宾又以个人的名义拜访主国卿大夫，以个人名义晋见主国君王；主君又派人前往住处向聘宾馈送饔饩，退还聘宾作为信物奉献的圭璋；聘宾归国之前，主国的卿通过聘宾向聘君转赠一束纺绸；访问期间，主君要举行一次食礼和两次飨礼来招待聘宾，而举行燕礼的次数则没有一定。上述种种，都是为了表示宾主之间、君臣之间应有的礼数。所以，天子为诸侯订立制度：每年派大夫互相聘问，每三年派卿互相聘问，以礼来互相勉励。如果使者来聘时，礼节上有错误，主国君王就不亲自为使者举行飨礼和食礼，以此来使使者感到羞愧并激发他自我勉励。如果诸侯都能够以礼互相勉励，那就对外不会互相侵犯，对内不会互相欺凌。这就是天子为什么能够驾驭诸侯而不必使用武力，而使诸侯自己管理好自己的方法。

【原文】

以圭璋①聘，重礼也；已聘而还圭璋，此轻财而重礼之义也。诸侯相厉以轻财重礼，则民作让矣。主国待客，出入三积②，饩客于舍，五牢之具陈于内，米三十车，禾三十车，刍薪倍禾，皆陈于外，乘禽③日五双，群介皆有饩牢，壹食再飨，燕与时赐无数，所以厚重礼也。古之用财者不能均如此，然而用财如此其厚者，言尽之于礼也。尽之于礼，则内君臣不相陵，而外不相侵。故天子制之，而诸侯务焉尔。

【注释】

①圭璋：圭是聘君王的礼物，璋是聘夫人的礼物。

②积：谓当、米之类物品，用以供给聘宾道路之所需。

③乘禽：成双而群居的鸟。

【译文】

用圭璋这样珍贵的玉器作为行聘的礼物，可以说是一份重礼了。聘宾归国之前，主国又将圭璋归还给聘宾，这是轻视财物而重视礼仪的意思。如果诸侯都能以轻财重礼的道理互相勉励，那么他们的百姓就会跟着讲究谦让了。主国对来客的招待，在其出入国境时，要馈送粮草之类的物品各三次；来客住进住处之后，主君要派人馈送饔饩五牢，置于宾馆门内；另外还有三十车米，三十车禾，六十车饲草，六十车薪柴，皆置于住处门外。另外每天还要提供鹅鸭之类的家禽五双，向聘宾的随从馈送饔饩；主君要为来客举行一次正式的食礼、两次正式的飨礼，至于燕礼和四时当令新物的馈赠，则没有固定的数目。这些都是为了表示对礼的高度重视。古人的使用财物并非事事如此，然而在聘礼这件事上却舍得如此花费，是为了说明对礼的极其重视。如果大家都对礼极其重视，那就会对内君臣不相欺凌，对外国家不相侵略。所以天子特地制定聘礼，而诸侯也都乐意推行。

【原文】

聘射之礼，至大礼也。质明而始行事，日几中而后礼成，非强有力者弗能行也。故强有力者，将以行礼也。酒清①，人渴而不敢饮也；肉干，人饥而不敢食也；日莫人倦，齐庄正齐，而不敢解惰。以成礼节，以正君臣，以亲父子，以和长幼。此众人之所难，而君子行之，故谓之有行；有行之谓有义，有义之谓勇敢。故所贵于勇敢者，贵其能以立义也；所贵于立义者，贵其有行也；所贵于有行者，贵其行礼也。故所贵于勇敢者，贵其敢行礼义也。故勇敢强有力者，天下无事，则用之于礼义；天下有事，则用之于战胜。用之于战胜则无敌，用之于礼义则顺治；外无敌，内顺治，此之谓盛德。故圣王之贵勇敢强有力如此也。勇敢强有力而不用之于礼义战胜，而用之于争斗，则谓之乱人。刑罚行于国，所诛者乱人也。如此则民顺治而国安也。

【注释】

①清：冷寒。

【译文】

聘礼和射礼，是最重大的礼。天刚亮时开始举行，差不多到了中午时才能结束，不是强健有力的人便做不到。所以，只有强健有力的人才能行此重大之礼。酒已凉了，人虽然渴了也不敢喝；肉也要晾干了，人虽然饿了也不敢吃；天色已晚，人们都疲倦了，但还神态端庄，班列整齐，不敢有丝毫懈怠。坚持完成各种应有的礼节。以此来使君臣正位，父子相亲，长幼和睦。这是一般人所办不到的，而君子却能办得到，所以称君子为有行。有行就是有义，有义就是勇敢。所以说，勇敢之所以可贵，在于他能够立义；立义之所以可贵，在于他能够有行；有行之所以可贵，在于他能够行礼。所以人们之所以看重勇敢，是看重了他敢于实行礼义。所以勇敢坚强有力的人，在天下无事之时，就把他的勇敢坚强有力用到实行礼义方面；在天下有事之时，就把他的勇敢坚强有力用到克敌制胜方面。用到克敌制胜方面就会所向无敌，用到实行礼义方面就会无为而治。对外做到了所向无敌，对内做到了无为而治，这就叫作盛德。所以圣王对勇敢坚强有力的人是如此的看重。一个人如果勇敢坚强有力，但不把它用到实行礼义和克敌制胜方面，而用到私人的争强斗胜上去，那就叫作乱人。国家制定刑罚，就是要处罚这类乱人。这样一来，百姓就会服从管教而国家也得以安宁。

【原文】

子贡问于孔子曰："敢问君子贵玉而贱珉者何也？为玉之寡而珉之多与？"孔子曰："非为珉之多故贱之也，玉之寡故贵之也。夫昔者君子比德于玉焉：温润而泽，仁也；缜密以栗，知也；廉而不刿（guì）①，义也；垂之如队，礼也；叩之其声清越以长，其终诎然，乐也；瑕不掩瑜、瑜不掩瑕，忠也；孚尹旁达，信也；气如白虹，天也；精神见于山川，地也；圭璋特达，德也。天下莫不贵者，道也。《诗》云：'言②念君子，温其如玉。'故君子贵之也。"

【注释】

①刿（guì）：刺伤。
②言：助词，无实义。

【译文】

子贡向孔子问道："请问君子为什么都看重玉而轻视珉呢？是因为玉的数量少而珉的数量多吗？"孔子回答说："不是因为珉的数量多，因而就轻视它；也不是因为玉的数量少，因而就看重它。从前的君子，都是拿玉来和君子的美德相比：玉的温厚而又润泽，就好比仁；缜密而又坚实，就好比智；有棱角而不伤人，就好比义；玉佩垂而下坠，就好比礼；轻轻一敲，玉声清脆悠扬，响到

最后，又戛然而止，就好比动听的音乐；既不因其优点而掩盖其缺点，也不因其缺点而掩盖其优点，就好比人的忠诚；光彩晶莹，表里如一，就好比人的言而有信；宝玉所在，其上有气如白虹，就好比与天息息相通；产玉之所，山川草木津润丰美，又好比与地息息相通。圭璋作为朝聘时的礼物可以单独使用，不像其他礼物还需要加上别的什么东西才能算数，这是玉的美德在起作用。普天之下没有一个人不看重玉的美德，这就好像普天之下没有一个人不看重道那样。《诗经》上说：'多么想念君子啊，他就像玉那样温文尔雅。'所以君子才看重玉。"

丧服四制

　　本文主要论述丧服制度，认为丧服应符合仁义礼智四种德行。这是汉儒受阴阳五行学说的影响，用五常来和丧服相配。从这里我们可以看出古代对丧葬礼仪的重视。

【原文】

凡礼之大体，体天地，法四时，则阴阳，顺人情，故谓之礼。訾（zī）①之者，是不知礼之所由生也。夫礼，吉凶异道，不得相干，取之阴阳也。丧有四制，变而从宜，取之四时也。有恩有理，有节有权，取之人情也。恩者仁也，理者义也，节者礼也，权者知也。仁义礼智，人道具矣。

【注释】

①訾（zī）：诋毁。

【译文】

制定礼的总的原则是，取法天地，效法四时，顺乎阴阳，体乎人情，本着这样的原则去制定才叫作礼。那些诋毁礼的人，根本不知道制定礼的依据是什么。礼有吉礼、凶礼，两者的做法是不一样的，不能相提并论，就是取法于阴阳。丧服有四条原则，因时制宜地采取其中某条原则，就是取法于四时。在这四条规则之中，或属于感情上的，或属于理智上的，或属于原则性，或属于灵活性，就是取法于人情。属于感情上的东西，是仁的表现；属于理智上的东西，是义的表现；属于原则性的东西，是礼的表现；属于灵活性的东西，是智的表现。仁义礼智都有了，做人的品德也就齐备了。

【原文】

其恩厚者，其服重，故为父斩衰三年，以恩制者也。门内之治，恩掩义；门外之治，义断恩。资①于事父以事君，而敬同，贵贵尊尊，义之大者也。故为君亦斩衰三年，以义制者也。三日而食，三月而沐，期而练②，毁不灭性，不以死伤生也。丧不过三年，苴衰③不补，坟墓不培；祥④之日，鼓素琴⑤，告民有终也；以节制者也。资于事父以事母，而爱同。天无二日，土无二王，国无二君，家无二尊，以一治之也。故父在，为母齐衰期者，见无二尊也。

【注释】

①资：拿取。

②练：练冠。用煮练得柔软洁白的布做的丧冠。

③苴衰：苴是用雌麻做成的首纽和腰绖，穿斩衰丧服者服之。

④祥：大祥。父母去世两周年时的祭礼。

⑤素琴：没有雕饰的琴。

【译文】

　　如果感情深，丧服就重，因此父亲死后要服斩衰，为其守三年丧，这就是以感情原则为依据的。为有血缘关系的人服丧，感性要大于理性；为没有血缘关系的人服丧，理性要大于感性。以服侍父亲的态度来服侍君，把对二者的敬爱拉平。家臣尊敬卿大夫，臣民尊敬天子、诸侯，这是义中的头等大事。因此，天子、诸侯、卿大夫死后，作为他的臣民或家臣也要服斩衰，丧期也为三年。这是以理智原则为依据的。父母之丧，三天之后就能喝稀粥，过了三个月之后就可以洗澡，周年以后就可以改戴练冠，虽然悲伤过度，身体也十分虚弱，但也不至于危及生命，这体现了不因死者而伤害生者的道理。最长丧期也不会超过三年，斩衰丧服破了也不再补，坟头不再添土，到了大祥就可以弹奏素琴。只要是此种种，是想要告诫人们悲伤是有限度的，这是以原则性的精神为依据的。以服侍父亲的态度来服侍母亲，对两者的亲爱程度是一样的。但是因为天无二日，地无二王，国无二君，家无二主，只能由一人来做一家之主，所以父亲健在时母亲去世，那就只能降服齐衰，丧期为一年，以体现家无二主的道理。

【原文】

　　始死①，三日不怠，三月不解，期悲哀，三年忧，恩之杀也。圣人因杀以制节，此丧之所以三年。贤者不得过，不肖者不得不及，此丧之中庸也，王者之所常行也。《书》曰："高宗谅闇，三年不言。"善之也。王者莫不行此礼，何以独善之也？曰：高宗者武丁；武丁者，殷之贤王也。继世即位而慈良于丧，当此之时，殷衰而复兴，礼废而复起，故善之。善之，故载之《书》中而高之，故谓之高宗。三年之丧，君不言，《书》云："高宗谅闇，三年不言。"此之谓也。然而曰"言不文"者，谓臣下也。

【注释】

①始死：亲人刚死；始，刚刚。

【译文】

亲人刚死，头三天哭泣不止，不吃不喝，头三个月仍时时哭奠，周年之内则哀容满面，三年之内则怀忧在心。随着时间的推移，丧亲之痛也在慢慢递减。圣人就根据这哀痛的逐渐递减来制定礼，这就是丧期一定为三年的原因，子女无论在孝顺可不可以超过，再不孝顺的子女也不得达不到。这是葬礼中的折中之处，历代君主都是按照这样的规矩执行的。《尚书》上说："殷高宗居庐守丧，三年内不谈国家大事。"这是对他的夸赞啊，单单只夸奖殷高宗这是为什么呢？回答是：殷高宗就是武丁。武丁是殷代的贤王，继承王位之后，专心致志地居庐守丧。即位期间，殷代由衰败走向复兴，原先废弃的礼法有重新得到重视，因此才夸赞他，因此《尚书》中对此事加以记载并大力赞扬，称他作"高宗"。三年之丧，天子、诸侯不用发话就把事情办了，《尚书》上说的"殷高宗居庐守丧，三年不谈国事"，说的就是这个道理。然而《孝经》却说"孝子在居丧期间，说话不讲究修辞"，这和《尚书》中说的似乎有点冲突，须知《孝经》说的就是臣下呀。

【原文】

礼：斩衰之丧，唯而不对；齐衰之丧，对而不言；大功之丧，言而不议；缌小功之丧，议而不及乐。父母之丧，衰冠绳缨菅屦①，三日而食粥，三月而沐，期十三月而练冠，三年而祥。比终兹三节者，仁者可以观其爱焉，知者可以观其理焉，强者可以观其志焉。礼以治之，义以正之，孝子弟弟贞妇，皆可得而察焉。

【注释】

①衰冠绳缨菅屦：要身穿孝服，头戴孝帽，帽带用麻绳编成，脚穿草鞋。

【译文】

按照礼数，处于居丧的人在与别人交往时，如果是斩衰之丧，那就只发出"唯唯"的声音，不会应答别人的问话；如果是齐衰之丧，就可以应答别人，但是不可以主动询问于他人；如果是大功之丧，那就可以主动问人，但是对于事物不可以发表自己的观点；如果是缌麻、小功之丧，那就可以发表议论，但还不可谈笑风生。为父母服丧，要穿上孝服，戴上孝帽，帽带用麻绳编成，脚穿草鞋，三天之后才能喝点稀饭，洗头要等三个月之后，十三个月满一周年才开始换上练冠，三年之后才可以恢复以往的正常生活。以上三阶段顺利完成之后，孝子如果是仁者，就能够看出他的仁爱之心，是智者就可以看出他的理性，强者就能够看出他的意志。用礼来治理丧事，用义来匡正丧事，是不是真正的孝子，是不是真正的敬兄爱弟，是不是真正的贞妇，都可以看得一清二楚。

参 考 文 献

［1］陈才俊. 礼记精粹［M］. 北京：海潮出版社，2012.

［2］刘小沙. 礼记新编［M］. 北京：北京联合出版公司，2015.

［3］周何译. 礼记［M］. 北京：中国友谊出版公司，2012.

［4］李慧玲. 礼记精粹［M］. 郑州：中州古籍出版社，2010.

［5］杨天宇. 礼记译注（全两册）［M］. 上海：上海古籍出版社，2007.